KB071385

새로운 방송학 개론

※ 이 도서의 국립중앙도서관 출판예정도서목록(CIP)은 서지정보유통지원시스템 홈페이지
(http://seoji.nl.go.kr)와 국가자료종합목록 구축시스템(http://kolis-net.nl.go.kr)에서 이용
하실 수 있습니다. CIP제어번호: CIP2020042421(양장), CIP2020042965(무선)

새로운 방송학 개론

BROADCAST MEDIA

한국방송학회 기획

전범수
·
정현주
·
홍성철
·
조재희
·
박성순
·
최믿음
·
이소은 · 김정환 · 유수정 · 유용민 지음

한울
아카데미

차례

서론

한양대학교 정보사회미디어학과 교수

✦

방송 환경이 급속히 바뀌고 있다. 기존에 우리가 생각해 왔던 전통적인 방송의 개념이나 특성 역시 달라지고 있다. 거실에서 TV를 통해 여러 가족 구성원이 함께 방송 프로그램을 시청하는 시대는 이미 지나가고 있다. 방송 프로그램 이용자들은 케이블TV를 포함해 IPTV 또는 인터넷 등 다양한 방식으로 기존 방송 채널을 포함해 VOD와 같은 비실시간 프로그램에 접근하고 있다. 방송 프로그램이 이용자에게 도달되는 방식이나 기기만 달라진 것이 아니라 이를 전송하는 주파수 대역 역시 방송 및 통신 모두를 활용할 수 있게 되었다.

반면, 디지털 미디어 시대에 지상파를 통해 방송 프로그램을 공급하는 방식은 그 효율성이 크게 감소하고 있다. 전통적인 방송 시스템을 대체할 수 있는 디지털 기반 대안 플랫폼들이 등장하고 있기 때문이다. 그 결과 우리가 방송을 지칭하는 의미나 개념도 과거와는 많이 다른 특성을 갖게 되었다. 방송 프로그램의 제작 방식에서부터 송출, 이용자와의 관계 등 형식적으로는 큰 변화가 없어 보이지만 이면에는 구조적이고 심층적인 변화가 진행되고 있다. 이는 우리가 방송학에 접근하는 방식 역시 바뀌고 있거나 또는 바뀌어야만 한다는 것을 의미한다.

최근 방송이라는 미디어가 근본적으로 본질이 바뀌기 시작한 것은 방송 프로그램의 제작·송출·수신 방식이 아날로그에서 디지털로 전환된 시점으로부터 출발한다. 세계적 추세에 맞추어 한국 방송 역시 디지털 전환의 흐름에 같이 동참해야 했다. 그러나 한국 사회에서 방송의 디지털 전환은 쉬운 작업은 아니었다. 아날로그 지상파 방송을 디지털 방송으로 전환하는 과정에서 화질이나 다채널 등의 쟁점을 놓고 사회적·기술적·경제적 논란이 적지 않았다. 그러나 그런 어려운 과정을 거친 이후 지상파 방송이 디지털 방송으로 전환되면서 얻게 된 가장 큰 이점 중의 하나는 고화질 방송 서비스 이용이 가능해졌다는 점이다. 이제는 HD를 넘어서 4K나 8K급 UHD급 초고화질 방송 서비스가 현실화되고 있다.

그러나 더 큰 변화는 방송 프로그램을 온라인으로 전송하고 이를 수신하는 것이 자유로워졌다는 점이다. 과거 지상파 방송처럼 방송사들이 물리적인 중계시설을 통해 가입자에게 방송 신호를 전달하는 방식이 더 이상 효율적이지 않게 되었다. 굳이 방송사 중계국을 통하지 않더라도 이용자들은 스마트폰을 통해 실시간 또는 VOD 방송 프로그램에 접근할 수 있게 되었다. 이는 방송 프로그램을 시청하기 위해 시청자들이 TV에 의존하는 기존 관습을 해체하기 시작했다. 그 결과 우리는 TV를 비롯해 PC, 스마트폰 등 다양한 디바이스를 활용해 방송 프로그램에 접근할 수 있는 새로운 방송 환경을 접하게 된 것이다. 인터넷 서비스만 연결된다면 수신 기기의 종류나 특성과 관련 없이 자유롭게 방송 프로그램에 접근하고 이용할 수 있게 되었다.

이 모든 변화의 흐름은 기술적인 진보로부터 출발한다. 기술적 환경 변화로 인해 방송을 둘러싼 제작이나 비즈니스 모델, 송출 등 모든 영역이 과거와는 다른 모습으로 진화하거나 변형되는 과정을 거치고 있다. 물론 외적으로 새로운 기술적 혁신이 방송 환경을 바꾼 것으로 보이지만 방송뿐만 아니라 모든 미디어와 콘텐츠 산업 역시 같이 변화하고 있다. 최근 미디어 산업을 살펴보면, 방송뿐만 아니라 전통적인 미디어 분야인 신문이나 출판, 라디오 등은 올드미디어로 성장성이 감소하고 새로운 환경에 적응해야 하는 도전에 직면하고 있다. 반면에 인터넷이나 소셜 미디어 기반 플랫폼을 통해 이루어지는 콘텐츠 생산 및 유통은 점차 늘어나는 추세이다.

간단히 말해, 방송 역시 다른 미디어와 마찬가지로 거대한 디지털 변형

(digital transformation)의 영역 한가운데에 위치해 있다. 기술적 발전으로 촉발되었지만 방송의 변화는 방송의 기획, 제작, 투자, 전송, 비즈니스 모델 등 다차원적으로 동시에 일어나고 있다. 이 같은 변화에 대응하려면 방송이 효율성과 지속성을 갖추어야 한다. 이를 위해 주변 환경 변화를 따라가는 새로운 전략과 시도가 필요한 시점이다. 우리 사회 전체가 디지털 패러다임으로 진입해 가는 전환점에서 방송 역시 새로운 생존을 위한 선택과 변화가 필요하다.

방송 시장이나 영역의 중복·확장과 함께 방송학 연구 역시 그 추세가 바뀌고 있는 것이 사실이다. 방송 산업의 환경 변화와 함께 방송학 지식에 대한 연구 경향도 변화되는 추세이다. 그동안 방송은 방송 프로그램을 비롯해 방송사 조직, 방송 저널리스트 등 다양한 인적·조직적 요인들을 탐색해 왔다. 방송이 사회적·정치적·문화적 영향력이 큰 만큼 이와 연계된 지식 연구들도 지속적으로 증가해 왔다. 그러나 2000년대 이후 방송과 통신의 융합, 그리고 인터넷 기반의 플랫폼 이동, 1인 미디어 콘텐츠의 생산과 소비 증가 등에 따라 방송에 대한 연구는 전통적 접근보다는 융합 측면에서 다원화되는 추세를 보인다.

가령, 한국학술지인용색인(https://www.kci.go.kr)이라는 국내 논문 검색 사이트에서 "방송"이라는 키워드를 입력해 보니 총 3450건의 논문이 검색되었다(2020년 7월을 기준). 이들 논문을 정확하게 분류하기는 어렵지만 그 추세를 살펴보면, 검색 사이트에서 방송을 검색한 첫해는 1982년의 1건으로부터 시작된다. 이후 2000년도 이후로 "방송" 키워드 검색 논문 수는 증가하기 시작했다. 2002년 83건을 비롯해 이후 2008년에는 200건을 넘어섰으며 가장 빈도수가 높았던 시기는 2011년의 269건이다. 이후 약간씩 방송 논문 수는 감소하기 시작해 2016년부터 다시 연간 200편 미만으로 감소했으며 최근 5년

동안 대체로 178~198건 정도의 논문들이 검색되고 있다.

그동안 학술지 논문의 수는 우리 사회에서 요구하는 또는 관심을 갖는 분야일수록 증가하는 추세를 보여 왔던 것이 사실이다. 반면에 효용이나 가치가 줄어들면 지식 생산 분야에서 급격히 그 생산량이 줄어들게 되어 있다. 결과적으로 방송 연구와 관련된 지식 생산은 2011년에 정점에 올랐다가 이후부터는 하향 추세라는 것을 살펴볼 수 있다.

그러나 앞서 말한 것과 같이 지식 생산 체계에서 방송에 대한 본질적인 연구, 가령 방송 프로그램이나 시청률, 이용자, 조직, 저널리즘, 유통, 산업, 정책 등에 대한 연구들은 그 수가 줄었지만 방송과 관련해 파생 분야 쪽으로 연구가 다원화되고 있다. 전통 방송 플랫폼 대신에 OTT나 인터넷 기반 플랫폼에 대한 연구를 포함해 MCN과 같이 1인 미디어 기반의 콘텐츠 제작 및 유통 분야 또는 유튜브(YouTube)나 틱톡(TikTok)과 같이 보편적이면서 개방된 글로벌 콘텐츠 유통 플랫폼 분야로 기존 방송 연구가 확장되는 추세이다.

2020년 현재 방송 생태계는 계속 역동적으로 변화하고 있으나 사회적 영향력이나 경제적 가치 창출은 이전에 비해 줄어든 것은 사실인 듯하다. 그럼에도 방송은 여전히 사회적·문화적 필수재로서의 속성이 있으며 정치·사회·문화적으로 영향력이 여전히 남아 있다. 다만, 기존 방송사 조직들이 방송 콘텐츠를 제작해 유통해 왔던 복잡한 규제와 거래 비용이 현재의 디지털 미디어 환경에서는 적절해 보이지 않는다는 것은 명확해 보인다. 그만큼 방송은 매력적인 미디어 플랫폼이자 콘텐츠를 갖고 있지만 이제는 새로운 변형이나 진화를 통해 비용 대비 플랫폼이 갖고 있는 다양한 가치를 더욱 높여야 할 시점으로 보인다.

방송 시장의 혼돈, 그리고 방송학 연구의 변화와 같이 방송을 둘러싼 여러 가지 문제 제기를 통해 이 책에 대한 요구가 생겨났다. 그동안 방송학이 외형적으로는 크게 발전해 왔지만 방송을 둘러싼 환경 변화의 특성이나 본질을 제대로 파악하고 이를 정리하는 작업은 많지 않았다. 그 결과, 2020년을 기점으로 기존 방송에 대한 전통 개념적 검토를 바탕으로 현재와 미래의 방송학에 대한 주요 쟁점들을 살펴보는 것은 적지 않은 의미가 있을 것이다.

이 책은 기술적 진보로부터 촉발된 방송 환경 변화가 기존의 방송학 대신에 새로운 개념의 방송학을 필요로 한다는 점에서 출발했다. 또한 그동안 방송 및 미디어를 비교적 최근에 집중적으로 연구해 왔던 연구자들을 중심으로 필진이 구성되었다. 그만큼 변화가 빠른 속도로 이루어지고 있는 방송 및 디지털 미디어 영역을 새로운 시각에서 접근할 필요가 있기 때문이다. 책의 필진으로 참여하고 있는 저자들은 비교적 독자적으로 자신의 연구 영역에서 전통적인 접근과 새로운 변화를 포괄하는 능력이 있는 분들로 구성했다. 총 아홉 분의 연구자들이 책의 저술에 참여했으며 각 연구자들이 방송과 관련된 다양한 쟁점을 검토했다. 이 책의 특성에 대해 더 살펴보면 다음과 같다.

이 책에는 기본적으로 방송의 전통적인 사회적 영향력을 다룬 세 개의 장이 있다. 제1장 "사회적 공공 이슈와 방송", 제2장 "방송 저널리즘", 제5장 "방송의 영향력"은 방송이 여전히 시사와 저널리즘의 기능을 통해 사회적 쟁점 환기와 공론화 과정에 중요한 기능을 담당하고 있으며 이를 이론화하는 학술적 관점이 어떻게 변화해 왔는지에 대해 살펴본다.

제3장 "방송 조직"은 방송 프로그램을 제작하는 주체로서의 방송사 조직의 기본적인 특성과 변화에 대응한 쟁점들을 다루고 있다. 방송 프로그램은 개인별 인적 자원도 중요하지만 이를 총괄적으로 관리·조정하는 조직의 산물이다. 방송 조직은 내부적으로 창조적 작업군과 함께 기자, 기술, 행정 등 다양한 직군의 인적 자원들이 혼합된 복합 조직이다. 이들 방송 조직의 유기적 흐름이 잘 맞고 안정적인 재원이 유지될 때 품질 높은 방송 프로그램이

생산될 수 있는 만큼 방송 조직에 대한 이해는 중요한 부분이다.

다음으로 방송은 공익성 및 공공성 기준이 적용되는 사회적·개인적 미디어 중 하나이다. 여론이나 정보 유통에서 방송이 갖는 영향력이 적지 않기 때문이다. 그 결과, 방송을 사적으로 활용하기보다는 공적 관점에서 접근하고 이를 다루는 제도적 틀이 마련되어 있는 것도 사실이다. 이 부분을 이해하기 위해 제4장 "주요 방송법과 정책"에서 간략하게 방송을 둘러싼 규제와 쟁점을 살펴보았다.

앞서 논의한 것과 같이 국내외 방송 시장은 급격한 변화에 직면해 있다. 이 변화는 이용자 시청 행동 변화와 시장 자체의 변화 등 두 가지 측면에서 구체적으로 살펴볼 수 있다. 제6장 "텔레비전 체제의 변동과 새로운 방송 시청 관습의 이해"는 이용자의 변화에 대해, 그리고 제7장 "방송 시장 경쟁 지형 변화"는 방송 시장이 점차 새로운 OTT 서비스 플랫폼에 의해 대체되고 있는 현실을 진단하고 있다.

이 책은 방송의 새로운 확장인 유튜브 기반 주제들도 같이 논의했다. 1인 미디어인 MCN, 그리고 유튜브와 관련된 저널리즘 쟁점들이 이 책에서 논의된다. 다시 말해, 제8장 "1인 미디어의 확산과 영상 시장의 변화" 및 제9장 "유튜브 시대의 저널리즘과 방송 뉴스"에서는 전통적인 방송 연구의 쟁점이 점차 유튜브 기반 플랫폼으로 변화되는 과정들을 다양한 측면에서 섬토했다.

이 책의 전체적인 흐름을 바탕으로 개별 저자들이 다루는 방송 관련 주제들을 구체적으로 살펴보면 다음과 같다. 제1장에서 가톨릭관동대학교 정현주 교수는 "사회적 공공 이슈와 방송"에 대해 다루었다. 방송의 다양한 기능 중에서 사회적인 공공 이슈들에 대한 전달과 프레이밍은 여전히 방송학의 중요한 주제 중의 하나이다. 뉴스 및 시사교양 프로그램뿐만 아니라 드라마를 통해서도 사회적으로 중요한 의제들, 가령 노동 및 갑질 문제 등 다양한 쟁점이 제시되고 논의를 촉발시키기도 한다.

제2장에서 경기대학교 홍성철 교수는 "방송 저널리즘"의 기본적 특성과 변화를 기술하고 있다. 제2장에서 논의된 것과 같이 방송은 사회적 쟁점들을 다루고 취재하고 이를 시청자에게 전달하는 기능이 중요하다. 드라마나 오락 프로그램 등과는 달리 그동안 방송의 저널리즘 기능이 약화되는 추세를 보이고 있다. 그럼에도 기자들에 의한 뉴스 프로그램이나 PD들에 의해 제작되는 시사 프로그램에 대한 논의가 중요하다는 점을 다룬다.

제3장에서 서강대학교 조재희 교수는 "방송 조직" 특성들을 살펴본다. 방송 조직은 방송 프로그램을 제작·편집·송출하는 일련의 다양한 직무들이 섞여 있는 특성이 있다. 제작 측면에서의 창의성, 관리 측면에서의 효율성, 보도 측면에서의 독립성 등 방송 조직을 둘러싼 속성들도 복잡한 편이다. 그런 만큼 이들 조직의 효율성을 높이는 동시에 양질의 프로그램을 기획·제작하고 이를 안정적으로 시청자들에게 제공하는 시스템이 유기적으로 연결되어야 한다. 특히 기능적 측면 이외에도 서로 다른 조직 문화들의 갈등이나 융합은 최근 방송 조직에서 중요한 쟁점이 되고 있다.

제4장에서 배재대학교 박성순 교수는 "주요 방송법과 정책" 등 방송 관련 법적 측면들을 살펴본다. 우선, 전통적으로 '언론법' 영역에서 다루는 표현의 자유, 언론의 자유, 알 권리 등을 통해 방송의 자유와 규제 측면을 검토했다. 다음으로는 저작권 및 퍼블리시티권 등에 대한 논의를 통해 다채널 환경에서 방송 프로그램의 저작권 보호와 활용, 그리고 방송에 출연하는 연기자들의 퍼블리시티권이나 전속계약 문제 등을 다룬다.

제5장에서 동덕여자대학교 최믿음 교수는 미디어 효과 이론을 바탕으로 "방송의 영향력"을 다차원적으로 살펴본다. 방송을 포함한 미디어가 우리 사

회에서 중요성을 갖게 된 것은 이들이 사회적으로나 정치적으로 또는 문화적으로 사회 구성원들에 대한 영향력을 갖고 있기 때문이다. 최근에는 인터넷 기반의 유튜브나 OTT 플랫폼이 점차 엔터테인먼트의 핵심으로 등장하고 있는 현실에서 그동안 미디어 효과를 어떻게 이론화했는지 역사적 측면에서 영향력의 변화를 다룬다.

제6장에서 한국언론진흥재단의 이소은 박사는 "텔레비전 체제의 변동과 새로운 방송 시청 관습"을 다룬다. 저자는 최근에 방송 보기의 형식은 달라졌지만 이를 시청하고 이용하는 방식은 과거에서부터 지속되어 온 관습이나 구조, 맥락에서 이루어지는 것으로 접근하고 있다. 따라서 기술적 진화를 통해 방송 보기의 경로나 내용, 시간, 공간이 바뀌고 있지만 이는 단순한 변화가 아니라 시청자들이 좀 더 능동적으로 새로운 맥락에 맞게 자신들의 생활을 구조화하는 단계로 이해하는 것이 필요하다는 점을 강조한다.

제7장에서 부경대학교 김정환 교수는 "방송 시장 경쟁 지형 변화"를 다룬다. 특히 대부분의 전통 미디어 사업자들이 광고 의존도가 높은 비즈니스를 유지해 왔는데 최근 미디어 광고비 역시 비용 대비 효율성이 높은 디지털 광고 분야로 이동하는 추세이다. 그 결과, 전통 방송사업자들은 새로운 성장이나 변화의 흐름을 타지 못하는 반면에 넷플릭스로 상징되는 글로벌 OTT 사업자들이 새로운 방송 및 영화 콘텐츠 제작, 유통, 소비 시장을 장악하는 거대 플랫폼 사업자로 진화하고 있는 현실을 지적한다.

제8장에서 이화여자대학교의 유수정 박사는 "1인 미디어의 확산과 영상 시장의 변화"를 설명한다. 스마트와 모바일로 상징되는 최근 미디어 환경의 변화는 1인이 스스로 기획, 제작, 유통하는 개인 방송의 시대를 확산시키고 있다. 누구나 자유롭게 자신이 원하는 주제의 방송 프로그램을 제작하고 이를 공유하며 동시에 수익까지 확보할 수 있는 새로운 패러다임을 여는 기회

일 수 있다. 유튜브와 아프리카 등 1인 미디어 플랫폼의 등장과 이에 따른 발전 과정, 그리고 문제점들을 포괄적으로 다룬다.

제9장에서 인제대학교 유용민 교수는 "유튜브 시대의 저널리즘과 방송 뉴스"의 교차 공간을 집중적으로 살펴본다. 그동안 한국의 저널리즘은 포털의 등장, 그리고 소셜 미디어의 등장에 따라 기존의 저널리즘 방식이 변형되기 시작했다. 게다가 최근에는 유튜브 기반으로 뉴스의 소비와 유통, 제작이 이루어지면서 전통적인 저널리즘의 특성이나 의미를 바꾸고 있다. 방송 저널리즘이 신뢰와 가치 있는 뉴스에 대한 생산자 중심의 패러다임이 더 많은 이용자들에게 주목받는 저널리즘으로 변형되고 있기 때문이다. 이 같은 쟁점들에 대한 논의가 진행된다.

이 책은 미디어 및 방송 전반적으로 급격한 변화가 이루어지고 있는 현재 시점에서 비교적 새로운 시각으로 이 변화들을 읽어낼 수 있는 저자들이 참여한 집합적 지적 산물이다. 그동안 방송학 교과서는 전통 미디어의 관점에서 핵심 개념들을 설명하고 이해하는 데 집중해 왔다. 그러나 2020년 이후의 국내 방송 시장은 기술 발전뿐만 아니라 글로벌 사업자와의 경쟁, 방송과 통신의 융합, 새로운 방송 콘텐츠의 제작과 투자, 이용자 변화 등을 개별적으로 그리고 통합적으로 설명해야 하는 시점에 직면해 있다.

이 책을 통해 방송과 관련된 모든 쟁점을 구체적으로 설명할 수는 없겠지만 지난 레거시(legacy) 미디어 시대의 종언과 함께 새롭게 방송이 확장되는 특성들을 역동적으로 살펴볼 수 있는 시도가 될 수 있다. 이 책은 과거와 같이 방송의 하위 요소들을 개념적으로 요약한 방송학 개론서이기보다는 방송의 현재와 미래의 모습을 설명하고 이 같은 변화에 적극 다가설 수 있는 출발점으로 이해될 필요가 있다.

제1장

사회적 공공 이슈와 방송

정현주

가톨릭관동대학교 광고홍보학과 교수

요약

방송은 사회라는 현실 속에 존재하는 무수한 이슈들을 선택하여 다룸으로써 현실을 반영하기도 하지만, 현실을 재구성하여 확산시키고 정책 의제, 더 나아가 정책 형성에까지 영향을 주면서 그 역할을 확장해 나가고 있다. 환경 감시적 기능, 상관조정 기능, 문화 전승 및 사회화 기능, 오락적 기능 등 방송의 기능 속에서, 사회적 공공 이슈를 선정하고 다루는 활동들이 다양한 이해집단 간 갈등을 해결하고, 공공 이슈에 대한 사람들의 관심도를 높이고, 이슈를 공론화하고, 이슈에 대한 사람들의 편견을 깨고, 원만한 사회통합과 문화적 다양성 확보에 이바지함을 확인해 볼 수 있다. 그러나 방송의 공익성을 실현시킬 수 있도록 하기 위해서는 이슈 선정 및 이슈 전달 과정에서 역기능적 측면들을 감소시키고, 독립성, 객관성, 공정성, 다양성, 접근성, 균형성 등의 요건들을 충족시킬 수 있는 방향으로 이슈 선정 및 제작이 이루어져야 한다.

학습 목표

· 사회적 공공 이슈의 정의, 유형 및 특성에 대해 이해한다.
· 방송에서 사회적 공공 이슈가 어떻게 다루어지고 있는지 이해한다.
· 환경 감시의 기능, 상관조정 기능, 문화 전승 및 사회화 기능, 오락적 기능 등 방송의 제 기능에 대해 이해하고, 각 기능에서 사회적 공공 이슈가 어떻게 관련되어 있는지 이해한다.
· 사회적 공공 이슈 확산을 위한 토대가 될 수 있는 방송의 공익성 개념에 대해 이해한다.

❖

치열한 입시 경쟁을 치러야 하는 한국의 현실을 반영하며, 공부의 목적이 출세인 한국 사회를 풍자하고 비판하는 내용으로 우리 사회와 미디어를 뜨겁게 달군 드라마가 있다. 바로 〈SKY 캐슬〉이 그 주인공이다. 드라마 종영 이후, 『SKY캐슬을 넘어서: 교육학으로 분석한 대한민국 입시욕망』이라는 책을 펴낸 정민승(2019)은 이렇게 말한다.

> "드라마는 과거에는 그저 현실을 반영하는 영상물 정도로 인식되었지만, 이제는 이슈를 만들어내고, 대중의 인식에 개입해서 문화를 바꾸기도 하는 힘을 발휘하기도 한다."

언론과 사회와의 관계를 두고 "언론이 사회를 반영하는가" 혹은 "언론이 사회를 주도하는가"라는 의문은 지금까지 언론계에서 끊임없이 제기되어 오던 주제였다. 여기서 언론이 사회를 반영한다는 말은 언론이 사회에 이미 만연된 현실을 그대로 담아내는 그릇과 같은 역할을 하는 것을 의미하는 반면, 사회를 주도한다는 말은 언론이 새로운 현실을 만들어내고 여론 변화를 주도하는 역할을 함을 의미한다. 이러한 두 가지 의문이 계속해서 제기되는 이유는, 상황에 따라 다르긴 하지만 언론이 일정 부분 두 가지 역할을 모두 하고 있기 때문일 것이다. 이와 더불어 언론의 현실 재구성 이론에 근거하자면, 언론은 현재 사회적으로 중요시되고 있는 이슈나 의제들을 다루지만, 그것을 그대로 반영하기보다 언론사의 정책과 시각에 따라 다르게 반영하거나 재구성하고 더 나아가 이들 이슈나 의제들을 확산시키는 데 기여한다는 것이다. 그리고 넓은 지역에 방송 신호를 전파하여 메시지를 전달함으로써 그 어떤 대중매체보다 영향력이 큰 매체로 인식되고 있는 방송은 현실을 재구성하고 사회적 이슈나 의제들을 확산시키는 데 가장 핵심적인 역할을 한다고 볼 수 있다. 그렇다면 방송은 어떠한 방식으로 현실을 반영하거나 재구성하는가?

우물 안 개구리처럼 바로 옆에서 일어나는 일에만 관심을 두며 살아가던 시대가 있었다. 그러나 대중매체의 발전은 인간의 시각을 확장시켰고, 이는 관심 분야에 대한 확장으로 이어졌다. 이제 사람들은 자신과 관련된 다양한 이슈에 관심을 보이고, 그 이슈를 둘러싸고 의견을 형성한다. 여기에서 다양한 이슈를 사람들의 관심 영역으로 끌어내는 역할을 하는 것이 대중매체이며, 특히 방송은 특정 주제에 전혀 관심을 두고 있지 않았던 사람들조차도 포함하여 가장 광범위한 계층까지 관련 내용을 전달하고 의견을 형성한다. 그리고 방송은 사회라는 현실 속에 존재하는 무수한 이슈를 선택하여 다룸으로써 현실을 반영하기도 하지만, 이들을 재구성하여 확산시켜 나감으로써 정책 의제로 발전시키거나 아울러 정책 형성까지 가능하게 하면서 그 역할을 확장해 나가고 있다.

이 장에서는 사회적 공공 이슈라는 것이 방송의 기능 속에서 어떠한 방식으로 표출되고 있으며, 또 어떠한 철학적 토대 위에서 표현되어야 하는지 논의해 보고자 한다.

1. 사회적 공공 이슈

1) 사회적 공공 이슈의 정의

'이슈(Issue)'라는 단어는 영어의 단어를 그대로 사용하면서 거의 한글화된 단어 중 하나로서, 많은 사람이 수시로 사용하는 단어 중 하나다. 그러나 정확하면서도 통일된 정의 없이 다양하게 사용되고 있는 단어 중 하나이기도 하다. 영어 사전에서 '이슈(issue)'를 찾아보면, '사람들이 생각하거나 이야기하는 주제 혹은 문제(a subject or problem that people are thinking and talking about)'로 정의되고 있다. 이러한 정의를 토대로, 이슈는 '논쟁거리,' '논점,' '쟁점' 등의 용어로 해석되거나 이들 용어와 혼용하여 사용되기도 한다. 아울러, 이슈는 '화제가 되는 그러면서도 뜨고 있는 사건이나 사안'이라고 정의되기도 한다. 혹은 단순히 주제, 제목 등을 의미하는 것이 아니라, 부정적인 측면을 내포한 주제를 지칭하는 것으로 정의된다.

이슈 관리(Issues management)[1] 차원에서 기업 PR 실무자나 연구자들은 '이슈'에 대해 다소 다른 정의를 제시하기도 한다. 이들은 '이슈'에 대해 '이제 곧 결정이 내려질 단계에 있는 분쟁거리,' '조직과 하나 이상의 공중 사이에 벌어지는 갈등,' '기업 활동에 대해 공중들이 갖고 있는 조직에 대한 기대 간의 격차', '조직의 내적 또는 외적 생활과 사건을 뜻하며, 그 조직의 기능, 운영 및 장기적 이득에 영향을 미칠 수 있는 것' 등으로 정의하고 있다. 그리고 이

---

[1] 이슈 관리는 1977년 하워드 체이스(Haward Chase)에 의해 처음으로 만들어진 용어로(Chase, 1984), '기업이 떠오르고 있는 이슈들을 규명하고, 분석하여 관리함으로써 대중이 알기 전에 대응하기 위해 사용하는 일종의 도구'로 정의된다(Michael Regester and Judy Lakin, 2001).

들을 정리하여 '조직의 존립에 긍정적 부정적 영향을 미치는 사건 또는 상황으로, 이해관계자들 또는 공중과의 갈등을 동반하기도 하며, 현재뿐만 아니라 미래에까지 조직의 이익에 영향을 미칠 수 있는 사안'으로 정의되기도 한다. 비록 이러한 정의들은 조직의 차원에서 내려진 정의라 할 수 있으므로, 이들을 재정리하자면 아래와 같이 정의할 수 있을 것이다.

'이슈란 사람들 사이에 화제가 되거나 관심의 대상이 되는 사안으로서, 조직뿐만 아니라 개인에게도 긍정적 또는 부정적 영향을 미치는 내적·외적 사건 또는 상황을 의미하며, 가끔은 갈등을 동반하기도 하고, 현재 혹은 미래 이익에 영향을 미칠 수도 있는 사안'이다. 그리고 사회적 공공 이슈란 '특정 개인에게만 한정되기보다는 사회구성원들 전체가 관심을 가지며, 이들의 현재 혹은 미래 이익에 긍정적 또는 부정적 영향을 미칠 수 있는 공공의 사안'이라고 정의될 수 있다.

2) 사회적 공공 이슈의 유형

우리 사회에는 정치, 경제, 사회, 문화, 환경 등 다양한 분야에서 크고 작은 많은 공공 이슈가 존재한다. 어떤 이슈는 현실을 반영하여 해당 이슈에 대한 공중의 인식을 제고하는 데 기여하는가 하면, 또 다른 이슈는 정책 차원에서 의도적으로 발의하여 공중의 여론을 형성하는가 하면 정책 형성에 기여하기도 한다. 또한 어떤 이슈는 한여름 밤 감기처럼 가볍게 앓고 지나가는 이슈도 있으나, 어떤 경우는 사회 전체를 뒤흔들고, 사람들의 마음을 쓸어내리게 하는 이슈도 있다.

이들 이슈의 유형은 학자마다 다양하게 분류한다. 김성철과 박기묵(2006)은 미국 내에 존재하는 50개 공공 이슈를 선정하여 뉴스 보도량을 중심으로 이슈의 유형을 구분하고자 했으며, 그 결과 공공 이슈의 유형을 단순증가형, 반복형, 일반형, 돌발형, 기타형 등으로 구분했다. '단순증가형'이란 공공 이슈에 대한 관심이 적다가 어느 시점부터 일정 수준까지 올라가 그 수준에서 꾸준히 증가하는 유형의 공공 이슈를 의미한다. 동성 연예와 낙태 이슈가 이 유형의 대표적인 예라 할 수 있다. '반복형'이란 어느 공공 이슈에 대한 사회적 관심사가 정점에 도달한 후 식는 것처럼 보이다 다시 상승하는 유형을 말하며 원자력 에너지 관련 이슈가 대표적인 예라 할 수 있다. '일반형'은 공공 이슈에 대한 사회적 관심도가 증가하다가 쇠퇴하면서 결과적으로 소멸해 가는 과정을 거치는 이슈 유형을 나타내는 것으로 대표적인 사례로는 미국에서의 무기통제 이슈를 들 수 있다. '돌발형'은 공공 이슈가 큰 사회적 관심도를 형성하고 빠른 시기에 정점에 도달한 후 순식간에 쇠퇴하며, 소멸의 과정을 거치는 이슈 유형을 의미한다. 주로 국방 이슈가 이 유형의 대표적인 사례라 할 수 있다. 마지막으로 '기타형'은 공공 이슈에 대한 사회적 관심도가 크게 변화하지 않고 일정한 수준으로 지속하는 유형을 의미하며 은행 이슈가 대표적인 예이다.

공공 이슈와 관련하여 이종혁·신동혁·김성민(2013)은 공공 이슈에 대한 사회적 관심도의 변화 추이에 따라 '돌발-급사형,' '돌발-지연사형,' '지발-급사형,' '지발-지연사형'등으로 구별했다. 여기서 '돌발'과 '지발'의 차이는 시작 단계에서 언론 보도량의 증가 추이에 따른 구분이다. 즉, 시작 단계에서 갑자기 보도량이 많아지면 '돌발,' 서서히 보도량을 높여가면 '지발'로 분류했다. 그리고 '급사'와 '지연사'는 이슈 소멸 단계에서의 보도량에 따른 구분으로서, '급사'는 소멸 단계에서 보도량이 갑자기 없어지는 경우이며, '지연사'는 서서히 보도량을 줄여가는 것을 의미한다. 따라서 '돌발-지연사'형이란 '돌발-급사'형과 유사하게 시작 단계에서 보도량이 급격히 증가했으나, 소멸 단계에서는 서서히 보도량이 줄어드는 이슈 유형으로 가장 많은 이슈가 이러한 유형에 포함된다. '지발-급사형'이란 시작 단계에서 보도량이 서서히 증가했다 소멸 단계에서는 보도량이 갑자기 사라지는 이슈 유형이며, '지발-지연사'형은 시작 단계에서 보도량이 서서히 증가했다가 소멸 단계에서도 보도량이 서서히 줄어드는 이슈 유형이다.

'돌발-급사'형 이슈에는 대체로 정책 발표성 이슈들이 많이 포함되는데, 정부가 특정 정책에 대해 의제를 설정할 목적으로 기자회견 등을 통해 갑자기 정책을 발표하고 관련 이슈에 대해 보도를 집중하는 경우이다. 정부가 내놓는 부동산 대책, 저출산 고령사회 기본계획, 외교부 특채 비리, 예산안 결정 등의 이슈들이 포함된다. '돌발-지연사'형 이슈로는 배춧값 폭등, 스폰서 검사, 한-EU FTA, 남북 이산가족 상봉, 북한 김정은 3대 세습, 햇살론 등 가장 많은 이슈를 포함하며, '지발-지연사'형은 김황식 총리 청문회, 칠레 광부 구출, 위안화 절상 압력, 기준금리 동결 등의 이슈를 포함했다. 또한 '지발-지연사'형에는 이란 금융체제 이슈가 포함되었다(이종혁 외, 2013).

3) 사회적 공공 이슈의 특성

사회공동체 내에는 많은 이슈가 존재한다. 그러나 우리 눈에 보이는 두드러진 이슈들은 사회공동체에서 일어나는 수없이 많은 이슈 중 경쟁에서 승리한 소수의 이슈에 불과하다. 또한 소수의 이슈들조차 일반 대중으로부터 지속적인 관심을 받기보다는 치열한 경쟁 속에서 사그라들었다가 떠오르기를 반복한다. 이와 같은 공공 이슈의 특성을 잘 설명해 주는 것이 바로 공공장 모형(Public Areans Model)이다. 힐가트너(S. Hilgartener)와 보스크(C. L. Bosk)는 사회적 이슈들이 공공의 장(Public Arenas)에서 공중의 관심을 얻기 위해 서로 경쟁한다는 공공장 모형을 제안했다(Hilgartner and Bosk, 1988). 이 모형은 공공의 장에서 일정 기간 또는 일정 지면에서 다루어질 수 있는 사회적 이슈는 제한되어 있기 때문에 공중의 관심을 끌기 위해 서로 경쟁할 수밖에 없다고 가정한다. 공공의 장 모형에서는 주로 신문 매체를 중심으로 설명하고 있으나, 방송에서 다룰 수 있는 사회적 이슈 역시 시간적으로 한정되어 있으므로 가능한 한 많은 시간을 차지하기 위해 서로 경쟁하는 것으로 가정해 볼 수 있다. 사회적 이슈들이 공중의 관심을 끌기 위해 경쟁하는 과정에서 나타나는 일반적인 현상은 새로운 이슈들이 등장하면서 일정 기간 동안 사람들이 관심을 보여 왔던 기존 이슈들에 대한 사회적 관심도가 감소하는 것이다.

사회적 이슈에 대한 공중의 관심도가 변화하는 과정과 관련하여, 앤서니 다운스(Anthony Downs)는 5단계로 이루어지는 사회적 이슈 순환 과정(Issue Attention Cycle)을 제안했다(Downs, 1972). 첫 번째 단계(the pre-problem stage)는 사회적으로 어떤 문제가 발생했으나, 그에 대해 일부 시민단체나 전문가들 정도의 경고만 존재할 뿐 아직 일반 대중으로부터 큰 관심을 받지 못해 사회적 이슈로 발전하지 못하고 있는 단계이다. 두 번째 단계(alarmed discovery and euphoric enthusiasm)는 일반 대중이 이슈와 관련된 사건·사고를 직접 목격하거나 경험하여 관심을 두게 되고, 이슈의 중요성 및 긴급성에 대해 인식하기 시작하는 단계이다. 그러나 이 단계에서는 사람들이 이슈와 관련된 사회적 문제가 곧 해결될 것으로 낙관하여 사회적 관심도가 크게 증폭되지 않는다는 특성을 보인다. 세 번째 단계(realizing the cost of significant progress)는 사회적 이슈에 대한 일반 대중의 관심도가 절정에 도달하여 국민의 공공 이슈에 대한 문제의식을 형성하고 해당 문제를 해결하는 데 필요한 사회적 비용과 그것으로 인해 얻을 수 있는 사회적 혜택에 대해 공중이 인식하게 되는 단계이다. 네 번째 단계(gradual decline of intense public interest)는 이슈에 대한 사회적 관심이 서서히 식어가는 단계이며, 마지막 단계(the post-problem stage)에서는 이슈에 대한 일반 대중의 관심도가 점점 쇠퇴하며 소멸해 가게 되지만 이는 첫째 단계로의 이동이라기보다는 이슈에 대한 다양한 정책이 시행됨으로 인해 관심도가 감소되어 가는 자연스러운 현상이라 할 수 있다. 앤서니 다운스(Downs, 1972)는 높은 사회적 관심을 받던 사회적 이슈에 대한 관심도가 점차 감소하게 되는 이유에 대해, 일반 대중이 한 이슈에 쉽게 싫증을 느껴 새로운 이슈로 관심을 돌리기 때문인 것이라 설명한다.

2. 방송 속에서의 사회적 공공 이슈

우리 사회에서 사회적 공공 이슈는 주로 언론에 의해 다루어진다. 때로는 단순히 사람들 사이에 회자되는 사회적 이슈가 그대로 반영되어 표출되기도 하지만, 때로는 언론에 의해 새로운 사회적 이슈가 생성되기도 하며, 또 때로는 다른 곳에서 생성된 이슈가 증폭되기도 하는 등 이슈가 나타나고 사라지는 데 있어서 언론은 상당한 영향을 미치게 된다(김인수, 2017). 아울러, 이슈와 관련된 정책 과정과 정책 의사결정에도 유의미한 영향력을 행사하게 된다(박기묵, 2002). 즉, 일반 국민이 관심을 가질 만한 가치 있는 이슈들을 언론이 선별하고 반영하는 과정에서, 일반 시민의 의제가 언론의 의제가 되고, 그리고 언론에 의해 지속적으로 보도됨으로써 언론의 의제가 공공의 의제로, 공공의 의제가 정부 정책 관련 의제로 변화함으로써 정부의 정책과 관련된 의사결정의 방향성이 결정된다(Cobb and Elder, 1983). 이는 결국 하나의 이슈가 정치·경제적, 법·제도적, 사회·문화적 변화로까지 이어질 수 있음을 의미한다. 이 장에서는 특히 사람들의 시각과 청각을 자극하는 영상 메시지로 사람들의 인식 형성에 지배적인 영향력을 행사하고 있는 방송에서 사회적 공공 이슈들이 어떻게 반영되거나 나타나고 있는지 설명하고자 한다. 이에 사회적 공공 이슈를 다루는 기본적인 철학으로서의 '방송의 공익성'을 중심으로, 방송의 각 기능 속에서 사회적 공공 이슈가 어떻게 구현되고 있는지, 또 향후 어떻게 구현되어야 하는지 논의해 보고자 한다.

1) 공공 이슈 확산의 토대가 되는 방송의 공익성

일반적으로 방송의 이념은 공공성과 공익성으로 규정할 수 있다. 여기서 공공성이란 전파의 공공성을 의미하며, 전파의 희소성 및 수탁이라는 개념과 함께 방송이 공익성 실현을 주장하기 위한 논리적 근거를 형성한다. 다시 말하면, 방송은 다른 매체와 달리 전파를 이용해 서비스를 제공하지만, 전파는 특정인의 소유가 아닌 공공의 소유이며, 무한한 자원이 아닌 희소한 자원이다. 이에 방송은 공공의 자산을 활용하기 위해 국민의 동의를 바탕으로 한 위탁 관리자의 역할을 부여받은 것으로 간주된다. 즉, 방송사업자는 방송 서비스를 제공하기 위해 전파의 주인인 국민을 대신해 정부로부터 전파를 사용할 수 있는 권한을 부여받게 되는 것이다(한진만 외, 2017). 이렇듯 전파의 공공성, 희소성, 수탁의 개념을 토대로, 공공의 자산인 전파를 활용하여 내용을 서비스하는 것이 방송인 만큼, 방송은 공익을 저해해서는 안 될 뿐만 아니라, 공익을 실현시킬 수 있도록 노력해야 할 책임이 있다.

공공성 외에도, 방송이 공익성 구현에 힘써야 하는 또 다른 이유는 방송 매체 자체가 가지는 특성에 있다. 다른 매체와 달리, 방송은 전파를 이용하여 서비스하기 때문에 그 범위가 넓고, 소리와 영상을 통해 서비스를 제공하므로 누구나 쉽게 정보를 획득할 수 있다는 장점이 있다. 이는 학력이나 지식수준과 관계없이 누구나 방송 서비스를 쉽게 접할 수 있다는 것을 의미하며, 방송 매체가 가진 이러한 특성이 방송의 영향력을 더욱 극대화시키고 있다(한진만 외, 2017). 그리고 방송 매체가 지닌 이 같은 위력 때문에 방송은 콘텐츠를 제공하는 데 있어 더더욱 객관성과 중립성을 확보할 수 있어야 하며, 더 나아가 항상 공익성 실현을 염두에 두고 프로그램을 제작·편성해야 한다.

공익은 공공(public)과 이익(interest)의 합성어이다. 여기서 공공이란 "모든 사람에게 공개된 것, 공유된 것으로 개인적인 것과 반대되는 개념이며, '모든 사람에게 동등하게 관련된 것'으로 볼 수 있다(한진만 외, 2013). 이익이라는 개념은 세 가지 관점에서 개념화 되는데, 첫 번째는 공익을 공공선(public good) 또는 공동선(common good)으로 보는 관점이며, 두 번째는 효용(utiity)으로 보는 관점, 그리고 세 번째는 편익(benefit)으로 보는 관점이다. 먼저, 이익을 공공선 혹은 공동선으로 보는 관점에서 공익이란 다른 가치보다 상위에 존재하는 가치로서 사회구성원 모두가 추구해야 하는 당위적 가치이자, 절대적 가치이다. 두 번째 관점에서 공익은 경제적 차원에서의 효용이나 만족을 의미하며 세 번째 관점에서 공익이란 혜택이나 보탬 등 일상적인 의미를 가진다. 여기서 두 번째와 세 번째 관점은 사회 전체의 이익이라기보다는 개인적이며 주관적인 이익이라 할 수 있다. 따라서 이상의 논의를 통해 볼 때, 공익의 개념은 개인의 이익, 즉 '사익'과 대비되는 개념으로서 다수의 이익, 즉 '사회구성원 전체의 이익'을 의미하는 것으로 정리해 볼 수 있다.

방송의 공익성 개념은 특정 시대의 사회적·문화적 상황에 따라 다르며, 각 방송제도의 보편적 이념에 따라 상이할 수 있다. 그럼에도, 방송의 공익성을 실현하기 위한 몇 가지 요건들을 정리해 보면, 방송의 독립성, 객관성, 공정성, 다양성, 접근성, 균형성 등을 포함한다. 즉, 방송의 공익성을 실현하기 위해, 첫째, 방송은 정부나 자본 등을 포함한 여타 외부 압력으로부터 독립적이어야 하며, 둘째, 대립적인 의견이 있을 때 그것을 공정하고 객관적인 관점에서 다루어야 한다. 세 번째, 사회구성원이라면 계층, 성별, 나이, 지역과 관계없이 누구든지 방송 서비스에 접근할 수 있어야 하며, 네 번째, 방송은 다양한 집단의 의견을 균형 있게 반영해야 한다(김규, 2003).

사회적 공공 이슈는 현대사회에서 존재하는 문제로서 다루어지거나, 새롭게 문제를 제기하는 방식으로 방송에 등장하게 된다. 즉, 여러 가지 사건·사고들이 방송 뉴스에 보도되면서 이슈 확산의 절차를 따르게 되는가 하면, 앞서 예로 들었던 〈SKY 캐슬〉의 경우처럼 기존에 존재하는 문제이지만, 새롭게 제시함으로써 화두를 던지고 사람들의 인식을 높이는 방식으로 이루어질 수 있다. 어떤 경우이든 사회적 공공 이슈를 선택하는 과정이 포함되며, 이러한 이슈 선정 과정에서 그리고 그 이슈를 다루는 과정에서 방송은 공익성 실현이라는 대명제 속에서 독립성, 객관성, 공정성, 다양성, 접근성, 균형성 등의 요건들을 지켜나가야 할 것이다.

2) 방송의 기능과 사회적 공공 이슈

방송은 여러 가지 사회적 기능을 수행한다. 찰스 라이트(Charles Wright)를 비롯하여 몇몇 미디어 연구자들의 연구를 기반으로 방송의 기능은 크게 환경 감시의 기능, 상관조정의 기능, 문화적 유산 전수의 기능, 오락의 기능 등으로 구분해 볼 수 있으며, 여기에 동원의 기능이 추가되기도 한다(Wright, 1974). 이들 각각의 기능은 순기능적인 측면과 역기능적인 측면 모두를 포함한나.

(1) 환경 감시의 기능과 사회적 공공 이슈

환경 감시란 우리 주변에서 어떠한 일이 일어났고, 또 일어나고 있으며, 앞으로 어떠한 일이 일어날 것인지를 알려주는 활동을 의미한다. 오늘날 사회가 다변화하면서 우리 주변에서 다양한 사건·사고들이 일어나고 있는데, 방송은 바쁜 현대인들의 눈을 대신하여 무수히 쏟아져 나오는 사건·사고들을 살피고, 이들 중 사람들에게 가치 있을 법한 것들을 선별하여, 사람들이 성공적으로 삶을 영위할 수 있도록 필요한 많은 정보를 제공한다. 이러한 환경 감시의 기능은 두 가지 형태가 있는데, 하나는 경고 및 예방적 환경 감시이고, 또 다른 하나는 도구적 환경 감시이다. 경고 및 예방적 환경 감시란 태풍이나 화산 폭발, 지진, 공해, 경기침체, 적군의 침입 등 사회의 안전과 질서를 위협하는 요인들에 대한 정보를 제공해 사람들이 이를 예방하거나 피해를 최소화하며 대응할 수 있도록 도와주는 역할을 의미한다. 반면, 도구적 환경 감시란 일상생활에 유용하고, 도움이 되는 정보를 제공하는 활동으로, 신제품 소개, 요리법, 패션 등과 관련된 정보들이 여기에 포함된다(강준만 외, 1998). 그리고 이러한 방송의 환경 감시 기능은 주로 뉴스 보도나 토론, 혹은 시사 프로그램 등을 통해 구현된다.

이처럼 방송의 환경 감시 기능은 긍정적이면서도 순기능적인 측면이 있지만, 그 이면에는 역기능적 측면 또한 내재하고 있다. 부정적 사건·사고에 대한 과다 노출이나 사실 확인이 되지 않은 불확실한 정보가 노출되는 경우가 가장 대표적인 형태라 할 수 있다. 부정적 사건·사고에 대한 과다 노출은 시민들에게 공포감을 조성할 수 있을 뿐만 아니라 부정적인 사건·사고에 많이 접하게 됨으로써 오히려 무감각해지게 되어 현실에서 분명히 사람들의 삶에 부정적인 영향을 줄 수 있는 사건·사고임에도 대수롭지 않게 여기는 현상을 초래할 수 있다. 전자를 우리는 패닉(Panic) 현상이라고 하며, 후자를 '마약중

독 역기능(narcotizing dysfunction)'이라고 부른다. 또한 사실 확인이 되지 않은 불확실한 정보는 확인되지 않은 정보로 사실을 왜곡되게 인식하여 사람들의 현실적 판단을 흐리게 만들거나 편견이나 고정관념을 형성하기도 한다.

방송의 환경 감시 기능에서 사회적 공공 이슈는 주제적 측면과 방법론적 측면으로 구분하여 논의해 볼 수 있다. 우선, 주제적 측면이란 많은 사건·사고 속에서 어떠한 내용을 뉴스로 선정하여 사회적 공공 이슈의 대열에 배치할 것인가의 문제와 관련된다. 즉, 어떤 이슈를 사회적 공공 이슈로 다룰 것인가를 결정하는 문제이다. 대체로 사회 속에서 일어나는 모든 사건·사고가 뉴스가 될 수는 없으며, 어떤 가치를 가질 때 뉴스로 선정된다. 그리고 그 뉴스 가치라는 것은 갈등성, 영향성, 시의성, 신기성 등 객관적으로 제시되는 기준에 의해 결정되기도 하지만, 데스크의 관점에서 선별이 이루어지기도 한다. 이를 게이트키핑(gatekeeping) 과정이라고 한다. 다시 말해, 게이트키핑이란 방송에서 뉴스가 선정되는 과정에서 여러 관문을 거쳐 걸러지는 효과를 의미하며, 결국 사회적 공공 이슈 역시 게이트키핑 과정을 통해 선별된 뉴스들이 방송에서 지속적으로 보도됨에 따라 사회적으로 더욱 중요한 이슈로 부각된 결과, 탄생된 산물이다.

대개 대중매체에 자주 등장하는 사람들이 중요한 인물로 부각되는 과정을 대중매체에 의한 지위부여 기능(status-conferral function)이라고 한다. 이와 유사하게, 사람들은 방송이 특정 이슈를 중요하게 부각시킬수록 그 이슈를 매우 중요한 이슈로 인식하게 되고, 방송에서 중요하게 다루어지지 않은 이슈는 별로 중요하지 않은 것으로 인식하는 경향이 있는데, 이를 방송의 의제설정 기능(agenda-setting function)이라고 한다. 방송의 의제설정 기능이란 사람들이 어떠한 이슈를 주요 의제로 생각하고, 그 의제에 대해 어떻게 생각해야 하는지를 방송이 설정하는 기능을 의미하며, 이로 인해 특정 이슈를 둘러싼 공중의제 결정에 영향을 주게 된다.

한편, 방법론적 측면이란 사회적 공공 이슈가 주로 어떤 프로그램들을 통해 전달되며, 또 전달 과정에서 어떻게 보도되는가와 관련된 문제를 가리킨다. 방송에는 다양한 프로그램이 존재하지만 방송의 환경 감시 기능은 주로 뉴스 보도와 시사 프로그램을 통해 이루어진다. 이러한 뉴스 보도와 시사 프로그램에서 해당 이슈를 기사화하는 데 있어서 지나치게 과장되게 보도하거나 사실 확인이 되지 않은 상태로 보도할 경우 국민을 공포에 떨게 하거나 감정을 격앙시키는 결과를 초래하기도 한다. 즉, 각종 재난·재해나 대형 사건·사고가 일어날 때마다 '선정적이면서도 국민의 불안을 가중시키는' 보도 행태들이 잇따랐으며, 세월호 이슈에서는 그 정도가 극에 달하면서 많은 비판이 쏟아졌고, 이는 방송의 입장에서는 반성과 자숙의 기회가 되기도 했다. 따라서 방송의 공익성 실현을 위해, 방송은 우리 주변 환경에서 발생하는 사건·사고를 발견하고 전달할 의무가 있지만, 방송사 중심의 뉴스 가치뿐만 아니라 방송의 공익성 실현을 위한 요건들을 고려하여 뉴스 선별이 이루어져야 하며, 보도 방법 역시 공익성 실현이라는 철학을 준수하는 방향으로 이루어져야 한다.

(2) 상관조정의 기능과 사회적 공공 이슈

방송은 우리 주변에서 일어나는 많은 사건·사고에 대한 단순 보도뿐만 아니라 이들에 대한 이해도를 높임으로써 사회 각 분야 간 일어날 수 있는 갈등을 조정하는 기능을 수행한다. 또한, 정부에서 내놓는 다양한 정책 이슈들 역시 정책에 대한 일반 시민들의 합의와 수용을 끌어내기 위해서는 적절한 커뮤니케이션이 요구된다.

전자의 경우, 방송은 사회고발 프로그램, 뉴스 해설 프로그램, 다큐멘터리 등과 같은 프로그램을 통해 사건 발생의 원인과 진행 과정은 물론 이러한 사건이 가져올 수 있는 파장에 대해 심도 있게 다루어냄으로써 사건에 대한 이해도를 높이고, 해당 이슈에 대한 정책 의제를 형성하여 여론을 이끌고, 새로운 법안이나 정책 마련을 위한 초석을 다지기도 한다. 예를 들어, 방송에서 직장 내 폭행이나 폭언, 따돌림, 차별 등의 이슈에 대한 내용들이 다루어지면서 국민들의 관심도를 향상시켰고, 결국 '직장 내 괴롭힘 금지법'이 시행되기에 이르렀다. 장애등급 1급인 중증장애인만이 활동지원제도의 대상이 되는 등 제도의 불합리성을 둘러싼 이슈가 장애계를 중심으로 확산되면서 장애인 등급제 폐지라는 결과를 끌어내기도 했다.

후자의 경우, 치매 국가책임제, 국가 건강검진 확대, 응급실·중환자실 비용부담 축소, 음주운전 처벌 강화 등 다양한 정책 이슈에 대한 국민의 이해도를 향상하기 위해 정책 PR 차원에서 다양한 커뮤니케이션 활동이 방송을 통해 이루어진다. 가령, 고용보험에 가입되지 않아 실업급여를 수급할 수 없었던 특수고용 근로자를 포함해 실업급여 수급대상자 및 실업급여 규모가 확대되었고, 지급 절차도 간소화하는 등 실업급여 지급과 관련된 정책에 대한 자세한 내용이 KTV 국민방송이나 법률방송 등에서 세세하게 다루어짐으로써 국민의 정책이해도를 높일 뿐만 아니라, 정책 혜택 비율을 높이고, 이는 결국 국민의 복지 증진에 이바지하게 된다.

아울러, 현대사회는 종종 다양한 이해집단이 상호작용하는 과정에서 갈등이 유발되는데, 방송은 이러한 갈등을 해소하고 사회적 통합을 강화하는 역할을 한다. 예를 들어, 사람들은 대개 자신의 경제적 이익에 도움이 되는 시설물의 건설은 찬성하지만, 쓰레기 소각장, 원자력발전소, 방사능 폐기물 처리장 등 공해를 유발할 수 있는 시설들을 혐오시설로 낙인찍고 지역 간 반대운동을 벌인다. 이를 두고 님비현상이라고도 한다. 이처럼 지역 간 갈등이

첨예화될 때, 방송은 이를 자세히 보도하는 가운데, 전문가의 진단이나 처방을 소개하고 바람직한 해결 방안을 모색하여 제시하는 기능을 한다. 좀 더 구체적으로, 방송은 국민과 기업, 정부를 주축으로 하는 공개토론회를 개최하고 중계함으로써 각 이해당사자 간 의견을 중재하여 타협점을 발견할 수 있도록 하는가 하면, 다른 국가나 지역의 해결 사례를 소개함으로써 해당 이슈에 대한 이해도를 높이고 갈등 해결 가능성을 높이게 된다.

방송의 상관조정 기능을 잘 대변해 주는 프로그램이라 할 수 있는 다큐멘터리는 실제 상황을 바탕으로 이야기가 전개되기 때문에 설득 효과가 매우 크며, 따라서 사회의 주요 이슈들에 대한 쟁점을 소개하는 형태의 프로그램이다. 즉, 특히 사회적 이슈 다큐멘터리는 주로 공적 이슈나 역사적 사건을 중심으로 사회적 문제와 개념을 설명하는 다큐멘터리 형태로서 전반적인 사회적 물의나 지정학적 갈등, 환경문제 등을 주로 다룬다(이종수, 2015). 또한, 휴먼 다큐멘터리는 여성의 성적 차별, 노사갈등, 사회의 양극화 현상, 소수자와 약자, 인종차별과 이데올로기 등의 사회적 이슈들을 실제 사례와 함께 소개하고 이야기 속 주인공들이 실제로 겪어왔던 고통과 갈등을 감성적으로 보여줌으로써 시청자들의 공감도를 높이고, 이슈에 대한 사람들의 관심도를 증폭시키며, 감성적 동의를 불러일으키게 된다(백선기, 2015). 시사 고발 프로그램도 유사한 경향을 보인다. 2018년 사회에서 가장 뜨거운 이슈였던 '미투 운동'은 이로 인해 촉발된 각계 인사들의 성폭력 의혹과 성범죄 등이 시사 고발 프로그램에서 심도 있게 다루어지면서 그 파장은 더 크게 나타났다. 이에 따라 하나의 정책 의제로 형성되어 법제도 개선 및 실질적인 대책 마련이 논의되기에 이르렀다. 여기에서 그치지 않고, 시사 고발 프로그램은 정치 및 자본 권력뿐만 아니라 종교, 스포츠, 학계 등에서 다양한 사회적 이슈들을 세상 밖 시청자들의 시야로 드러내는 데 중요한 역할을 한다.

한편, 상관조정 기능 역시 역기능적 측면을 내포하고 있다. 즉, 방송에서 특정 공공 이슈에 대한 해설 제공을 목적으로 프로그램을 운영하는 가운데, 사전에 이슈에 대한 여론 방향의 틀을 잡고 지속적으로 보도할 경우, 국민은 비판 능력이 약화되고 피동성이 강화되어 사회에 대한 비판적 안목을 가질 수 없게 된다. 또한, 침묵의 나선효과(spiral of silence)에 의해 소수의 목소리는 더욱더 작게 만들고, 다수의 목소리로 여론을 형성해 나감에 따라 인식의 오류를 양산할 가능성도 배제할 수 없다. 따라서 사회 내 다양한 집단·계층 간 갈등을 해소하고 사회통합 모색에 일조할 수 있게 하려면, 방송은 어느 한 집단에 치우침 없이 공정하고 균형 있는 보도 마인드를 유지할 수 있어야 한다.

(3) 문화 전승 및 사회화 기능과 사회적 공공 이슈

일반적으로 사회화란 전통적으로 내려오는 관습, 가치관, 규범 등이 후세 대에 전달되는 것을 의미한다. 역으로 말하면, 새로운 세대가 현재의 지배적 인 전통과 가치, 규범 등을 학습하고, 수용하여 내재화하는 것을 말한다. 따라서 방송의 문화 전승 및 사회화의 기능이란 한 사회가 가지고 있는 사상, 가치, 신념, 규범, 기술, 지식 등을 다음 세대에 학습시키고 전승시키는 기능을 의미한다.

한 사회의 문화, 신념, 사상 등은 그 사회 전체를 단일한 공동체로 만들어 주는 주요 요소라 할 수 있다. 문자 이전의 시대에는 신화와 전설 등이 문화 및 사회적 가치 전수를 통해 사회통합에 기여하는 주요 매개체였다. 문자시 대에는 학교 교육과 풍성한 문화 활동을 기반으로 새로운 세대에게 사회의 관습과 전통을 가르치고 문화를 전승해 왔다(한진만 외, 2013). 매스미디어는 문화 전승과 사회화 방식을 급격히 변화시켰다. 특히 방송은 다양한 프로그램을 통해 우리가 해야 할 일과 사회적으로 요구받는 역할에 관한 모델을 제시한다. 구체적으로, 청소년, 부모, 가장, 선생님, 정치인 등 사회구성원이 한 사회에서 점하고 있는 위치에서 각자가 해야 할 사회적으로 바람직한 역할과 하지 말아야 할 역할에 대한 모델을 제시해 준다. 예를 들어, 방송 드라마에서는 대체로 엄마들에게 깊은 모성애와 함께 아기를 잘 양육하는 것이 여자로서 가치 있는 일임을 강조하며, 가족의 본질과 소중함을 교육한다.

또한, 방송 뉴스 프로그램은 보는 이로 하여금 사회적으로 찬사를 받는 일과 비난을 받는 일을 구별할 수 있도록 한다. 예를 들어, 뉴스 보도는 청소년이 일탈행위에 따른 법적·도덕적·사회적 처벌을 인식하게 하고 이를 통해 일탈 행위에 대한 잠재적 욕구를 자제하게 한다. 이는 방송의 사회규범 강화 기능이라고 일컬어지기도 한다. 아울러 토론과 시사 프로그램은 사회가 지향해야 할 가치를 제시하기도 하며, 드라마와 같은 프로그램 역시 해당 내용에서 강조하는 가치를 자연스럽게 이해하고 습득하도록 한다. 방송을 통해 52시간 근무제와 삶의 균형(워라벨) 등의 가치가 존중되는 것이 한 예라하겠다.

보통 도덕과 규범에 어긋나는 이슈들은 뉴스 가치가 큰 사건으로 분류되어 방송 보도의 양이 많아지게 된다(Shoemaker and Cohen, 2006). 특히 탐사보도의 대부분은 반도덕적 이슈를 파헤치고 보도함으로써 국민의 공분을 유발하게 되는데 이는 사회의 유지와 발전을 위해 도덕적 일탈에 대한 지속적인 경계가 중요하기 때문이며, 이를 통해 사회적 규범에 대한 무의식적 학습이 이루어지게 된다(Protess et al., 1991). 이에 따라 방송은 사회공동체의 유지를 위해 반도덕적 이슈에 늘 관심을 가져야 하며, 만일 반도덕적 이슈가 발생했다면 지속적 보도로 해당 이슈가 재발하지 않도록 해야 한다(이종혁 외, 2013).

최근에는 뉴스 보도, 다큐멘터리, 시사 고발 프로그램 외에 방송 드라마에서도 여러 가지 쟁점적 이슈들을 다루고 있으며, 그 영향이나 파장도 이들 프로그램에 결코 뒤지지 않는다. 소위 사회고발성 드라마라고 하는 이들 드라마는 현실과 동떨어진 판타지보다는 개인의 삶에 영향을 미치는 사회 이슈를 담아낸다. 2017년에 방영된 드라마 〈구해줘〉는 학교 폭력 이슈를 담아내어 실제 현실에서 일어나고 있는 학교 폭력의 문제를 제대로 보여주었다는 평가를 받았다. 또한, 드라마 〈김과장〉은 해고를 강요하며 비인간적으로 직원들을 내쫓는 악덕 기업의 이야기로 우리 사회에서 볼 수 있는 '기업 갑질' 이슈를 드러냈다. 드라마 〈열혈사제〉는 정치·경제 고위층과 수사기관 사이의 유착, 재벌 3세의 갑질, 은행의 금융 비리 등 사회적 이슈들을 드러내며, 현실에서 해결되기 어려운 문제들을 시원하게 응징함으로써 시청자들에게 대리만족을 선사했다(홍지현, 2017). 2018년에 방영된 〈닥터탐정〉은 UDC(미확인질환센터)라는 가상의 기관을 중심으로 직업환경 의학전문의라는 다소 독특하면서도 특별한 직업군을 통해 산업 현장의 부조리를 통쾌하게 해결하고 더 나아가 직업병(업무 관련성 질환)에 대한 사회적 이해와 인식 제고에 크게 기여한 것으로 평가된다. 특히 당시 사회적 이슈였던 가습기 살균제로 인한 폐렴 유발 사건, 휴대폰 부품 공장에서 발생하는 '메탄올 중독 사건' 등의 다소 무거운 주제들을 다루면서 잠자고 있던 해당 이슈들에 대한 사람들의 관심도를 높이고, 이슈를 공론화하는 데 크게 기여했다. 방송은 특정 이슈에 대한 학습을 통해 사람들의 편견을 깨고, 원만한 사회통합과 문화적 다양성 확보에도 이바지하게 되는데, 동성애 등 성소수자 관련 이슈가 대표적이다(김헌식, 2013). 2013년 방영된 〈인생은 아름다워〉라는 드라마는 동성애 이슈를 다루며 기독교, 교육, 유교 단체들로부터 극심한 항의에 시달리며 농성애 논란을 심각하게 불러일으키기도 했으나, 우리 사회에 성소수자에 대한 인식을 다소나마 변화시키는 데 이바지했을 것으로 보인다.

하지만 방송의 사회화 기능은 다양성과 창의성을 억제하고, 획일화와 규격화를 강조할 위험을 배제할 수 없다(강준만 외, 1998). 또한, 방송에서 이루어지는 많은 비평 프로그램이 폭력적 장면에 대해 비판하는 가운데 폭력 행위에 대한 2차적 학습이 이루어질 수 있다고 지적되는 것과 유사하게 반도덕적 이슈가 오히려 반도덕적 행위에 대한 학습으로 이어질 수 있으므로 각별한 주의가 필요하다.

(4) 오락적 기능과 사회적 공공 이슈

현대를 살아가는 사람들이라면 어느 누구 할 것 없이 사회 속에서 크고 작은 사회적 긴장으로 인한 스트레스를 경험한다. 그리고 사회적 긴장이 높아질수록 스트레스를 해소하고자 하는 욕구는 커지며, 방송은 이렇듯 스트레스를 해소하고자 하는 현대인들의 요구에 부응한다. 이에 사람들은 방송의 오락 프로그램을 통해 긴장을 해소하고 즐거움을 얻는다. 특히 예능 프로그램이나 드라마 등은 시청자가 일상에서 벗어나 긴장을 해소할 수 있는 기회를 부여하는가 하면, 정치와 사회 현실을 풍자하는 코미디 프로그램은 그동안 억눌려왔던 가슴 한 켠이 뻥 뚫리는 것과 같은 통쾌함을 선사한다. 이렇듯 방송의 긴장 해소 기능은 현대사회가 고도의 도시화, 산업화 과정에 들어가면서 공동체 의식은 약화되고, 개인화와 고립화가 더욱 심화되고 심리적 긴장감이 더욱 커짐에 따라 그 중요성이 더욱 커지고 있다. 이에 예능 프로그램이나 오락 프로그램에 대한 사람들의 친밀도는 더욱 높아지고 있다. 여러 시청 데이터에 따르면, 요즘의 시청자들은 자신에게 주어진 한정된 시간과 주목(attention)이라는 자원을 소비함에 있어 큰 위험을 감수하길 원하지 않기에, 절대적으로 상당한 시간과 집중력을 투여해야 하는 드라마보다는 예능 프로그램에 대한 선호도가 점점 높아지고 있다. 이는 만족도 수준에 대

한 예측이 가능하고, 짧게 끊어서 볼 수 있으며, 시청 만족도의 격차가 크지 않기 때문으로 분석된다.[2]

그러나 오락적 프로그램이라고 해서 단순히 쾌락만 제공하는 형태로만 존재하지 않는다. 오락적 프로그램이 지닌 긴장 해소적 성격을 활용하여 최근에는 교육적 오락물(Edu-entertainment)도 많이 나타나고 있다. 즉, 오락 프로그램 내에 사회적 공공 이슈의 메시지를 포함해 심리적 긴장감이 감소된 상태에서 좀 더 편안한 마음으로 사회적 공공 이슈를 대하고, 그로 인해 긍정적인 태도를 형성하고 행동까지 이어질 수 있게 한다. 한때 〈이경규가 간다〉라는 프로그램은 운전자들의 의식 수준을 향상시킨 긍정적 결과를 가져온 대표적인 교육적 오락물이라 하지 않을 수 없다. '정지선을 지키자' 캠페인으로 많은 관심을 불러일으켰던 해당 프로그램은 한밤중 도로에서 몇 시간 동안 잠복하면서 정지선을 잘 지키는 운전자를 찾아 그에게 양심냉장고를 선물로 주는 형태로 진행되었는데, 이는 건널목에서는 반드시 정지선을 지켜야 한다는 인식을 확실하게 심는 계기가 되었고, 더 나아가 한국인 전체의 교통질서 의식 변화에 큰 영향을 준 것으로 평가되었다. 이 프로그램은 비록 오락적 프로그램으로서의 형식을 띠면서도, 교통질서 준수라는 이슈에 대한 인식을 형성함은 물론 사람들의 행동에 영향을 미침으로써 방송의 잠재력을 실감할 수 있게 해준 프로그램이라 하겠다. 2001년부터 2004년까지 MBC 〈느낌표〉를 통해 방송되었던 '책책책, 책을 읽읍시다'는 독서 열풍을 이끌면서 국내 주요 도시마다 도서관을 짓는 프로젝트에 불을 붙이기도 했다.

그러나 방송의 오락적 기능은 정치와 사회 현실에 대한 국민의 관심을 감소시키고 국민의 순응주의와 피동성을 강화시킬 위험을 내포하고 있다. 또

2   ≪방송 트렌드 & 인사이트(Broadcasting Trend & Insight)≫, 19(2019.8).

한, 예능 프로그램 경우 웃음과 감동이라는 코드로 사회적 이슈에 접근하고 이에 관한 관심을 환기한다는 순기능이 있지만, 특정 대상의 긍정적인 면만 부각시켜 본질을 왜곡시키거나 지엽적인 부분만 웃음코드로 삼는 경향도 있는 것으로 평가되고 있다(박효재, 2014).

앞서 살펴본 바와 같이 방송의 기능 속에서 다양한 사회적 공공 이슈들이 등장하지만, 이들은 현실 속에 존재하는 사건·사고 관련 이슈들을 그대로 반영하여 전달해 주기도 하고, 새로운 이슈를 제기하여 사람들의 인식을 제고하는 형태로 나타나고 있음을 확인해 볼 수 있었다. 또한, 사회적 문제를 조명하여 공중의 의제를 정책 의제로 전환해 정책 결정에 영향을 주는 예도 있었다. 대표적으로, 2014년에 방영되어 비정규직 근로자 이슈를 조명했던 드라마 〈미생〉은 근로자가 기본적으로 보장받는 권익의 상당수를 포기한 채, 언제 해고될지 모르는 고용 불안에 떨며 살아가야 하는 비정규직의 애환을 담아냈다. 이를 통해 정규직과 비정규직 간의 차별대우 개선, 비정규직의 정규직 전환에 대한 논의를 이끌어내고, '장그래법'이라는 비정규직 종합대책 마련까지 이루어냈다. 이처럼 방송은 사회구성원들에게 긍정적 또는 부정적 영향을 줄 수 있는 사회적 공공 이슈를 다양한 방식으로 다루어냄으로써 사회문화적 발전의 견인차 역할을 톡톡히 하고 있다 하겠다. 그러나 방송의 공익성을 실현하기 위해서는 방송에서 다루어질 이슈 선정은 물론 이슈를 전달하는 방법에서도 방송의 역기능적 측면들을 감소시킬 수 있는 방향으로 선정·제작되어야 할 것이다.

참고문헌

강준만·권혁남·김승수·김웅숙·마동훈·신호창. (1998). 『대중매체와 사회』. 서울: 세계사.

김규. (2003). 『방송 미디어』. 서울: 나남출판.

김성철·박기묵. (2006). 「사회적 이슈에 대한 언론의 관심도와 정책 결정에 대한 연구: 미국의 5대 사회적 이슈를 중심으로」. ≪한국행정연구≫, 15(4), 271~298쪽.

김인수. (2017). 「밀양 송전선로 건설 갈등의 이슈 주기 분석: 운형함수(spline function) 방법론의 적용」. ≪국정관리연구≫, 12(4), 53~82쪽.

김헌식. (2013). 『텔레비전: 바보상자에서 스마트 TV까지』. 서울: 일조각.

박기묵. (2002). 「공공 이슈들 간 경쟁으로 인한 사회적 관심도의 변화에 대한 연구」. ≪한국행정학보≫, 36(3), 57~75쪽.

박효재. (2014.3.11). "예능의 두 얼굴". ≪경향신문≫. http://news.khan.co.kr/kh_news/khan_art_view.html?art_id=201403112103035

이종수. (2015). 『포스트 텔레비전 시대의 다큐멘터리 트랜드』. 서울: 커뮤니케이션북스.

이종혁·신동호·김성민. (2013). 「이슈 보도 주기로 관찰된 냄비 저널리즘 현상」. ≪한국방송학보≫, 27(4), 206~250쪽.

한진만·정상윤·이진로·정희경·황성연. (2013). 『방송학 개론』. 서울: 커뮤니케이션북스.

한진만·박은희·정인숙·주정민. (2017). 『새로운 방송론』. 서울: 커뮤니케이션북스.

홍지현 (2017.9.11). "한국사회 현실의 '문제점'을 그대로 보여준 드라마 5편". ≪인사이트≫. https://www.insight.co.kr/news/118977

Chase, W. H. (1984). *Issues Management: Origins of the Future*. Issue Action Publications Inc, Leesburg, Virginiz, USA.

Cob, R. W., and C. D. Elder. (1983). *Participation in American Politics:The Dynamics of Agenda-Building*. Baltimore: The Johns Hopkins University Press.

Downs, A. (1972). "Up and down with ecology-the issue attention cycle." *Public Interests*, 28, pp.38~50.

Hilgarterner, S. and C. L. Bosk. (1988). "The rise and fall of social problems: A public arenas model." *American Journal of Sociology*, 94(1), pp.53~78.

Protess, D., F. Cook, J. Doppelt, J. Ettema, M. Gordon, D. Leff, and P. Miller. (1991). *The Journalism of Outrage: Investigative Reporting and Agenda Building in America*. London: The Guilford Press.

Shoemaker, P. J., and A. A. Cohen. (2006). *News Around the World: Content, Practitioners, and the Public*. New York, NY: Routledge.

제2장

방송 저널리즘

홍성철

경기대학교 미디어영상학과 교수

요약

국내 방송 저널리즘은 일제강점기에 출발하면서 일본의 영향을 많이 받았다. 하지만 미군정기를 거치면서 미국식 보도 방식을 채택하게 된다. 초기 라디오 중심의 저널리즘 형태는 신문 저널리즘과 차이점이 없었다. 하지만 텔레비전 시대를 맞아서 방송 저널리즘은 질적으로 크게 바뀌었다. 특히 1970년 MBC-TV의 '뉴우스데스크'로부터 출발한 앵커 시스템은 오늘날까지도 가장 대표적인 TV만의 뉴스 전달 방식이 되었다. 뉴스 가치의 측면에서는 신문이나, 라디오, 텔레비전 등의 매체에 따른 차이는 그리 크지 않다. 다만 텔레비전의 경우에는 시각 매체로서 보여줄 수 있는 사진과 동영상의 존재 여부에 따라 뉴스의 중요도가 달라진다. 방송 저널리즘은 기자들만의 전유물이 아니다. PD 역시 시사 이슈에 대한 사실을 취재하여 보도하기도 한다. 이러한 PD 저널리즘은 한 가지 주제에 대해 15분 이상 보도되기에 심층성을 그 특징으로 삼는다.

학습 목표

· 시청과 청각의 복수 감각의 매체로서 방송 뉴스의 출발과 발전 과정을 배우면서 방송 저널리즘의 역사를 익힌다.
· 방송 뉴스의 가치와 방송 뉴스 작법을 익히고 신문 저널리즘과의 공통점과 차이점을 비교할 수 있다.
· 방송사의 보도국 구성 및 뉴스 취재 후 과정을 배우면서 기자들의 취재 및 편집 활동을 알 수 있다.
· 교양국 혹은 시사제작국 중심의 PD 저널리즘의 특성 및 성과를 살펴본다.

❖

뉴스 미디어는 매일 발생하는 수많은 사건과 사고, 또 다양한 행사 중에서 가장 중요하고 가치가 있다고 여겨지는 것들을 선별해서 사람들에게 알려준다(McCombs, 2004). 반면 시민들은 물리적으로 직접 경험할 수 없는 중요 사회적 쟁점과 이슈들을 미디어를 통해 전달받고 의견을 형성한다. 특히 텔레비전 뉴스는 현대인이 알아야 할 공동체의 중요 현안들을 알려주는 가장 중요한 정보원으로 자리 잡았다. 사회 주요 이슈와 국가 정책에 대한 국민들의 의견과 태도는 대부분 프라임타임 뉴스 보도에 의해 형성된다(Iyengar and Kinder, 1987).

그럼에도 방송 뉴스는 연예 프로그램이나 드라마에 비해 상대적으로 주목을 받지 못했다. 저널리즘 연구에서도 방송 저널리즘은 신문 저널리즘의 아류 정도로 인식될 정도로 소홀하게 다뤄졌다. 그 대신 방송 뉴스에 대한 공공성이 강조되었다. 이 장에서는 그동안 소홀하게 다뤄진 방송 뉴스 및 방송 저널리즘에 대한 설명을 하고자 한다. 방송 뉴스의 역사와 특징, 방송 뉴스 가치, 취재 및 보도 과정과 게이트키핑, PD 저널리즘 등에 대한 설명을 통해 독자의 이해를 돕고자 한다.

1. 한국 방송 보도의 시작과 발전

1927년 2월 16일, 한반도에서 첫 정규 라디오방송이 시작되었을 때부터 보도·교양 프로그램이 있었다. 그렇기에 일제강점기 시대에 설립된 경성방송국(JODK)의 보도·교양 프로그램이 한국 방송 저널리즘의 효시라고 할 수 있다. 당시 뉴스 방송은 당시 통신사(news agency)였던 '동맹통신'의 기사를 일본인 아나운서와 한국인 아나운서가 돌려가며 읽는 방식이었다(김성호, 2014). 당시에는 취재기자가 있던 것도 아니었으며, 특별한 뉴스거리가 없으면 뉴스를 생략하기도 했다. 실제 "뉴스를 말씀드리겠습니다. 오늘 뉴스는 없습니다. 뉴스를 마치겠습니다"라는 방송이 나갈 정도였다(김춘옥, 2005).

1929년부터 경성방송국에서는 자체 뉴스를 제작 방송하기도 했지만 주로 일본의 방송을 중계하면서 자체 뉴스를 제작하기 시작했다. 1937년 일본과 중국 간의 전쟁이 벌어지면서, 보도 방송은 일본군의 선전 도구로 이용되었다. 또 1941년 태평양 전쟁 기간 중에는 방송을 이용한 일본군의 선전 활동은 더욱 노골화되었다. 비록 조선 총독부에 의해 선전화된 방송이었지만 전쟁 기간에 뉴스에 대한 국민들의 갈망이 증가하면서, 라디오방송 뉴스의 청취자는 늘어났다(김춘옥, 2005).

1945년 8월 15일 일본의 패망과 함께 시작된 미군정 시기(1945~1948)에 한국 방송의 새로운 기틀을 형성되었다. 이 시기 뉴스를 직접 취재하는 방송기자가 탄생하고, 뉴스 편집자도 등장했다(김성호, 2014). 당시 경성중앙방송국 아나운서였던 문제안은 해방 이튿날인 1945년 8월 16일, 방송기자로 발령받으면서 1호 방송기자가 되었다. 그의 첫 기사는 8·15 해방에 관한 것이었다. 그동안 사용하던 경성방송국의 이름을 버리고, 서울중앙방송국으로 이름을 바꾸었다. 미 군정의 과도기를 거치면서 국내 방송은 미국의 방송 체제를 받아들이게 된다. 기존의 사전 검열제도 대신에 사후 검열제도가 도입되는 등 형식적으로나마 언론자유가 주어졌다(김춘옥, 2005).

해방과 더불어 시작된 서울중앙방송국의 외로운 전파 독점 시대는 1954년 기독교방송(CBS)이 출범하면서 끝이 났다. 이어 부산 MBC가 1956년, 1961년 MBC, 1963년 DBS 동아방송 등 상업방송이 출발했다. 1957년 12월 휴대용 녹음기가 수입되면서 라디오 뉴스 제작이 조금 더 용이해졌다(김성호, 2014). 라디오의 보급 확대와 함께 다양한 방송사의 설립은 라디오 뉴스의 새로운 장을 열었다. 먼저 뉴스의 횟수와 양이 늘어나면서 점차 속보 경쟁도 벌어졌다. DBS는 하루 16회, 서울중앙방송 15회, MBC는 총 13회를, CBS 18회로 늘렸다.

특히 1964년 2월 개편으로 마련된 DBS의 〈라디오 석간〉은 종합뉴스 프로그램으로 방송 뉴스의 새로운 역사를 썼다는 평가를 받았다(백미숙, 2007). 〈라디오 석간〉은 아나운서의 뉴스 낭독 사이에 녹음 인터뷰, 현장음을 삽입하고, 음악으로 다리를 놓은 종합녹음 구성쇼이다. 〈라디오 석간〉은 읽는 신문에서 듣는 신문으로 옮기는 첫 시도로 평가된다(김성호, 2014). 이 당시 라디오 기자들은 각 방송사마다 20명 내외였다.

동아방송과 ≪동아일보≫의 협업이 나름대로 성공적으로 자리를 잡으면서, MBC는 ≪한국일보≫와, CBS는 ≪조선일보≫와 뉴스 제휴를 맺고 라디오의 부족한 취재진을 신문으로 보강하려는 노력을 했다. 또 1964년 설립된 라디오서울과 1965년 설립된 중앙텔레비전이 합치면서 1966년 동양방송(TBC)이 출발하게 되었다. MBC는 1966년 저녁종합뉴스인 〈뉴스의 광장〉을 30분으로 확대·편성하면서 종합뉴스 경쟁에 뛰어들었다. 1960~1970년대 종교단체가 소유한 CBS는 당국의 간섭과 규제에도 정권 비판적인 뉴스를 지속적으로 방송하면서 다른 방송을 리드했다.

동아방송은 1969년 〈뉴스쇼〉를 신설하여, 유능한 방송 진행자가 진행하도록 했다. 비슷하게 TBC는 봉두완 앵커가 진행하는 〈뉴스전망대〉를 보도하면서 점차적으로 뉴스 프로그램에 쇼 형식이 가미되었다. 하지만 이 시기 22만 3700대였던 TV수상기가 1973년 100만 대로 증가하면서 뉴스의 중심은 라디오에서 TV로 옮겨갔다. 특히 경부고속도로 개통(1970년 7월)과 7대 대통령 선거(1971년 4월), 백제 무령왕릉 발굴(1971년 7월), 대연각 화재(1971년 12월), 미국과 중국의 탁구 외교(1971년 4월), 미국 닉슨 대통령의 베이징 방문(1972년 2월) 등 굵직한 국내외 이슈들이 쏟아져 나오면서 국민들의 보이는 뉴스에 대한 갈망도 늘어났다(정순일·장한성, 2000).

1961년 KBS TV가, 1964년 동양TV 방송사(DTV, 뒤에 TBC), 1969년 문화방송(MBC) TV가 개국하면서 TV 저널리즘 시대가 열린다. 하지만 초기 TV 뉴스는 라디오 뉴스의 연장선이었다. 즉, 방송 뉴스는 신문에 이미 보도된 내용이나 현장기자가 취재한 것을 아나운서 혹은 뉴스 캐스터가 읽어주는 방식이 대부분이었다. 인적 구성에서도, 자체 취재 인력 없이 뉴스의 대부분을 라디오 보도계로부터 지원받고, 뉴스 캐스터 또한 라디오 아나운서의 지원을 받았다(원용진·홍성일·방희경, 2008).

MBC TV는 1970년 3월 MBC-TV의 "뉴우스데스크"를 통해 앵커 시스템을 도입했다. 시청자들의 관심이 늘어나면서 TBC 석간(1972년 4월), KBS 종합뉴스(1973년 4월) 등도 앵커를 기용, 뉴스를 전달하는 방식으로 전환했다. 당시 "뉴우스데스크"의 진행자가 짧게 뉴스를 소개하고 현장의 취재기자를 부르면 해당 취재기자가 현장에서 뉴스를 상세 보도하는 방식이다. 초기 MBC의 뉴우스데스크는 박근숙, 김기주, 곽노환, 형진환 등의 간부들이 서로 순번을 전해서 방송했다(문화방송 30년사 편찬위원회, 1992). 이어 하순봉, 이득렬 등 젊은 기자들이 앵커로 발탁되어 뉴스를 진행하게 되었다(노정팔, 1995).

뉴우스데스크는 시작, 2개월 만에 시청률이 50%를 넘기는 큰 반향을 일으켰다. 그러면서 방송 시간도 10분에서 20분으로 늘렸다. 이 같은 변화에는 기술적 측면도 기여했다. 즉, 방송 ENG(Electronic News Gathering) 카메라의 보급으로 카메라 기자가 기동성 있게 현장을 취재하기 수월해졌기 때문이다(최서영, 2002). 1978년에 도입된 ENG 카메라와 VTR 편집 및 더빙 설비가 그것이다. 마이크를 잡은 취재기자와 카메라를 잡은 카메라 기자가 2인 1조가 되어 취재하는 형식이 시작되었다. ENG 카메라를 들고 비리 현장의 생생한 화면을 촬영하여 고발하는 MBC 뉴스의 '카메라 출동'은 이 시기 인기 있는 뉴스 속 뉴스 코너로 자리 잡기도 했다. 이어 TBC는 '카메라 눈', KBS 기동 취재라는 프로그램 등이 탄생했다. 또한 이 시기 뉴스 프롬프터의 도입은, 뉴스 진행자들이 준비된 원고를 들고 읽는 것이 아니라 카메라 화면을 응시하면서 뉴스 진행이 가능하게 만들었다.

조항제는 텔레비전 뉴스에 앵커 시스템을 도입한 것은 전통적인 뉴스 매체인 "신문이나 라디오로부터 (텔레비전 뉴스를) 독립시킨 획기적인 사건"이라고 진단했다(조항제, 2003: 174). 또한 최창봉과 강현두(2001)는 앵커 시스템 도입을 평면적 사건보도 방식에서 벗어나 TV다운 뉴스를 전달하는 계기라고 평가했다.

뉴스 전달 방식으로서 앵커 시스템은 지난 50년간 조금씩 발전과 변형을 통해 한국형 앵커 시스템을 구축해 가고 있다. 앵커는 단지 정보를 전달하는 것이 아니라 기자들과 대화, 현장 목격자 인터뷰, 다각적인 이슈 분석 및 관계자와의 대담, 다채로운 카메라 영상 등의 다양한 포맷을 갖춘 하나의 뉴스쇼를 연출해 왔다(한국방송공사, 1987). 성 역할의 고착화라는 측면에서 앵커 시스템에 대한 비판도 있다. 한국형 앵커 시스템은 오랜 기자 경험을 가진 중년의 남성 앵커와 3~5년차 젊은 20대 아나운서 출신의 여성 앵커가 함께 뉴스를 진행하는 방식으로 구성되었다. 그러면서 남성 앵커가 정치와 경제 등 경성뉴스를, 여성 앵커가 날씨 등의 연성뉴스를 전달하는 남녀의 성 역할을 고정화시켰다.

1995년 3월 YTN의 출범과 함께 24시간 뉴스 채널이 시작되었다. 당초 케이블방송 시작과 맞물려 《경향신문》을 소유한 한화그룹에서 24시간 뉴스

〈표 2-1〉 지상파 방송 3사의 주간 프라임타임 뉴스 프로그램 타이틀

방송국	타이틀	방송 기간
MBC	MBC 뉴스데스크	1970년 10월 5일~1976년 4월 22일
	MBC 뉴스의 현장	1976년 4월 23일~1980년 12월 14일
	MBC 뉴스데스크	1980년 12월 15일 - 현재
KBS	KBS 종합뉴스	1973년 5월 22일~1977년 12월 14일
	KBS 9시 뉴스	1977년 12월 15일~1984년 10월 28일
	KBS 뉴스센터 9	1984년 10월 29일~1986년 11월 2일
	KBS 9시 뉴스	1986년 11월 3일~1992년 4월 5일
	KBS 9시 뉴스현장	1992년 4월 6일~1993년 4월 30일
	KBS 뉴스 9	1993년 5월 1일~현재
SBS	SBS 8 뉴스	1991년 12월 9일~1997년 2월 28일
	SBS 9시 뉴스	1997년 3월 3일~1997년 6월 27일
	SBS 8 뉴스	1997년 6월 30일~현재

채널을 준비했다. 하지만 김영삼 정부가 이를 불허하고, 그 대신 뉴스통신사
인 연합통신이 낙점을 받아서 YTN이 개국했다. 30분 단위로 중요 뉴스를 반
복하는 방식의 24시간 뉴스 채널로 시청자들의 뉴스 선택의 폭이 넓어진 셈
이다. YTN은 개국 직후 일어난 삼풍백화점 붕괴(1995), 성수대교 붕괴(1996)
등의 굵직한 사고를 겪으면서 성장했다. 하지만 국제통화기금(IMF) 구제 금
융을 받으면서 유동성 위기를 겪었고, 1998년 연합통신과 계열 분리되었다.
YTN의 독점체제가 한동안 지속되다 지난 2011년 이명박 정부에서 연합뉴스
에 24시간 뉴스 채널을 허용하면서 연합뉴스TV가 출범, 24시간 뉴스 채널은
두 개가 되었다.

2009년 '신문법'과 '방송법' 개정으로 신문사의 방송사 겸업이 가능해지
면서, 뉴스와 같이 보도 기능을 가진 종편(종합편성유선방송)이 2011년 12월
출범했다. ≪동아일보≫를 모기업으로 둔 채널A, ≪조선일보≫의 TV조선,

≪중앙일보≫의 JTBC, ≪매일경제신문≫의 MBN 등 보도 기능을 갖춘 종편 4사가 방송을 시작하면서, 기존 지상파 3사, YTN과 연합뉴스TV 등과 함께 방송 저널리즘의 확대가 이뤄졌다. 지상파 3사의 뉴스가 정보 제공을 강조하는 전략을 일관되게 사용했다면, 종편 방송사들은 해설적이고 분석적인 뉴스로 차별화하려는 노력을 기울였다(한수연·윤석민, 2016).

특히 JTBC는 손석희 전 MBC 아나운서를 보도부분 총괄사장으로 영입, 사장이 직접 야전사령관으로 뉴스 취재를 지시하고, 뉴스 프로그램을 진행하는 새로운 형식의 뉴스를 선보였다. 손 사장은 2020년 1월까지 7년여 동안 〈JTBC 뉴스룸〉을 진행하면서 기존 앵커 시스템과는 차별화된 뉴스 보도를 시도했다. 먼저 특정 이슈가 발생하면 이를 집중적으로, 그리고 지속적으로 보도했다. 2014년 4월 세월호 참사가 발생한 뒤, JTBC는 200일 넘게 세월호 참사 관련 기사를 메인 뉴스로 다뤘으며, 2016년 11월 민간인 최순실의 박근혜 정부 국정농단이 불거졌을 때 역시 관련 뉴스를 집중적으로 다루는 끈기를 보였다. 집중보도를 통해 화제를 만들어내면서 다른 뉴스가 다소 소홀하게 다뤄지는 것을 만회했다. 또한 앵커의 소개, 기자의 보도라는 기존 뉴스 작법에서 탈피, 앵커가 화제의 인물을 스튜디오에서 심층 인터뷰를 진행하는 인터뷰 저널리즘 방식을 도입했다. 이는 미 CNN의 전설적 인터뷰 저널리즘인 래리 킹 라이브(Larry King Live)와 비슷하다고 할 수 있다.

2. 방송 뉴스의 가치와 방송 뉴스 작법

텔레비전 뉴스의 가치는 뉴스를 보도할 만한 뉴스 가치(news value)를 지녀야 한다. 방송의 경우에는 신문과 같은 뉴스 가치를 공유하지만 방송 매체의 특성을 반영하기도 한다. 시의성(timeliness), 정보성(infomativeness), 근접성(proximity), 영향성(impact), 갈등성(conflict), 인간적 흥미(human interest) 등을 꼽는다. 또한 방송의 경우에는 연성화와 함께 시청각 효과 등도 고려된다.

방송과 신문의 뉴스는 매체의 특성에 따른 전달 방식에서는 차이가 있지만 뉴스 내용에서는 그리 차이가 많지 않다. 왜냐하면 방송기자나 신문기자 모두 서로 비슷한 뉴스 가치를 공유하기 때문이다. 뉴스 가치란 '무엇이 뉴스가 되고 무엇은 뉴스가 되지 않는가' 라는 질문에 대한 답변이 되기도 한다. 기자의 역할은 바로 보도가 될 만한 뉴스거리(newsworthiness)를 발굴하여 이를 취재해서 보도하는 것이다. 하지만 뉴스 가치는 공식이 있는 것도 절대적 기준이 있는 것도 아니다. 모두 상대적이며 그때그때 다르다. 특히 시의적 현상과 맞물릴수록 그 가치는 커지게 된다. 기자들은 수습기자 시절부터 선배들로부터 어떤 뉴스를 취재해야 하는지를 배우면서 자연스럽게 뉴스 가치를 익히게 된다.

기자들이 중시하는 뉴스 가치는 시의성, 영향성, 명료성, 근접성, 예측 불가능성, 부정성, 엘리트 관련성 등으로 요약된다(Galtung and Ruge, 1965). 이 중 시의성(timeliness)은 '어제의 뉴스는 더 이상 뉴스가 아니다'라는 말처럼 시의적절해야 함을 의미한다. 이는 곧 현재 진행되는 이슈는 물론 다른 매체에서도 관심을 가지고 있거나 가질 만한 뉴스를 일컫는다. 또한 영향성(impacts)은 좀 더 사람들에게 영향을 미치는 뉴스를 말한다. 때로는 강도가 세거나 피해자가 많아서 사람들의 눈길이 자연스레 가는 경우를 말한다.

명료성(unambiguity)은 사건이 명확하고 쉽게 이해될 수 있어야 함을 지칭한다. 복잡한 설명이 아니라, 사안의 핵심을 짚어줘야 함을 의미한다. 근접성(relevance)은 크게 지리적 근접성과 심리적 근접성으로 나뉜다. 즉, 지리적으로 독자들과 가까운 위치에서 발생할수록, 비록 지리적으로는 떨어져 있지만 가족들의 이민, 군대 주둔 등으로 이해관계가 맞닿아 있으면 심리적 근접성이 가까워진다. 예측 불가능성(unexpectedness)은 일상의 예상을 어긋나는 것, 희귀한 것이나 의외의 것들을 지칭한다. 또한 부정성(negativeness)은 갈등, 범죄 등과 관련되어 있거나, 타인의 불행과 관련되어 있다. 엘리트 관련성(reference to elite people or nation)은 엘리트 국민, 연예인, 국가대표 스포츠 선수 등과 관련되어 있거나 세계 강대국 등과 관련되어 있으면 뉴스로 채택될 가능성이 높음을 말한다. 갈퉁(J. Galtung)과 루지(M. H. Ruge)의 연구 이후 많은 학자가 뉴스 가치에 대한 연구를 발전시켜 왔다(Galtung and Ruge, 1965). 특히 하컵(T. Harcup)은 시대 상황에 맞는 업데이트된 뉴스 가치로 다음과 같은 사안을 제시한다(Harcup, 2012: 50).

- 권력자(the Power elite): 권력을 가지고 있는 개인, 조직 또는 기관과 관련된 이야기
- 유명인(Celebrity): 이미 유명한 사람들과 관련된 이야기
- 연예(Entertainment): 섹스, 연예계, 인간적 관심사, 동물, 극적인 사건의 전개와 관련된 이야기 또는 기발한 사진이나 재치 있는 헤드라인을 제공하는 이야기
- 놀라움(Surprise): 놀라운 요소, 또는 대조적인 면을 가지고 있는 이야기
- 나쁜 소식(Bad news): 충돌이나 비극처럼 부정적인 함축성을 지닌 이야기
- 좋은 소식(Good news): 사고나 조난 등으로 어려운 사람들을 구조하거나 치료하는 것처럼 긍정적인 함축성을 지닌 이야기
- 강도(Magnitude): 관련된 사람의 숫자나 잠재적인 영향이라는 면에서

매우 중대하게 인식되는 이야기

- 관련성(Relevance): 수용자와 관련된 것으로 여겨지는 문제, 단체, 국가의 이야기
- 미디어 어젠다(Media agenda): 언론사 고유의 어젠다를 설정하는 이야기나 그런 어젠다와 어울리는 이야기

하지만 뉴스 가치는 고정불변의 이론이라기보다는 실제 현실 속에서 일어나는 현상을 설명한다. 그렇기 때문에 여러 뉴스 가치 중 어떠한 뉴스 가치가 더 우월하다, 중요하다고 말하기 힘들다. 그때그때 상황에 따라 다르며, 다른 뉴스와 상대적 가치를 따져서 보도 가능성을 예측하게 된다(Gans, 1979). 또한 방송의 경우에는 시각화(Visualization)의 측면도 고된다. 누군가 파출소에서 난동을 부렸다고 말로써 보도하는 것과 CCTV로 녹화된 관련 장면을 보여주는 것은 독자의 이해 측면에서 매우 다르기 때문이다. 마찬가지로 영상이나 녹음이 존재한다면 방송 뉴스의 가치를 높이게 된다.

방송 뉴스는 경성뉴스(hard news)보다는 연성뉴스(soft news) 중심으로 구성되어 있다는 비판을 듣기도 한다. 경성뉴스는 긴급하게 꼭 보도되어야 하는, 공공의 사안과 관련된 뉴스를 말한다. 흔히들 정치, 경제, 사회 등의 이슈에 대한 보도인 셈이다. 반면 연성뉴스는 급하게 보도되지 않아도 되는 뉴스, 공공 사안보다는 재미나 눈요기 등에 가까운 뉴스 등을 말한다. 스포츠, 연예 소식 등이 가장 대표적인 연성뉴스이다. 사실, 방송 뉴스는 글이 아닌 말로써, 그리고 화면으로 보여주다 보니 너무 딱딱한 주제를 갖고 이야기하기보다는 실제 예를 갖고 풀어서 설명하려는 방식을 종종 선택한다. 즉, 신문 기사는 결론이나 주제부터 먼저 언급하는 역피라미드(Inverted pyramid) 형태의 글쓰기를 주로 사용한다. 반면, 방송 기사는 예를 들어서 설명하는 방식

이 많이 선호된다. 왜냐하면 개인화 된 이야기 중심의 서술 방식이 독자들의 눈과 귀를 손쉽게 사로잡기 때문이다. 방송 뉴스는 주제적 접근보다 에피소드 중심의 접근을 통해 자칫 사건, 사고의 책임을 개인의 잘못으로 돌리는 경향이 있다(Iyengar, 1990). 비록 방송기자가 신문기자와 동일한 뉴스 가치를 공유한다고 하지만 전달 방식에서는 차이가 존재하는 셈이다.

3. 방송 뉴스의 취재 및 보도 과정과 게이트키핑

모든 기자는 내근 기자와 외근 기자로 나뉜다. 외근 기자의 경우 오전 6~7시 사이에 출입처에 출근, 출입처의 주요 이슈와 뉴스거리, 당일 취재거리 등을 회사의 내근 기자 및 데스크에 보고한다. 이를 바탕으로 방송사의 보도국에서는 오전과 오후에 편집·제작 회의를 통해 당일 뉴스 아이템을 정하고, 보도 여부에 대한 결정이 이뤄진다.

먼저 오전 8~9시 사이에 오전 편집·제작 회의가 열린다. 보도국장 또는 방송 주간의 주재로 취재 및 편집 부서장이 모두 참여하는 오전 회의에서, 취재 부서의 부서장들은 발제 아이템을 정리하여 설명한다. 왜 해당 아이템이 보도되어야 하는지, 정확한 취재를 했는지, 보도되었을 때 발생할 수 있는 반론 요구 및 소송 가능성 등에 대해 폭넓은 회의가 이뤄진다. 이를 바탕으로 저녁 메인 뉴스의 1차 큐시트가 제작된다. 이를 바탕으로 부서장들은 일선 취재기자에게 취재 지시를 내린다(이화섭, 2016). 그러면 일선 취재기자들은 취재를 보강하여 보도 기사를 작성한 뒤, 카메라 기자와 함께 뉴스 현장에서 촬영한다. 이 과정에서 기자 혼자 보도 내용을 설명하기보다는 영상 촬영 및 인터뷰 등을 추가하여, 보도에 생동감을 부여하게 된다. 이후 취재기

〈그림 2-1〉 신문과 방송의 기자 작성 흐름도 비교

자와 담당 부서장은 해당 보도에 필요한 그림 및 영상 자료 등에 대한 고민을 하여, 영상편집 부서에 최종 결과물을 넘긴다.

오후 2~3시에는 오후 편집·제작 회의가 열려, 당일 저녁 메인 뉴스의 톱 뉴스와 이어지는 뉴스들의 순서 등을 결정한다. 보통 뉴스 방영 시간이 45분이라면 평균 23개 리포트와 10여 개의 스트레이트 뉴스가 준비된다(윤재홍, 2000). 각 취재 부서의 부서장들은 자신들의 부서에서 발제하는 뉴스가 왜 중요한지에 대한 설명을 통해 조금 더 앞쪽 순서에 뉴스가 '팔릴 수 있도록' 홍보한다. 이를 통해 저녁 메인 뉴스에서 누락된 뉴스들은 다른 시간대에 배치되거나 아예 보도가 취소되기도 한다. 이 회의에는 저녁 메인 뉴스 앵커가 참여하여, 뉴스 가치 및 뉴스 중요도에 대한 의견을 청취한다(이화섭, 2016).

두 차례 편집회의를 통해 대부분의 내용이 결정되지만, 당초 작성된 큐시트대로 방송이 이뤄지는 경우는 그리 많지 않다. 방송하기 20~30분 전에 긴급하게 발생하는 뉴스나 경쟁 방송에서 보도한 뉴스들도 급하게 추가되기 때문이다. 심지어 방송 도중에도 새로운 뉴스가 발생하면 "긴급 속보" 등의 이름으로 추가되어 방송된다.

가령 KBS의 경우, 보도본부에 통합뉴스룸이 위치하고 있고 이를 시사제작국장이 관장한다. 시사제작국장 아래에는 ▲정치국제주간 ▲경제주간 ▲

〈그림 2-2〉 KBS 보도국 조직도(2020년 6월 현재)

사회재난주간 ▲ 방송뉴스주간 ▲디지털뉴스주간 ▲보도영상주간 등 여섯 명의 주간들이 2~3개 부서를 관장한다. 즉, 정치국제주간을 총괄데스크로 하고 그 밑에 △정치부장 △통일외교부장이, 경제주간 아래에는 △경제부장 △문화복지부장이, 사회재난주간 아래 △재난방송센터장, △사회부장, △네트워크부장, △경인취재센터장이, 방송뉴스주간 아래 △뉴스제작1부장, △뉴스제작2부장이, 디지털뉴스주간 아래 △디지털뉴스기획부장이, 보도영상주간 아래 △영상취재1부장, △영상취재2부장 등이 피라미드 구조를 형성하고 있다. 이들 각 부서장 아래 두세 명의 차장들이 데스크를 맡고 있다. 일선 기자가 기사를 작성하면 차장급 기자들이 팩트를 확인하고 원고를 수정하는 1차 데스킹(desking)를 거쳐, 각 부서장에게 기사가 넘어간다. 그러면 부서장들은 2차 네스킹을 한 뒤 주간들에게, 주간은 다시 시사제작국장에게 보고하는 시스템이다. 이는 KBS만이 구조가 아니라 MBC와 SBS 등 다른 방송사들도 거의 유사한 조직 구도를 갖고 있다. 이들 부서장들을 게이트키퍼(gakekeeper)라고 부르고, 이들이 데스킹을 보는 것을 게이트키핑(gate-keeping)이라고 표현한다.

게이트키핑 작업은 한 명의 부서장이 전적으로 담당하는 것이 아니라 선배 취재기자로부터 위의 부서장, 또 그 위의 최고 뉴스책임자, 경영진, 광고주까지 다각도로 관여되어 있다. 게이트키핑의 은유는 1943년 미국 사회심리학자인 커트 레윈(Kurt Lewin)에 의해 제시되어 기사의 취사선택 과정을 설명하는 이론으로 자리 잡았다(Lewin, 1943). 화이트(White, 1950)는 또한 미 중서부의 한 지역신문사 국제부장이 어떤 기사를 선택하고, 버리는지에 대한 실증 연구를 통해 게이트키퍼의 성장 배경, 교육, 가치관, 조직 내 가치 및 규범 등이 게이트키핑 과정에 관여함을 밝혀내기도 했다. 게이트키핑은 좀 더 나은 보도를 위해 신문사나 방송사 안에서 벌어지는 의사선택 과정을 잘 설명한다. 기자들은 게이트키핑 과정을 고려하여 스스로 논란이 되는 기사 발제 및 취재를 두려워하는 자발적인 검열(self-censorship)이 발생하기도 한다. 또한 정보원(sources)이나 PR 담당자 등에 의한 게이트키핑 현상이 발생하기도 한다.

4. PD 저널리즘

보도본부 소속의 기자만 시사 이슈를 취재·보도하는 것은 아니다. 교양국 혹은 시사제작국 소속의 PD 등도 시사 이슈를 취재하여 보도한다. 기자가 만든 뉴스 보도 프로그램과 PD가 만든 시사 프로그램 사이에 차이점이 있다면 PD의 시사 프로그램은 방송 시간이 상대적으로 길다는 점과 프로그램이 보도국의 뉴스 시간에 방영되지 않는다는 점 등에서 차이가 있을 뿐이다.

PD들이 취재한 내용을 뉴스라고 부르지는 않지만 시사현상에 대한 보도 및 논평을 한다는 측면에서 저널리즘의 한 부분으로 받아들여진다. 사실 PD 저널리즘은 한국 저널리즘의 독특한 문화를 담고 있다(고희일, 2008). 왜냐하면, 미국이나 영국에서는 모든 뉴스를 기자와 PD가 함께 만들기 때문이다. 이들 국가에서는 뉴스란 기자들의 취재력과 PD들의 기획력의 합작품인 셈이다. 젊은 기자들이 리포팅을 담당한다면, 고참 기자들은 취재 지시를 내리는 PD로 활동한다. 반면, 한국에서는 언론사 채용 공고부터 기자직과 PD직을 구분하고, 기자는 보도국, PD는 교양국 혹은 시사제작국 등으로 활동 구역을 구분하여 서로의 영역을 거의 침범하지 않는다.

국내 PD 저널리즘의 출발은 1983년 시작된 KBS의 〈추적 60분〉이었다. 하나의 주제에 대해 PD들이 심층적으로 취재하여 이름 그대로 60분 동안 보도하는 보도프로그램이었다(원용진·홍성일·방희경, 2008). 하지만 〈추적 60분〉은 국내에서 독창적으로 만들어졌다기보다는 미국 CBS방송의 전설적 프로그램인 〈60 미닛츠(60 Minutes)〉를 모방하여 출발했다.

〈60 미닛츠〉는 1968년 시작된 탐사보도 중심의 뉴스매거진 형태의 프로그램이다. 한 가지 주제로 60분짜리 프로그램을 제작하기보다는 주로 20분짜리 프로그램 세 편으로 편성된다. 자체 제보를 바탕으로 자체 탐사보도는 물론 기존 신문에 의해 보도된 내용에 대한 심층 후속 보도를 중심으로 제작된다. 이 프로그램은 기자와 PD가 합작으로 제작되는 독특한 프로그램으로 몰래카메라, 심층 인터뷰 등을 포함한 탐사보도의 원형으로 평가된다. 〈60 미닛츠〉는 1950년대 에드워드 머로우(Edward R. Murrow)가 진행한 〈시 잇 나우(See It Now)〉의 후속작이나. 머로우의 〈시 잇 나우〉는 특히 1954년 3월 미국 내 매카시즘 열풍이 확산될 때, "조지프 매카시(Joseph McCarthy) 상원의원에 대한 보도(A Report on Senator Joseph McCarthy)"를 통해 매카시 의원의 발언에서 서로 상충되는 내용을 집중 보도하면서 매카시즘의 허구성을 폭로하고 매카시즘의 종언을 이끌어냈다.

KBS의 〈추적 60분〉으로 시작된 PD 저널리즘은 1990년대 들어서는 MBC의 〈PD수첩〉에 의해 황금기를 맞이한다. MBC 시사제작국에서 1990년에 방송을 시작한 〈PD수첩〉은 2005년 11월 "황우석 신화의 난자 의혹"을 포함한 다섯 차례의 보도를 통해 당시 황우석 서울대 교수의 줄기세포 연구 논문이 조작되었다는 사실을 폭로했다. 당시 황 교수는 과학저널 ≪사이언스(Science)≫에 인간 체세포를 이용한 배아줄기세포 배양에 성공했다고 논문을 발표하면서 세계적인 과학자로 떠올랐다. 국가에서는 황 교수의 신변 보호를 위해 대통령에 준하는 특급경호까지 할 정도였다. 하지만 당시 그의 논문이 조작되었다는 〈PD수첩〉의 보도로 인해 그는 서울대 교수직에서 파면되고, 정직하지 못한 연구자로 전락하게 되었다. 〈PD수첩〉은 2008년에는 미국산 수입 쇠고기의 광우병 감염 위험성을 지적하는 보도를 하면서 '한미 쇠고기 협상'에 대한 대규모 시위에 큰 영향을 미쳤다. 하지만 대법원은 〈PD수첩〉의 보도 내용 중 일부가 허위 보도이며 정정 보도를 하라는 판결을 내렸으며 MBC는 2011년 공식 사과문을 발표했다. 이후 〈PD수첩〉의 영향력은 점차 하락했다. 최근에는 SBS의 〈그것이 알고 싶다〉가 PD 저널리즘의 대명사로 자리 잡았다. MC인 김상중의 "그런데 말입니다"는 한동안 초등학생들이 따라하는 유행어가 되기도 했다.

PD 저널리즘 또 다른 특징은 기자들의 보도국 저널리즘과는 달리, 게이트키퍼의 역할이 축소된 점을 들 수 있다. 즉, 보도국에서는 취재기자가 기사를 작성한 뒤 이후 차장과 부장, 국장 등의 활발한 게이트키핑 과정이 일어난다면, PD 저널리즘은 PD 개인에게 좀 더 큰 자율성이 부여된다. 물론 시사제작국이나 교양국에서도 부장과 국장 등의 통제가 있지만 세세한 부분에 대해서는 간섭이 이뤄지지 않는다(원용진·홍성일·방희경, 2008). 또한 기자들의 출입처 중심의 보도 한계를 벗어나 이슈 중심의 취재 방식을 통해 출입처의 간섭을 줄일 수 있다는 장점도 있다. 그렇기에 PD 저널리즘은 기존 뉴스 제작과는 다른 시각을 보여주면서 심층 보도가 가능하다는 장점이 있다(최민재, 2005). 꼭지당 길어야 1분 30초 내외의 시간을 사용하는 기존 뉴스와 달리 PD 저널리즘은 꼭지당 15~20분의 시간을 할애한다는 점도 심층보도를 가능하게 한다(조욱희·권상희, 2012). 또 PD들은 프로그램을 제작할 때, 단편 영화처럼 영상문법에 따라 하나의 완결된 스토리를 제시하려고 한다(고희일, 2008).

물론 PD 저널리즘에 대한 우려가 없는 것은 아니다. 무엇보다 체계적인 취재 교육을 받지 않는 PD들과 방송 작가들이 정해진 결론을 향해 프로그램을 제작한다는 지적이다. 취재기자들은 수습기자 시절부터 작은 사실 하나라도 틀리면 안 된다는 교육을 받는 반면에 PD들은 전체적인 그림을 그려놓고 여기에 사실들을 꿰맞추는 작업을 하면서 때로는 객관성을 상실하는 경우가 발생한다. 때로는 왜곡의 가능성도 제기된다. 그렇기에 PD 저널리즘은 때로는 아마추어 저널리즘으로 평가되며 체계적인 팩트 체크 교육의 필요성이 제기된다(최민재, 2005).

참고문헌

고희일. (2008). 「PD저널리즘의 특성은 무엇인가」. ≪관훈저널≫, 108, 50~56쪽.

김성호. (2014). 『한국 방송기자 통사』. 21세기북스.

김춘옥. (2005). 『방송저널리즘』. 커뮤니케이션북스.

노정팔. (1995). 『한국 방송과 50년』. 나남출판.

문화방송 30년사 편찬위원회. (1992). 『문화방송 30년사』. 서울: 문화방송.

손승혜·이창현·홍종윤. (1999). 『TV저널리즘과 뉴스가치(I): 한국, 영국, 미국 TV 뉴스의 내용분석』. 한국언론재단.

심석태 외. (2013). 『방송 보도를 통해 본 저널리즘의 7가지 문제』. 컬처룩.

윤재홍. (1998). 『TV뉴스 취재에서 보도까지』. 커뮤니케이션북스

원용진·홍성일·방희경. (2008). 『PD저널리즘: 한국 방송 저널리즘 속 일탈』. 한나래.

이화섭 (2014). 『한국방송뉴스룸』. 나남출판.

정순일·장한성. (2000). 『한국 TV 40년의 발자취』. 한울엠플러스.

조욱희·권상희. (2012). 「PD저널리즘의 특성에 관한 연구」. ≪한국방송학보≫, 26(2). 650~693쪽.

최민재. (2005). 『TV장르와 방송저널리즘』. 한국언론재단.

최서영. (2002). 『한국의 저널리즘: 120년의 역사와 사상』. 커뮤니케이션북스.

최창봉·강현두. (2001). 『한국방송 100년』. 현암사.

한국방송공사. (1987). 『한국방송60년사』. 한국방송사업단.

한수연·윤석민. (2016). 「종합편성채널 출범이 지상파 방송 뉴스에 미친 영향」. ≪한국방송학보≫, 30(1), 169~210쪽.

Galtung, J. and Ruge. M. H. (1965). *The structure of foreign news*. *Journal of Peace Research*, 2(1), pp.64~91.

Gans, H. J. (1974/2004). *Deciding What's News: A Study of CBS Evening News, NBC Nightly News, Newsweek, and Time*. Evanston: Northwestern University Press.

Harcup, T. (2012). 『저널리즘: 원리와 실제』. 황태식 옮김. 명인출판사.

Iyengar, S. (1990). "Framing responsibility for political issues: The case of poverty." *Political Behavior*, 12(1), pp.19~40.

Iyengar, S. and Kinder, D. (1987). *News That Matters: Television and American Opinion*. Chicago: University of Chicago Press.

McCombs, M.(2004). *Setting the Agenda: The Mass Media and Public Opinion*. Cambridge, UK: Polity Press.

제3장

방송 조직

조재희

서강대학교 지식융합미디어학부 교수

요약

이 장에서는 한국 방송 조직의 구조 및 직무에 대해 살펴보고, 방송 조직의 운영을 위한 이론적 접근법에 대해서도 설명한다. 방송 조직을 설명하기에 앞서 '조직' 개념을 소개하고, 한국의 주요 방송사의 조직 구조에 대해 개괄한다. 방송 조직의 위계 구조는 일반 조직과 유사하지만, 부서의 특성은 차별적인데 이에 대해 여러 방송사의 사례를 통해 설명한다. 방송 조직의 직군과 직무 또한 일반 조직과는 뚜렷하게 구별되는 특수성을 지니며, 이 장에서는 방송 조직의 주요 직군에 대해 개괄한다. 다음으로, 방송 조직 운영을 이해하기 위한 이론적 틀로서 1) 전통적 경영, 2) 인간관계 접근, 3) 시스템 이론의 주요 개념을 소개하고, 각 이론이 방송 조직에 어떻게 적용될 수 있는가에 대해 설명한다. 마지막으로, 조직 통제의 개념을 소개하고 방송 조직에서 조직원에 대한 통제가 이루어지는 방식들에 대해 논의한다.

학습 목표

- '조직'의 개념에 대해 이해하고, 방송 조직의 기본적인 구조와 직군 및 직무에 대해 이해한다.
- 조직 운영을 설명하는 세 가지 이론적 접근과 세부 개념들에 대해 이해하고, 방송 조직 운영에 적용할 수 있는 방식을 살펴본다.
- 조직에 대한 '통제'의 개념을 이해하고, 방송 조직에서 '조직 통제'의 특수성에 대해 배운다.

❖

1. 조직의 기본 개념

방송 조직을 이해하기 위해서는 '조직(Organization)'의 개념에 대해 이해할 필요가 있다. 조직은 수많은 구성 요소로 이루어져 있으며, 전통적인 조직 이론과 조직 커뮤니케이션 이론에 따르면 조직은 크게 1) 조직 구성원, 2) 조직원이 근무하는 일정 장소, 3) 조직 목표, 4) 소통 시스템으로 구성된다. 조직 구성원은 조직을 구성하고 이끌어가는 가장 기본적인 단위이며, 특정 장소에서 근무하면서 조직의 목표(예를 들면, 이윤 창출, 정책 실행, 공무 집행, 사회운동 등)를 달성하기 위해 끊임없이 내·외부적인 소통에 관여함으로써 조직을 존재하게 한다. 조직(Organization)은 그룹(Group)과 1) 추구하는 목표나 업무의 장기성, 2) 운영을 위한 규칙의 체계성 및 견고성, 3) 구성원의 소속에 대한 구속성, 4) 조직 내 구성 요소들의 복잡성이라는 측면에서 두드러진 차이를 보인다.

조직의 세부적인 구성은 조직이 추구하는 목표나 조직이 속해 있는 산업 영역을 포함하는 다양한 요소에 따라 달라진다. 예를 들어, 연구와 교육이 조직의 핵심 목표인 대학교의 경우, 양질의 '교육'을 제공하기 위해 '교무처'에서는 교육을 담당할 교수자를 임용하고 평가하며, '입학처'에서는 학생들의 선발 및 입학과 관련된 제반의 절차를 담당하고, '학사팀'에서는 학생들의 수강 및 졸업에 대한 대부분의 절차를 진행하며, '국제교류처'에서는 외국인 학생의 입학 및 학사 활동을 책임진다. 또한, '연구지원처'와 '산학협력단'의 주요 업무는 대학 구성원들이 연구를 원활하게 수행하고 이에 대해 평가할 수 있도록 돕는 역할을 한다. 이뿐만 아니라, 대학의 운영을 위해서는 '기획처', '총무처', '정보통신원'과 같은 부서들의 역할이 무엇보다도 중요하다. 대학이라는 조직은 '교육'과 '연구'라는 조직 목표를 달성하기 위해 가장 필요한 요소들로 구성되어 있고, 구성 요소들 간의 끊임없는 소통을 통해 유기적인 방식으로 유지된다. 마치 핏줄을 통해 온몸으로 산소가 공급되어 유기체가 생존할 수 있듯이, 조직 구성원들 간의 소통과 조직 구성 요소들 연계는 조직을 생존하게 한다.

2. 방송 조직의 기본적인 구조 및 직무

1) 방송 조직의 구조[1]

방송 조직은 방송사의 규모나 특성에 따라 세부적인 부서별 차이는 있지만, 주요 부서들은 어느 정도 공통점을 보인다. 운영-제작-편성-기술 영역들 내에 주요 세부 부서들로 구성되어 있고, 각 부서 또한 세분화된 하위 부서들로 구성된다. 예를 들어, 문화방송(MBC)은 크게 아래와 같은 아홉 개의 본부로 이루어져 있다. 본부를 나누는 가장 큰 기준은 방송 콘텐츠 기획 및 제작, 편성 및 운영과 관련된 가장 기본적인 과정 및 절차(예를 들면 '기획편성본부', '경영본부')와 함께 콘텐츠의 장르('드라마본부', '시사교양본부', '보도본부' 등)라고 볼 수 있다. 이에 더해, 최근 들어서 디지털 미디어 환경이 급격히 변하면서 방송 콘텐츠의 디지털화가 가속화되고 있고, 여기에 방송 콘텐츠의 다원화 전략과 맞물리면서 '디지털사업본부'가 독립된 역할을 맡고 있다. 각 본부

---

1   방송 조직의 구조는 주요 방송사의 홈페이지에 게시된 조직 현황을 참고했다.

는 단일 혹은 복수의 하위 '국'과 '부'로 이루어진다. 예를 들어 '경영본부'는 1) 경영지원국, 2) 광고국, 3) 자산개발국으로, '광고국'은 1) 광고기획부, 2) 광고영업부로 이루어져 있다.

① 기획편성부
② 드라마본부
③ 예능본부
④ 시사교양본부
⑤ 라디오본부
⑥ 보도본부
⑦ 경영본부
⑧ 방송인프라본부
⑨ 디지털사업본부

서울방송(SBS) 또한 문화방송(MBC)과 비슷한 구조를 가지고 있으나, 장르에 따른 본부는 구성되어 있지 않고, 아래의 리스트에서 확인할 수 있듯이 기획이나 제작 혹은 편성과 같은 주요 역할에 대한 본부로 구성되어 있다. 각 본부 내에 장르에 따른 '국'이 있는데, 예를 들어 보도본부는 1) 보도국, 2) 보도제작국, 3) 스포츠국으로 이루어져 있고, 제작본부는 일종의 '국장'의 개념인 CP(Chief Producer, 책임 프로듀서)로 구성되는데, 1) 드라마 총괄 CP, 2) 교양총괄 CP, 3) 예능 총괄 CP로 나뉜다.

① 편성본부
② 제작본부

③ 보도본부

④ 기획본부

⑤ 광고본부

⑥ 방송지원본부

방송 조직은 시청자를 위한 여러 장르의 방송 콘텐츠를 제작하고 송출하기 위해 주로 광고를 통해 재원을 마련하기 때문에, 이에 최적화된 세분화된 조직 구성 요소를 갖추고자 노력하며 미디어 환경 변화에 따라 '디지털 사업 본부'와 같이 시장의 요구에 맞춰 새로운 부서를 새롭게 구성하기도 한다. 방송 조직을 운영하기 위해서는 많은 세부 구성 요소가 유기적으로 촘촘하게 연결되어야 한다. 예를 들어, SBS의 인기 예능 프로그램인 〈런닝맨〉의 제작 및 송출을 위해서는 '예능 총괄 CP'의 감독하에 제작이 진행되고, '편성팀'의 편성 시간에 맞춰 방송지원본부의 기술 지원을 통해 송출되며, 광고본부는 편성팀과의 협업을 통해 광고를 수주하고 송출하게 된다. 이러한 유연하고 긴밀한 협업을 통해 방송 조직은 수익을 창출하고 유지될 수 있다.

2) 방송 조직의 직군 및 직무[2]

(1) 직군 및 위계

방송통신위원회에 보고된 KBS의 「경영평가보고서」(2018)에 따르면, 방송사의 직군은 크게 1) 방송 직군, 2) 기술 직군, 3) 경영 직군, 4) 청경 직군으로 나뉜다. 방송 제작과 직접적으로 관련이 있는 직군은 방송 및 기술 직군

---

[2]   방송 조직의 직군 및 직무에 대한 세부 사항은 「2017 사업연도 경영평가보고서」를 참조했다.

으로 볼 수 있으며, 방송사의 운영은 경영 직군이 담당하고 청경 직군은 경호를 맡는다. 예를 들어, KBS의 직군은 다음의 리스트에서 보는 바와 같다.

① 방송 직군: 프로듀서, 기자, 아나운서, 촬영기자, 영상 제작, 디자인
② 기술 직군: 방송기술, 전기, 항공, 수신기술, 건축, 설비
③ 경영 직군: 기획 행정, 콘텐츠, 일반 행정, IT
④ 청경 직군: 청원경찰

방송 조직의 주요 부서들은 여러 방송 직군의 종사자들로 구성된다. 예를 들어 MBC의 '드라마본부'는 1) 드라마운영부, 2) 드라마마케팅부, 3) 드라마 1~4부, 4) 드라마기획제작부, 5) 드라마해외제작부로 구성되고, 각 부서는 주로 방송 직군의 종사자들로 이루어져 있지만, 드라마마케팅부나 드라마운영부의 경우에는 경영 직군 종사자들이 주를 이룬다.

방송 조직의 위계 구조는 일반 기업과 크게 다르지 않으며, 각 조직 구성 단위에 따라 직위가 결정된다. 예를 들어, MBC는 9본부 20국 101부로 이루어져 있기 때문에, '사장-본부장-국장-부장' 순으로 직위가 정해지며, SBS의 경우에는 '회장-사장-본부장-국장(혹은 CP)-부장(혹은 팀장)' 순으로 직위가 결정된다. 조직의 전체적인 측면에서 보았을 때의 수직적 구소에 따른 직위의 구성은 이처럼 일반 조직과 크게 다르지 않지만, 실제 콘텐츠 제작에서의 직위 체계는 일반 조직과는 상이하다. 특히, 방송 콘텐츠를 제작하는 역할을 맡는 프로듀서는 다음과 같이 네 단계로 나뉘며, 맡은 역할이나 책임이 어느 정도 명확하게 구분된다.

① **CP**(Chief Producer), **책임프로듀서**

· 복수의 프로듀서를 관리하는 역할을 하며, 방송사에 따라서는 '국장(예를 들어 SBS)'이나 '부장'급에 해당.

· 프로그램의 전체적인 '기획'과 '관리'를 총괄하며, 현장에서의 직접적인 촬영이나 편집보다는 제작 과정의 전반적인 관리를 맡음.

② **PD**(Producer 혹은 Program Director)

· 현장에서 제작진과 함께 촬영 및 편집을 담당하며, 콘텐츠를 실질적으로 제작하는 임무를 맡음.

③ **AD**(Assistant Director)

· PD를 보조하는 역할을 담당하고 제작에 필요한 제반의 세부 업무(예를 들면, 출연자 섭외, 장소 섭외, 스케줄 조정 등)를 담당함. AD로서 경험을 쌓은 뒤 독립적으로 콘텐츠를 제작할 수 있는 PD로 승진하게 됨.

④ **FD**(Floor Director)

· PD와 AD를 도와 촬영을 위한 무대 준비를 주로 담당하고, 실질적으로 진행자와 출연자, 그리고 방청객과의 소통을 담당.

(2) 방송 조직의 직무

방송 조직의 직무는 직군과 밀접하게 관련되어 있으며, 방송-기술-경영 직군은 하나의 프로그램을 만들거나 방송사를 운영하는 데 다양한 직군의 협업이 요구된다. 그중에서도 방송 콘텐츠 제작의 핵심적 역할을 담당하는 **방송 직군**은 방송 콘텐츠를 제작하는 제반의 역할을 담당하며 방송의 '기획', '촬영', '편집'을 주로 담당한다. 방송 기획은 PD가 담당하며, PD는 '방송 작가'와 함께 주요 스토리를 구성하고 출연진을 섭외하고, '촬영팀'과 '방송 진행자'들과 함께 방송을 진행 및 촬영하며, '편집팀'과의 협업을 통해 최종 결과물을 산출한다.

이에 대해 조금 더 상세히 살펴보자면, 방송 작가는 장르나 맡은 바 역할에 따라 1) 드라마 작가, 2) 구성 작가, 3) 화면해설방송 작가 4) 번역 작가, 5) 서브 작가, 6) 스크립터 등으로 나뉜다. 드라마 작가가 드라마의 스토리를 창작하는 역할을 담당한다면, 구성 작가는 예능이나 교양 프로그램의 구성을 담당하며, 화면해설방송 작가는 주로 장애인을 위한 방송 대본을 작성하는 임무를 담당한다. 스크립터는 주로 자료 수집 및 단순 대본 작성을 담당하며, 경험이 쌓이면 메인 작가를 돕는 서브 작가로 활동하게 된다. 예를 들어, 한 편의 드라마를 제작하기 위해서는 메인 작가가 주요 스토리 및 내러티브를 결정하고 여러 서브 작가들이 실질적인 세부 스토리 및 대본을 스크립터의 도움으로 작성한다.

방송 작가가 작성한 대본을 바탕으로 다양한 역할을 담당하는 방송 진행자들이 실질적으로 방송 진행을 담당한다. 방송 진행자의 주요 유형은 1) 앵커(뉴스 보도나 시사·교양 프로그램의 진행을 담당), 2) MC(Master of Ceremonies, 주로 오락이나 쇼 프로그램의 사회를 담당), 3) 리포터(현장에서의 상황을 촬영하고 전달하는 역할), 4) 캐스터(스포츠나 일기 예보를 담당) 등으로 볼 수 있다. 예를 들어, MBC의 〈복면가왕〉의 MC는 아나운서 '김성주'가 담당하고, SBS의 간판 시사 프로그램인 〈그것이 알고 싶다〉의 진행을 맡고 있는 '김상중'은 MC라기보다는 앵커의 역할을 맡고 있다. 이처럼, 방송 콘텐츠 제작을 위해서는 방송 진행자의 역할이 무엇보다도 중요하며, 시청자의 주목을 받을 수 있는 진행자(예를 들면 JTBC 〈아는 형님〉의 강호동, SBS 〈런닝맨〉의 유재석 등)의 선정이 매우 중요하다. 또한, 이런 전통적인 유형의 방송 진행자 외에도 홈쇼핑에서 상품을 소개하는 '쇼 호스트'나 여러 유형의 '쟈키〔예를 들면 VJ(Video Jockey), FJ(Fashion Jockey)〕' 또한 프로그램 진행에서 중요한 역할을 담당한다.

방송 제작을 위해서는 여러 기술적 지원이 요구되며, 방송제작기술과 관련된 파트는 크게 '영상', '음향', '녹화', '조명', 및 '편집' 등으로 구성되어 있다. 기술 관련 세부 영역의 '감독'이 PD의 지휘 아래 촬영 및 편집을 담당한다. '기술 감독(TD: Technical Director)'은 기술과 관련된 전반적인 기술적 지원을 책임지며, '조명 감독(LD: Light Director)', '음향 감독', 그리고 '카메라 감독'은 각 영역의 전문가들이며 오디오맨이나 카메라맨을 감독함으로써 콘텐츠의 완성도를 높이는 데 일조한다. 이에 더해, 영상 편집과 그래픽을 담당하는 기술 전문가들의 지원이 콘텐츠 제작에 필수적이며, 최근 들어 컴퓨터 그래픽 기술의 발달에 힘입어 '특수영상' 담당자의 역할이 커지고 있다.

기술 직군에는 위에서 설명한 방송 제작을 지원하는 전문 기술자뿐만 아니라, 방송사 전반의 기술적 인프라를 관리하고 송출을 담당하는 다양한 세부 직종의 기술자들이 모두 포함된다. 방송사는 현재 개발되고 있는 최첨단 디지털 기술에 크게 의존하고 있기 때문에 기술 직군의 전문성은 무엇보다도 중요하다. 따라서 각 방송사는 기술의 '관리'와 '연구'에 많은 투자를 하고 있으며, 장기적인 계획하에 막대한 비용을 들여 설치한 기술적 인프라를 관리하는 데에도 많은 인력과 비용을 투입하고 있다. 즉, 방송사는 '방송망'에 대한 운용이나 '방송 기기의 정비'에 대한 유지 관리 및 정비와 검사를 담당하는 많은 전문가를 고용하고 있다. 또한, 방송 콘텐츠의 원활한 송출은 방송사 유지를 위해 가장 기본적이고 중요한 필요 요소이기 때문에 송출만 담당하는 기술자들 또한 중요한 역할을 담당한다.

경영 직군은 일반 기업의 주요 행정 부서원들이 담당하는 역할과 거의 비슷한 역할을 담당한다. 즉, 일반 기업이 '기획', '재무', '회계', '총무', '인사' 등의 주요 부서들로 구성되어 있듯이, 방송사 또한 경영과 관련된 주요 업무를 담당하는 부서들로 구성되어 있고, 방송 프로그램 제작을 지원한다. 경영 직군에 속한 방송사 조직원들의 업무 또한 일반 기업과 유사하다고 볼 수 있다. 하지만, 방송재는 '주목재'이며 시청자의 주목(시청률)이 곧 이익 창출의 핵심이기 때문에 일반 기업보다도 '광고·마케팅·홍보' 부서의 역할과 책임이 상대적으로 매우 크다고 볼 수 있다. 즉, 방송사 전체 수익의 절대적인 부분이 광고로부터 발생하기 때문에 광고 수주를 담당하는 부서의 역할이 매우 중요하며, 새롭게 제작된 방송 프로그램에 대한 홍보 및 마케팅을 담당하는 부서의 역할 또한 너무나도 중요하다.

3. 방송 조직의 운영[3]

1) 전통적 경영

19세기에 산업혁명은 기존의 농업사회와는 완전히 다른 산업 및 사회 구조에서의 변화를 초래했다. 특히 증기기관과 컨베이어벨트를 활용한 대량생산 체제는 공장 근로자들이 완전품 생산에 지극히 일부(예를 들면, 볼트 조이기)만을 담당하게 되면서, 공장 근로자의 대체가능성(Replacability)을 높였고 이들의 조직 내 권력을 급격히 축소시켰다. 이러한 일련의 과정은 대규모 조직을 운영하기 위해 필연적인 조직 구조와 역할의 세분화(Specification)와 표준화(Standardization)에서 비롯되었다고 볼 수 있다. 과거 농업사회에서는 농부 한 명이 농작물을 경작하는 모든 과정에 관여하며, 기준이 명확한 표준화가

---

[3]   방송 조직의 운영과 관련된 설명의 주요 구조와 내용은 밀러(Miller, 2012)의 *Organizational communication: Approaches and processes*를 참조했다.

아닌 경험에 의거한 개인별 특화로 인해 생산 수준이 결정되었다. 하지만, 대규모 공장에서 빠른 시간 내에 효율적으로 상품을 대량생산하기 위해서는 분업이 필수적이었으며, 분업을 위해서는 표준화가 요구되었다. 노동의 분업화와 표준화는 비록 상품의 생산량을 증가시켰으나, 노동자의 역할이 기능적으로 결정되었고 이들에 대한 관리 또한 기계적이고 기능적으로 이루어졌다. 따라서 밀러(K. Miller)가 언급했듯이, 전통적 경영(Classical management) 방식에서 조직은 '기계(Machine)'에 자주 비유되었다(Miller, 2012). 전통적인 경영 방식에서 조직원은 기계의 부품이며, 기계의 부품이 부여된 동작에 한정되어 작동되듯이, 조직원은 본인에게 부여된 역할에 한정되어 일한다. 또한, 기계가 고장 났을 때 문제가 생긴 부품을 교체함으로써 오작동 문제를 해결하듯이, 전통적인 경영 방식에서는 업무 성과가 부족하거나 문제가 발생한 조직원을 다른 사람으로 '교체'함으로써 문제를 해결한다. 이렇게 조직원 간의 교체가 쉽게 발생할 수 있는 것은 노동의 분업화와 표준화 때문이며, 이러한 조직에서 조직원의 권위와 권력은 대체가능성의 확장으로 인해 매우 제한적임을 다시 한 번 확인할 필요가 있다(분업화·표준화 → 대체가능성 → 권력 상실). 이와 같은 전통적인 경영 이론을 제시한 주요 학자는 1) 앙리 파욜(Henry Fayol), 2) 막스 베버(Max Weber), 3) 프레드릭 테일러(Fredric Taylor)가 있다.

(1) 앙리 파욜

앙리 파욜(Henry Fayol)은 기업의 운영에서 가장 기본적인 구성 요소로 다섯 가지를 제시했으며, 이는 1) 계획(Planning), 2) 조직(Organizing), 3) 명령(Command), 4) 협업(Coordination), 5) 통제(Control)이다. 조직을 운영하기 위해 경영자는 특정 목표를 설정하고(Goal-setting), 목표를 달성하기 위한 구체적인 장·단기 계획을 세우며, 자원과 인력을 적절히 배정하고, 구체적인 임무에 대해 명령을 내리면, 조직원들의 협업을 통해 결과물을 만들고, 이에 대해 평가하고 새로운 계획을 세운다. 파욜에 따르면, 조직의 목표를 효율적으로 달성하기 위해서는 이와 같은 절차가 철저하게 잘 이루어져야 되며, 하나의 절차라도 누락이 되거나 제대로 이행되지 못할 경우, 조직은 제 '기능'을 수행하지 못하게 된다.

(2) 막스 베버

막스 베버(Max Weber)는 사회학자이며, 산업혁명 이후 복잡해진 사회를 유지하기 위한 체계로 관료제(Bureaucracy)를 제시했다. 관료제의 핵심 구성 요소는 1) 노동의 분절화, 2) 명확한 위계질서, 3) 의사결정 및 권력의 집중, 4) 닫힌 체계, 5) 견고한 규범, 6) 권위의 제 기능이다. 전통적인 접근에서 직무의 구체화와 표준화가 새롭게 등장한 거대하고 복잡한 조직 운영에 요구되듯이, 관료제에서도 노동과 직무의 분절을 바탕으로 수직적인 위계질서에 따라 톱-다운(Top-down) 방식의 통제가 이루어진다. 특히, 관료제를 유지하기 위해서는 '권위(Authority)'에 기반한 통제가 이루어질 필요가 있는데, 베버는 다음과 같은 세 가지 유형의 권위를 제시했다.

① **전통적 권위**(Traditional/legitimate authority)
전통적으로 받아들여 왔던 권위를 의미하며 왕, 대통령, 기업 총수 등 전통적으로 권위를 인정받는 직위와 직접적으로 관련이 있음. 예를 들어, '삼성전자의 CEO'는 CEO라는 직위 자체로 권위를 부여받음.
② **카리스마 기반의 권위**(Charismatic authority)
지도자의 개인적인 매력에서 비롯된 권위라고 볼 수 있음. 예를 들어, 에이브러햄 링컨(Abraham Lincoln)은 같은 이야기라도 남들보다 조리 있고 재

있게 전달하는 데 탁월한 능력이 있었고, 이는 링컨의 성공을 위한 절대적인 요인이었으며(굿윈, 2020) 지도자로서의 매력과 이로 인한 권위를 확보할 수 있었음.

③ **이성적·법적 권위**(Rational/legal authority)

조직의 규범이나 지도자의 전문성에 근거한 권위로 볼 수 있으며, 특정 지위에 대한 전통적인 믿음이나 개인적인 매력에 근거하지 않으며 조직적 차원에서 합리적으로 부여되는 권위라고 볼 수 있음. 예를 들어, 과거에는 기업의 총수를 후대에 상속하는 것이 자연스러웠으나, 현대 조직의 경우에는 리더의 전문성에 초점을 두어 상속이 아닌 CEO나 CFO(Chief Financial Officer)를 고용하고 있으며, 이들은 직무에서의 전문성과 조직 규범에 근거하여 권위를 부여받게 됨.

(3) 프레드릭 테일러

프레드릭 테일러(Fredric Taylor)는 '과학 경영(Scientific management)'으로 잘 알려져 있고, 특히 시간과 동작 연구(Time and motion studies)로도 유명하다. 테일러는 특정 직무에 가장 적합한 '유일한' 방법이 존재하며 이를 찾아내는 것을 성과를 극대화시킬 수 있는 가장 현실적인 방법으로 간주했다. 매우 구체적이고 세부적인 직무에 대해 가장 적합한 인력을 배정하고 제일 적절한 수행 방법을 훈련시킴으로써 업무 성과를 극대화시킬 수 있다고 주장했다는 점이 과학 경영의 핵심이라고 볼 수 있다. 이를 위해서는 '경영자'와 '노동자'를 분명하게 구분해야 한다는 대전제가 필요하며, 경영자는 업무에 대한 계획을 담당하고, 노동자는 업무를 수행한다. 이와 같은 구분은 결국 조직 내 권력의 집중을 의미한다는 점에서 전통적인 경영 방식의 핵심과 맥을 같이 한다.

(4) 방송 조직과 전통적 경영 방식

전통적 경영 방식은 산업혁명 이후에 개발되었고, 산업혁명의 속도만큼이나 빠르게 확산되면서 전 세계적으로 가장 지배적인 경영 방식으로 자리 잡기 시작했다. 한 세기보다도 많은 시간이 흐른 현시점에도 전통적인 경영 방식을 적용하는 조직을 찾아보는 것은 어렵지 않다. 여전히 대부분의 대규모 공장에서는 지극히 세분화된 공정에 노동자가 투입되고, 본인에게 부여된 업무 외적인 부분에 대한 관여는 지극히 미미하거나 거의 없다. 예를 들어, 김치 공장에서 한 그룹의 노동자들은 배추를 다듬고 절이는 작업만을 담당하고, 다른 그룹의 노동자들은 김칫소를 채우기만 하며, 또 다른 그룹의 노동자들은 포장만을 담당한다. 공장 시스템이 아니라도, 정부기관이나 군대와 같이 관료제에 기반한 조직들 또한 전통적인 경영 방식을 채택하고 있다고 볼 수 있다. 노동의 분절화(Division of labor)에 기반하여 상명하복식의 명령체계에 의존하는 많은 공무원 조직은 전통적인 경영 방식에 의존하는 전형적인 사례라고 볼 수 있다.

이러한 전통적 경영 방식은 방송 조직에서도 찾아볼 수 있다. 창의적인 콘텐츠를 '개발'하기 때문에 전통적 경영 방식을 적용하기 어려울 수 있다는 기대와는 달리, 방송 조직은 상당히 촘촘한 노동의 분화가 이루어져 있고, 수평적이라기보다는 수직적 체계가 지배적인 경우가 많다. 앞서 이 장의 2절에서 자세히 설명했듯이, 방송 조직 구성원은 몇 가지 예외적인 경우(예를 들면, 프로그램 PD)를 제외하고는 매우 구체적이고 세부적인 역할을 담당한다. 예를 들어, SBS의 장수 프로그램 〈런닝맨〉의 제작 과정만 살펴보아도, 기획팀(방송 작가 포함)을 중심으로 콘텐츠에 대한 스토리라인을 잡고, 촬영에 들어가면 수십 대가 넘는 카메라가 동원되어 각 출연자를 여러 각도에서 촬영하고 음향 감독을 비롯한 많은 보조 인력은 녹음을 담당한다. 동시에 각 출연자마다 담당 카메라맨을 투입함으로써 출연자의 이동 장면을 다이내믹하게 촬영한다. 여기서 전체적인 과정은 하나의 콘텐츠를 창조하기 위한 수평적이고 유기적인 연결을 통해 이루어지는 것처럼 보인다. 하지만 조금 더 내부적인 노동 구조를 살펴보면, '노동의 분업화·표준화'와 '위계적 질서'가 깊게 자리 잡고 있음을 파악할 수 있다. 즉, 기획팀-제작팀-편집팀의 유기적 연결 속에는 각 팀 내의 수직적 구조가 자리 잡고 있으며, 중간 혹은 그 아래 단위의 구성원들은 맡은 바 책무의 비전문적 특성으로 인해 대체가능성이 높은 경우가 많다. 이처럼, 무엇보다도 구성원들 사이의 수평적이고 유기적인 연계가 중요한 방송 콘텐츠 제작 과정에서도 전통적인 경영 방식을 찾아볼 수 있음을 주목할 필요가 있다.

2) 인간관계 접근과 인적자원 접근

전통적인 경영 방식의 가장 큰 가정은 조직 구성원의 객체화(Objectification)라고 볼 수 있다. 조직 구성원이 자의적으로 역할을 선택하거나 거부하고 업무 수행 과정이나 절차를 결정하는 과정에 유의미하게 개입하는 일은 많지 않다. 마치 기계의 부속품이 외부의 지속적인 간섭이나 통제 없이도 본연의 의무를 다하듯이, 전통적인 경영 방식에서 조직 구성원은 경영진이 결정한 구조 내에서 '주어진' 임무를 피동적으로 수행한다. 조직의 생산성은 조직 구성원 개인적인 차원의 동인에 의해 변동된다기보다는, 경영진이 선택한 미리 결정된 생산관리 구조(Pre-determined structures)에 의해 고정되는 경향을 보인다. 이러한 경영 방식의 가장 큰 한계점은 조직 구성원의 '피동성(Passiveness)'이자 '비동기화(Demotivation)'라고 볼 수 있다. 주어진 임무를 자발적인 동인에 의해 좀 더 효율적으로 수행하기 위해 노력하기보다는 임무

완수 자체에만 초점을 두기 때문에 생산성은 필연적으로 정체된다. 경영진이 정체된 생산성을 높이기 위해 생산 목표를 높일수록 노사갈등은 심화된다. 이는 전통적인 경영 방식에서는 노동자의 의견이 의사결정 과정에 반영되기 어렵기 때문이라고 볼 수 있으며 '비동기화-생산성 정체-목표의 상향 조정-노사갈등 심화'라는 악순환이 반복된다.

이와 같은 전통적인 경영 방식이 갖는 한계점은 1900년대 초반에 인간관계(Human relations) 접근이 등장하면서 드러나게 되었다. 밀러에 따르면, 인간관계 접근은 호손 연구(Hawthorne studies)의 연구 결과에서 비롯되었다(Miller, 2012). 밀러에 따르면, 엘턴 메이오(Elton Mayo)와 프리츠 로에슬리스버거(Flitz Roethlisberger)가 진행했던 복수의 연구는 인간관계 접근을 개발하기 위해서라기보다는 전통적인 경영 방식의 효과를 측정하기 위해 설계되었다(Miller, 2012). 예를 들어, 호손은 근무 환경의 변화가 노동생산성을 높일 수 있다는 가설을 검증하기 위한 연구를 설계하고 자료 수집을 하는 과정에서 근무 환경의 변화보다는 근로자에게 '주의를 기울이는' 것이 오히려 더 큰 긍정적인 영향을 미치는 것을 발견했다. 연구에 참여했던 근로자들은 이전까지 아무도 자기들의 이야기를 들으려고도 하지 않았음을 언급하면서 이들에 대한 인터뷰 자체에 상당히 많은 의미를 부여하고 자신이 맡은 바 임무를 수행하기 위해 더 많은 노력을 기울이게 되었다. 이러한 일련의 연구 과정과 연구 결과는 일관적으로 노동자의 '동기'의 중요성으로 귀결되었고, 이에 주목하면서 '인간관계 접근'이 개발되었다.

인간관계 접근의 핵심은 조직 구성원의 '만족'과 이로 인한 '동기화'라고 볼 수 있다. 인간관계 접근은 인간의 본성을 선하다고 보았기 때문에 인간이 주어진 상황에 만족하게 되면 좀 더 나은 상황을 만들기 위해 스스로 동기화 된다는 것이다. 특히 높은 수준의 욕구가 충족되었을 때, 조직원의 동기화가 잘 이루어질 것이라고 주장한다. 매슬로우(A. H. Maslow)의 욕구단계 이론(Hierarchy of needs)에 따르면, 인간의 기본적인 다섯 가지 욕구는 다음과 같은 순서로 수직적으로 나열된다(Maslow, 1943).

① **생리 욕구**(Physiological needs) 인간의 생존을 위해 가장 기본적인 욕구이며, 먹고 마시고 자는 것과 같은 생리적 활동과 관련된 일련의 욕구를 의미.

② **안전 욕구**(Safety needs) 외부의 위협으로부터 안전하고자 하는 욕구.

③ **소속·애정 욕구**(Affiliation/love needs) 다른 사람들로부터 관심이나 사랑을 받거나, 특정 집단에 소속되고 싶어 하는 욕구.

④ **자아존중 욕구**(Self-esteem needs) 내적 존중감(스스로 자기 자신에 대해 보여주는 존중감)과 외적 존중감(타인들로부터 인정을 받음으로써 발생하는 존중감)으로 이루어져 있음.

⑤ **자아실현 욕구**(Self-actualization needs) 자신이 추구하고자 하는 목표를 설정하고 이를 이루고자 하는 욕구.

인간관계 접근은 이 같은 다섯 가지 욕구 중에서 상대적으로 높은 수준의 욕구(예를 들면 소속·애정 욕구, 자아존중 욕구, 자아실현 욕구)가 충족되었을 때, 조직 구성원이 만족감을 느끼게 되고 동기화 된다고 주장한다.

비록 인간관계 접근은 전통적인 조직 운영 이론과 다르게, '조직원'의 역할과 동기에 초점을 두었다는 점에서는 차별적이다. 하지만 조직 구성원이 본인의 욕구가 충족되었을 때 조직을 위해 더욱 열심히 일할 것이라는 주장은 인간 본성에 대해 지나치게 긍정적이라는 비판이 제기되었고, 학자들은 인적자원 접근(Human resource management)을 주장하게 되었다. 인적자원 접근은 전통적인 조직 운영 이론과 인간관계 접근의 절충안이라고 볼 수 있다. 각 접근법의 장점만을 취합하여 조직원에 대한 전략적 관리(Strategic management)를 추구한다. 즉, 인적자원 접근은 조직원의 동기부여에 무관심하지는 않지만, 이들을 전략적으로 통제하고 관리함으로써 조직 성과를 극대화시키고자 한다. 따라서 대부분의 현대 조직은 인간관계보다는 인적자원 관리를 담당하는 부서를 구성하고 전략 경영을 지향하는 특성을 보인다.

방송 조직의 경우, 외부에서 보기에는 콘텐츠 제작과 유통 그리고 방영 등과 같은 업무가 조직 운영의 핵심처럼 보이지만, 방송 조직을 운영하고 방송 콘텐츠의 제작 및 방영의 전 과정을 지원하기 위해서는 인적자원 관리가 무엇보다도 중요하다.

3) 시스템 이론

조직 운영에 대한 세 번째 접근인 시스템 이론(Systems approaches)은 전통적 이론이나 인간관계 접근 혹은 인적자원 접근과는 다르게 조직을 독립적으로 존재하고 생존할 수 있는 '유기체(Organism)'로 간주한다. 기존 이론들이 조직을 운영의 중심에 경영진(Top managements) 혹은 조직원을 두면서, 조직을 '누가' 그리고 '어떻게' 운영해야 되는가에 대해 초점을 두는 반면, 시스템 이론에 따르면 조직과 관련된 여러 내적 그리고 외적 조건이 충족되었을 때 조직이 하나의 유기체처럼 독립적으로 생존할 수 있다. 따라서 시스템 이론에서는 다음과 같은 조건을 강조한다.

① **위계적 구성**(Hierarchically ordered)
하나의 시스템은 여러 하위 시스템(Sub-systems)으로 구성되어 있고, 상위

시스템(Supersystem)에 속해 있음.

② **상호작용**(Interactions)

하나의 시스템은 내·외부 구성 요소나 환경과 끊임없이 상호작용하며, 이러한 상호작용이 없으면 해당 시스템은 생존할 수 없음.

- 내적 상호작용은 하위 시스템들 간의 상호작용을 의미하며, 외적 상호작용은 해당 시스템과 환경과의 상호작용을 의미함. 이를 이해하기 위해서는 인간의 '신체'에 대해 생각해 볼 필요가 있음. 인간의 신체는 여러 주요 기관(예를 들면 뇌, 심장, 폐, 팔다리 등)으로 구성되어 있으며, 핏줄과 신경을 통해 서로 긴밀하게 연결되어 끊임없이 상호작용하고 있음. 상호작용이 원활히 이루어지지 않을 경우, 인간의 신체는 더 이상 생존할 수 없음. 조직도 이와 마찬가지로, 조직 내 부서들 간 혹은 조직 구성원들 간의 상호작용이 제대로 이루어지지 못할 경우, 조직은 유지될 수 없음.

- 외적 상호작용은 시스템과 상위 시스템 사이의 상호작용을 의미하여, 인간의 신체를 고려했을 때 외부 환경을 상위 시스템으로 간주할 수 있음. 인간이 외부와 상호작용을 하지 못할 경우, 인간의 가장 기본적인 생존을 위한 조건(예를 들면 음식, 물, 호흡 등)을 충족시키지 못하게 되며, 이는 곧 죽음을 의미함. 조직과 관련해서도, 외부와의 상호작용 부재는 '투입(Inputs) - 전환(Throughputs) - 산출(Outputs)'이라는 측면에서 '투입'의 부재를 의미하기 때문에 '처리'와 '결과물' 또한 발생할 수 없고, 이는 결국 조직이 생존할 수 없음을 의미함.

③ **투과성**(Permeability)

내·외적 상호작용을 통해 결과물을 생산하기 위해서는 시스템들 간의 투과성이 확보될 필요가 있음. 이를 이해하기 위해서는 엔트로피(Entrophy)

개념이 유용함. 엔트로피는 '무질서의 합'이라고 볼 수 있으며, 물질은 엔트로피가 항상 낮은 상태에서 높은 상태로 변하며, 열역학 제2법칙은 이를 설명함. 이는 되돌릴 수 없는 과정으로 생물의 죽음이나 물질의 퇴화는 이러한 법칙에 따름. 무질서의 합의 증가를 막기는 불가능하지만 무질서의 증가 속도는 외부와의 투과성을 통해 조절될 수 있음. 예를 들어, 들숨을 통해 산소를 흡입하고 체내에서 필요한 에너지를 발생시킨 뒤 이산화탄소를 내쉬는 과정은 호흡을 통해 인체 내 무질서의 결과물을 방출하는 과정을 의미함. 여기서 외부와의 투과성이 확보되지 않는다면, 호흡 자체가 불가능하며 인체의 무질서가 외부로 방출되지 못하면서 결국 생명을 유지할 수 없음.

시스템 이론의 핵심은 내·외부의 상호작용이라고 볼 수 있으며, 외부의 자원이 내부로 잘 전달되고(Inputs) 내부의 여러 하위 시스템 간의 소통 또한 원활하게(Throughputs) 진행됨으로써 원하는 결과물(Outputs)을 생산하여 외부로 유통시키는 전반적 과정의 안정이 무엇보다도 중요하다. 이 과정에서 정보 전달을 비롯한 전반적인 커뮤니케이션 과정은 무엇보다도 중요하기 때문에 조직은 효율적인 커뮤니케이션을 지원하는 시스템 구축에 많은 노력을 기울일 필요가 있다.

방송 조직을 이해하는 데 시스템 이론은 매우 적절한 이론적 접근이라고 볼 수 있다. 특히 방송 조직의 가장 큰 목표는 시청자의 관심을 끌 수 있는 흥미롭고 건전한 콘텐츠를 제작하는 것이며, 이를 위해 상당히 세부적인 하위 시스템으로 구성된 수많은 독립적인 시스템에 의존한다. 논의를 좀 더 확장하면, 방송국을 시스템으로 보았을 때 각 PD가 담당하는 팀을 하나의 하위 시스템으로 볼 수 있고 이들이 하나의 프로그램을 제작하고 송출하고 추가 영상물로 제작하고 유통하는 일련의 과정은 하위 시스템 간의 유기적인 상호작용이 없이는 불가능하다. 예를 들어, 미니시리즈 드라마를 제작하기 위해서는 책임 프로듀서(Chief producer)가 복수의 PD 및 세부 분야 담당 책임자(예를 들면 음향 감독, 카메라 감독 등)와의 협업을 통해 콘텐츠의 촬영 및 편집을 담당한다. 이렇게 제작된 방송 콘텐츠는 내적 상호작용을 통해 송출을 담당하는 부서에 전달되어 외적 상호작용으로 이어진다. 이러한 일련의 과정이 원활하게 이루어질 때 비로소 해당 방송사는 독립적으로 존재할 수 있다. 여기서의 상위 시스템은 방송 산업과 관련된 모든 환경적 요소를 포함하며, 이러한 환경과의 상호작용이 이루어지지 못할 경우 해당 방송사는 소멸될 수밖에 없다.

4. 방송 조직의 통제와 조직 문화

1) 조직 통제 방식 및 조직 문화

농경사회에서 벗어나 산업사회가 되면서 사회 조직들은 기존에는 찾아볼 수 없을 정도로 복잡해졌으며, 이는 곧 조직 내 통제(Organizational control)의 필요성이 대두되었음을 의미한다. 이에 따라, 조직 경영에서의 통제에 대한 다양한 이론이 제시되었고, 에드워즈(R. Edwards)는 1970년대에 조직 경영과 관련하여 세 가지 조직 통제 방식을 제시했다(Edwards, 1979). 이 세 가지 통제 방식은 단순 통제(Simple control), 기술적 통제(Technical control), 그리고 관료적 통제(Bureaucratic control)이다.

① 단순 통제

사회적 혹은 조직 내 직위에 의존하여 직원들을 직접적으로 통제하는 것이며, 상사가 부하직원에 대해 직무에 대한 직접적인 명령을 내리고 상과 벌을 결정하는 것을 예로 들 수 있음.

② 기술적 통제

단순 통제가 개인의 직위를 바탕으로 이루어진다면, 기술적 통제는 기술이나 환경 조작을 통해 이루어지며, 컨베이어벨트 시스템을 통해 공장 직원들의 직무를 통제하는 것이 이에 해당됨. IT 시스템을 통해 보고 체계를 구축하고 직원들을 통제하는 시스템 또한 기술적 통제라고 볼 수 있음.

③ 관료적 통제

조직 내 구조적 요소를 통한 통제로 볼 수 있으며, 개인적 수준이나 기술적 도움이 아닌 조직 내의 가시적(예를 들면, 직위체계) 그리고 비가시적(예를 들면, 조직 규범) 구조를 통해 조직 구성원을 통제함.

에드워즈가 제시한 세 가지 유형의 통제는 현대 조직에서도 여전히 주요 통제 방식으로 활용되고 있으며, 이들의 공통점은 강제적(Obtrusive) 통제라는 점이다(Edwards, 1979). '직위', '체계', '규범'과 같은 조직 내의 공식적 구조를 통해 강제적으로 통제가 집행되며, 조직 구성원이 이러한 통제를 따르지 않을 경우 개인적 그리고 조직적 수준에서의 처벌을 받게 된다. 이는 전통적인 경영 방식에서 가장 일반적인 조직 통제를 위한 접근법이었고, 강력한 통제 기제와 시스템을 개발하는 것은 조직연구자들의 중요한 임무였다.

하지만 조직원의 삶의 질이나 인권에 대한 사회전반적인 관심이 커지면서, 과거의 지나치게 강제적 통제 방식은 조직원들의 반발을 초래했고 이는 조직 내 갈등을 유발했다. 이에, 비강제적(Unobtrusive)인 자기통제(Self-control)

방식에 대한 관심이 지속적으로 증가했다. 즉, 강력한 조직의 규범과 규칙에 근거한 처벌은 구성원들에게는 외부로부터의 간섭, 인권에 대한 침해, 존엄성의 상처로 받아들여질 수 있고 이는 조직 구성원들의 강력한 반발을 촉발할 가능성이 높다. 조직 내에서의 비생산적이고 건전하지 못한 갈등은 조직 실적에 부정적인 영향을 미치기 때문에 조직 운영자들은 조직원들의 반발을 최소화할 수 있는 통제 방식에 관심을 기울여왔다.

비강제적이고 수평적인 자기통제 방식으로 주목받았던 통제 방식 중 하나는 협연적 통제(Concertive control)이며, 바커(J. Barker)의 주장에 따르면, 협연적 통제의 핵심은 경영자들의 직접적인 통제가 아닌 조직원 간의 협력 관계에 의한 상호 통제(일종의 눈치 보기)라고 볼 수 있다(Barker, 1993). 수평적인 관계를 기반으로 하며 조직원 간의 화합과 협력을 바탕으로 함께 조직을 운영함으로써 공동의 이익을 창출하기 때문에 협연적 통제는 경영인이나 상급자 혹은 조직 규범을 통한 통제가 아니다. 오히려 수직적 통제 기제 없이, '나'와 '동료'를 위한다는 마음에서 비롯된(협연적) 자기 감시(Self-monitoring) 기제가 작동된다. 외부로부터의 강압적인 통제가 아닌 내부로부터의 자발적인 통제이기 때문에 협연적 통제에 대한 반발은 크게 줄어든다.

비강제적 통제 방식 중에서 가장 비가시적인 통제 방식은 문화적 통제(Cultural control)라고 볼 수 있는데, 이는 조직 문화에 대한 관심을 증가시켰다. 조직 문화와 관련되어 많은 이론이 개발되었으며, 조직 문화에 대한 정의 또한 매우 다양하다. 그중에서 에드거 샤인(Edgar Schein)의 조직 문화에 대한 개념은 가장 널리 알려진 접근 중 하나이다(Schein, 2010). 샤인에 따르면, 조직 문화는 크게 세 가지 수준[1. 인공물(Artifacts), 2. 핵심 가치(Espoused values), 3. 기본적 가정(Basic assumptions)]으로 이루어져 있다.

첫째, '인공물'이란 조직의 문화를 담고 있는 물질적이고 가시적인 존재이다. 예를 들어, 군대 조직에서의 군복, 막사, 훈련장은 군대의 체계적이고 수직적인 조직 문화를 고스란히 담고 있으며, IT 기업의 휴게실이나 사무실은 자유로운 조직 문화를 담고 있다. 또한, 대학교의 경우에도 대학 문화를 담고 있는 다양한 상징물(예를 들면, 서강대학교의 기상을 담은 '알바트로스')을 쉽게 찾아볼 수 있다. 둘째, '핵심 가치'는 조직이 추구하는 가장 중요한 목표이자 가치라고 볼 수 있으며, 조직원들은 입사 시 오리엔테이션이나 공식·비공식적 훈련 과정을 통해 조직의 핵심 가치에 대해 습득하게 된다. 입사 초기에 진행되는 사회화(Socialization) 과정의 핵심은 이와 같은 조직의 핵심 가치를 신입사원에게 전달하고 내재화(Internalization)하는 것이다. 셋째, '기본적 가정'은 조직원의 행동을 결정하는 기준이라고 볼 수 있으며, 조직의 가치가 조직원에게 충분히 내재화되었을 때, 조직원은 조직의 가치를 추구하는 방향으로 행동을 결정하며 이는 결국 조직 성과를 높이는 데 일조한다.

조직 문화를 강화하고, 조직원들이 강화된 조직 문화를 자연스럽게 받아들인다는 것은 조직의 규범과 가치가 충분히 내재화되어 있음을 의미한다. 경영진이나 관리자가 조직원에게 규범을 지킬 것을 강제할 이유가 없고, 이는 자연스럽게 조직원들의 자기통제로 이어진다. 조직 문화 자체가 비가시적이고 비강제적이기 때문에 조직 통제 또한 비강압적으로 자연스럽게 이루어진다.

2) 방송 조직에서의 통제 방식

방송 조직에서는 수직적 구조와 수평적 구조의 유연한 융합이 무엇보나노 중요하다. 하나의 방송 콘텐츠를 제작하기 위해서는 CP-PD-AD-FD로 이루어진 수직적인 체계에 의존하여 기획-제작-편집이 효율적이고 생산적으로 이루어져야만 좋은 콘텐츠가 제작될 수 있다. 동시에, 수평적 협업(카메라, 오디오, 조명팀의 협업)이 제대로 이루어지지 않으면, 콘텐츠의 질은 급격히 떨어지고 때로는 제작 자체가 불가능해진다. 따라서 질적으로 우수한 콘텐츠를 제작하기 위해서는 유연한 협업이 가능할 수 있도록 다양한 기제를 활용한 통제가 요구된다.

방송 조직의 수직적 구조는 상당히 견고하기 때문에 프로듀서와 스태프의 상하 관계 또한 명확하다. 하나의 프로그램 제작을 진두지휘하는 프로듀서의 의사결정권은 강력하기 때문에 직위에 의존하는 프로듀서의 '단순 통제'는 제작 현장에서 일반적이라고 볼 수 있다. 즉, CP가 복수의 PD에게 프로그램 제작 관련 주요 지시사항을 전달하고, 잘못된 점을 잡아주고, PD가 AD나 FD에게 구체적인 역할을 부여하고 감독하는 것은 단순 통제의 전형적인 모습이라고 볼 수 있다. 이는 방송 작가의 체계에서도 발견할 수 있다. 연차가 높고 경험과 명성이 높은 작가는 복수의 방송 작가를 감독 및 관리하며, 이러한 수직적 체계는 상당히 견고하다. 제작 현장에서의 수직적인 '단순' 통제는 조직 내 관리에서도 분명히 존재한다. 일반 공공기관이나 사기업과 마찬가지로 사장 → 임원 → 국장 → 부장 등으로 내려오는 위계질서는 방송 조직에도 그대로 적용되기 때문에 이러한 직위에 기반한 단순 통제는 쉽게 찾아볼 수 있다. 그러나 고정된 기술적 장치가 구조에 기반하는 기술적 통제는 상대적으로 찾아보기 어렵다. 생산 공장에서 기술적 공정에 따른 단순 반복 작업을 유도하는 통제 방식으로는 새로운 환경에서 전혀 다른 스토리를 바탕으로 콘텐츠를 제작하기 어렵다.

방송 조직의 통제에서 가장 주목할 만한 부분은 조직 문화를 통한 비강제적 통제라고 볼 수 있다. 방송 콘텐츠는 '공공재'의 성격을 띠며, 사회 구성원에게 지대한 영향을 미치기 때문에 방송 제작자는 조직의 이익을 추구하면서 동시에 공익을 실현하는 사회적 책무에서 자유로울 수 없다. 즉, 방송 조직의 구성원은 공적인 역할을 하고 있다는 책임감의 무게를 느끼고 이를 내재화할 필요가 있다. 이는 방송 조직이 추구하는 공익에 대한 가치가 충분히 내재화 되어 행동 기준으로 작동될 수 있는 토대이다. 이러한 부분은 특히 방송사의 보도·시사·교양 프로그램을 제작하는 부서에서 필요한데, 무엇보다 공익 추구에 대한 조직 가치의 내재화가 중요하다. 이는 제작의 어려움을 극복할 수 있는 중요한 동인이 된다. 예를 들어, 자연 다큐멘터리 제작은 시간과의 싸움이자 극도의 인내심이 요구되며 강인한 체력 또한 필요하다. 이렇게 어려운 상황을 극복하는 것은 조직의 이익 창출이라기보다는 시청자를 위한 건전한 영상 제작이라는 가치이자 신념이다. 따라서 조직 문화 자체가 이러한 공익적 요소를 강조하고 지지하는 문화라면, 제작자들은 기꺼이 자기통제를 하게 된다.

참고문헌

굿윈, 도리스 컨스(Doris Kearns Goodwin). (2020). 『혼돈의 시대 리더의 탄생』. 강주헌 옮김. 서울: 커넥팅.

Barker, J. (1993). "Tightening the iron cage: Concertive control in self-managing teams." *Administrative Science Quarterly*, 38(3), pp.408~437.

Edwards, R. (1979) *Contested terrain: The transformation of the workplace in the Twentieth Century*. London: Heinemann.

KBS. (2018). 「2017 사업연도 경영평가보고서」.

Maslow, A. H. (1943). A theory of human motivation. *Psychological Review*, 50(4), pp.370~396.

Miller, K. (2012). *Organizational communication: Approaches and processes*. Boston, MA: Cengage.

Schein, E. (2010). *Organizational culture and leadership*. San Francisco, CA: John Wiley and Sons.

제4장

주요 방송법과 정책

박성순

배재대학교 미디어콘텐츠학과 교수

요약

미디어 환경의 변화로 방송이 더 이상 소수 사업자만의 전유물이 아니게 되었다. 앞으로 방송은 다양한 사업자뿐 아니라 콘텐츠 제작에 관심 있는 개인도 참여할 것이다. 이런 변화는 사업자가 부담했던 '방송법' 의무가 개인에게도 부과될 것이라는 예측을 할 수 있게 한다. 개인이 미디어 플랫폼을 활용하여 방송하면 그에 따른 수익이나 사회적 영향력이 증가할 것이다. 이런 변화는 자연스럽게 책임이 부과된다. 따라서 이제 사업자뿐 아니라 개인도 '방송법'의 개념을 이해하고 이를 적용할 수 있는 능력이 필요하다. 이 장에서는 과거 '방송법'의 중요한 요소였던 표현의 자유, 알 권리 등을 이해하고, 현재 미디어 상황에 적용할 수 있는 능력을 기르도록 도와준다. 또한, 새로운 미디어 환경에서 중요한 개념으로 떠오르고 있는 저작권, 퍼블리시티권 등에 대해서도 이해할 수 있는 기초 지식을 전달할 것이다. 이는 결과적으로 새로운 방송 환경에 필요한 법적 지식을 향상시킬 수 있게 해줄 것이며, 직접 방송 콘텐츠를 제작·유통하고자 하는 사람들에게는 실제적인 행동 지침이 될 수 있을 것이다.

학습 목표

· 미디어 환경의 변화를 학습하여 방송의 개념 변화와 제작 환경 변화를 이해한다.
· 과거부터 중요하게 여겨졌던 '방송법' 분야의 개념을 이해하고, 변화된 미디어 환경에 어떻게 적용할 수 있는지 학습한다.
· 새로운 미디어 환경에서 부각되고 있는 '방송법' 개념을 학습하고, 이것이 실질적으로 적용되는 사례에 대해 이해한다.
· 변화된 방송에 대한 주요 법적 개념과 사례에 대해 종합적으로 이해하고 이를 현장에 적용시킬 수 있다.

❖

1. 표현의 자유와 언론의 자유 그리고 알 권리

모바일 인터넷의 발달과 스마트폰의 보급으로 TV와 신문 중심의 미디어 환경이 인터넷 중심으로 변했다. 이제 주요 뉴스를 포털과 SNS를 통해 접하고, 편성표가 있는 정규 방송보다는 내가 보고 싶을 때 선택해서 보는 OTT를 더 많이 시청하는 시대가 된 것이다. 이 같은 미디어 환경의 변화로 '방송법'의 영역도 변하고 있다. 새로운 미디어 환경에서 새롭게 중요한 개념이 생긴 것이다. 이 장에서는 변화된 미디어 환경에서 새롭게 중요한 영역으로 떠오르는 '방송법'의 개념을 살펴볼 것이다. 그러나 그 전에 '방송법'에서 중요하게 다뤘던 기초 개념을 우선적으로 살펴보려 한다. 미디어 환경이 변했다고 하여 전통 영역의 '방송법' 개념의 중요성이 없어지는 것은 아니기 때문이다. 이 장에서 전통 영역에서 강조되었던 '방송법' 개념을 간략히 살펴보는 이유는 이미 많은 책에서 이를 다루어서 중복적이기 때문이며, 새로운 영역의 '방송법' 개념을 더 자세히 다루기 위함이다.

'언론법' 영역의 도서를 본 사람이라면 책에서 가장 많이 언급되고, 거의 초반에 등장하는 개념이 '표현의 자유'라는 것을 알 것이다. '언론법' 영역을 공부하지 않은 사람도 '표현의 자유'라는 개념은 누구나 한 번쯤 들어봤을 것이다 그렇다면 '언론법' 교재에서는 왜 '표현의 자유'를 이렇게 강조하는가? '표현의 자유'란 무엇인가?

표현의 자유란 민주주의에 필수불가결한 기본권으로 어떤 형태로든 개인의 의사 표현을 할 수 있는 자유를 말한다. 의사 표현이라는 것은 궁극적으로 인간의 존엄성을 실현하는 데 도움을 주고, 이런 개별 의사가 모여서 공론이 되고 여론이 되는 것이다. 그렇다면 표현의 자유를 이렇게 중요하게 여기는 이유는 무엇일까? 초기 표현의 자유는 사전 검열 없이 자기표현을 할 수 있는 것이 목표였다. 과거 정보를 소수만이 독점하던 시절에 정보는 곧 권력이 되었다. 정보가 공유되지 않으면 권력이 분산되지 않으며, 독재나 봉건제도의 사회가 되는 것이다. 모든 국민이 권력을 갖는 민주 사회라면 정보를 분산해서 나눠 가져야 하고, 정보를 나눌 수 있는 방법이 바로 표현이다. 따라서 누구나 자유롭게 의견을 전달하고 발표하는 것인 표현의 자유가 민주주의의 핵심 요소가 되었다. 특히 자유 민주주의를 중요한 사회적 가치로 여기는 미국은 '수정헌법' 제1조에 표현의 자유를 명시하고 있을 만큼 중요하고 상징적으로 표현의 자유를 인식하고 있다. 이 같은 이유로 모든 '언론법' 책에서 표현의 자유를 다루며, 중요하게 언급하고 있는 것이다.

표현의 자유가 '언론법'에서 중요하게 다뤄지는 또 다른 이유는 우리가 공부하는 영역이 바로 미디어 영역이기 때문이다. 무슨 이상한 소리냐는 반문이 있을 수 있다. 그러나 이를 설명하면 다음과 같다. 미디어를 대표하는 것은 언론 기관이고 이들이 누리는 언론의 자유, 출판의 자유가 대표적인 표현의 자유에 해당하기 때문이다. 물론 한국에서 언론의 자유는 미국만큼 철저하게 보장되지는 않는다. 미국은 앞서 제시한 바와 같이 '수정헌법' 제1조에 언론의 자유를 여타 다른 기본권보다 우위로 보고 있다.[1] 그러나 한국의 언론의 자유는 '헌법' 제21조 1항[2]에서 보장하고 있지만 제21조 4항[3]에서는 타

---

1   미국 '수정헌법' 제1조: 의회는 종교를 만들거나, 자유로운 종교 활동을 금지하거나, 발언의 자유를 저해하거나, 출판의 자유, 평화로운 집회의 권리, 그리고 정부에 탄원할 수 있는 권리를 제한하는 어떠한 법률도 만들 수 없다.
2   '헌법' 제21조 ① 모든 국민은 언론·출판의 자유와 집회·결사의 자유를 가진다.
3   '헌법' 제21조 ④ 언론·출판은 타인의 명예나 권리 또는 공중도덕이나 사회윤리를 침해하여서

인의 명예와 권리, 공중도덕이나 사회윤리를 침해해서는 안 된다고 하고 있다. 결국 한국에서 표현의 자유, 언론의 자유는 절대적 권리가 아닌 것이다. 이것의 연장선에서 언론의 자유를 실현하기 위해 언급되는 국민의 알 권리도 법적 근거를 가진 것이 아닌 언론이 본인들의 가치를 지키기 위해 강조하고 있다는 비판을 받기도 한다. 누가 언론에 국민의 알 권리를 해결해 줄 권리를 주었느냐 하는 것이다. 물론 국민의 알 권리는 이런 비판과는 별개로 매우 중요한 권리이다. 일반 국민이 모든 정보원으로부터 정보를 자유롭게 취득할 수 있고, 정부가 하는 일에 대한 정보를 수집할 수 있어야 하는데 이를 개인이 하기에는 한계가 있다. 따라서 언론이 이를 충족시켜주는 역할을 하는 것이다. 이렇듯 미디어 영역에서 표현의 자유, 언론의 자유, 알 권리는 서로 엮여서 중요한 가치를 형성한다. 따라서 전통적으로 '언론법' 영역에서 표현의 자유, 언론의 자유, 알 권리를 중요한 개념으로 다루고 있다.

이렇게 전통적으로 '언론법' 영역에서 주로 다뤄지는 '표현의 자유', '언론의 자유', '알 권리'에 대해 아주 간략히 살펴봤다. 이 세 가지 개념은 매우 중요한 개념으로 이렇게 간단히 다뤄져서는 부족하다. 따라서 만약 이 부분에 대한 공부가 더 필요하다고 느끼는 사람들은 상세하게 설명되어 있는 '언론법' 도서를 참고하기를 추천한다. 이 외에도 인격권, 명예훼손, 모욕죄, 피의사실 공표 등 다양한 미디어 영역의 법적 사항들이 있다. 그러나 이 장에서는 이런 개념들보다 최근 미디어 환경 변화로 이슈가 되고 있는 저작권, 퍼블리시티권 등에 대해 집중하고자 한다.

는 아니 된다. 언론·출판이 타인의 명예나 권리를 침해한 때에는 피해자는 이에 대한 피해의 배상을 청구할 수 있다

2. 저작권

최근 방송이나 미디어 영역에서 가장 이슈가 되고 있는 법적 개념은 '저작권'이다. 특히 모바일 인터넷의 발달로 방송의 영역이 확장되고, 콘텐츠의 유통이 활발해 지면서 '저작권'을 확인하고 이에 대한 적절한 대가를 지불하는 것이 일반화되었다. 또한 방송과 미디어 영역이 더 이상 전문가들의 전유물이 아니라 적극적인 수용자가 참여하는 영역으로 변모한 것도 '저작권'이 중요해지는 원인이 되었다. 세계 최대 동영상 공유 사이트인 유튜브(YouTube)에서 동영상을 보고 즐기는 것뿐만 아니라 스스로 만들어서 공유하는 시스템이 일반화되었기 때문이라고 보면 될 것이다.[4] 소위 전문가가 아닌 사람들도 쉽게 영상 서비스를 진행하다 보니 여기에 사용되는 영상, 음악 등의 저작권이 문제가 되는 경우가 많다. 관련 분쟁이 사회에서 여러 번 일어나자이에 대한 경각심이 생기면서 자연스럽게 일반인들도 '저작권'에 관심을 두기 시작했고, 특히 방송과 미디어를 공부하는 학생들은 실습을 통해 실제로제작에 임하면서 저작권에 대한 여러 가지 분쟁에 관심을 보였다. 이처럼 중요하게 부각되는 '저작권'이라는 개념을 이 장에서 여러 사례 등을 통해 접근해 보도록 하자.

---

4   최근 발표된 『방송영상미디어 새로 읽기』(2020)의 제2장 '방송영상미디어 이용자의 이해'에서 홍종윤은 이렇게 유튜브를 활용하는 사람들을 생산자(producer)와 이용자(use)의 합성어인 생산이용자(produser)라고 부른다고 소개했다.

1) 저작권의 기본 개념

먼저, 저작권에 대한 기본 개념을 소개하려 한다. 저작권에 대한 관심은 높아졌지만 이에 대한 기본 개념의 체계적 정리는 부족하다. 여기서는 어렵고 복잡한 설명보다는 꼭 알아야 하는 사항에 대해서만 정리해 보도록 하자.

아무리 좋은 아이디어라도 그것이 세상에 표현되지 않으면 많은 사람이 그 아이디어를 공유할 수 없다. 저작권은 표현된 결과를 보호하는 개념이다. 정리하면 저작권은 인간이 가지고 있는 생각이나 감정을 표현한 창작물에 대해 창작자가 가질 수 있는 권리이다. 이렇게 창작자에게 저작물의 독점적 권리를 주는 이유는 창작자가 더 많은 저작물을 창작할 수 있는 기반을 마련해 주기 위해서다. 만약 창작자에게 창작물에 대한 권리를 전혀 주지 않는다면 창작자들은 열심히 창작하고자 하는 동력이 떨어질 것이다. 창작도 정신적·육체적 노동인데 열심히 노동을 했음에도 불구하고 그 대가가 전혀 없다면 지속성은 떨어질 수밖에 없다. 따라서 저작권이라는 권리로 창작자의 창작물에 대한 권리를 보호함으로써 창작자가 더 많은 저작물을 창작할 수 있게 하고 저작물의 공정한 이용을 통해 인간의 정신생활을 풍요롭게 하여 사회 전체 문화 발전을 도모할 수 있을 것이다. 종합적으로 저작권이란 무엇이고, 저작권의 형성 목적은 무엇이냐고 물으면 다음과 같이 답할 수 있을 것이다.

- 저작권: 인간이 가지고 있는 생각이나 감정을 표현한 창작자가 창작물에 대해 독점할 수 있는 권리
- 저작권 형성의 목적: 저작권자의 권리 보호 & 창작 욕구 향상=다양한 창작물의 등장으로 사회문화 발전

창작자의 권리를 보호하는 저작권은 비판을 받기도 한다. 그 이유는 '저작권법'으로 창작물 사용을 독점하는 것이 새로운 창작을 하게 하는 밑거름이 된다는 논리는 철저하게 저작권자의 권리 확장의 논거로 사용된다는 것이다. 오히려 자유롭게 활용할 수 있는 저작물이 많아질수록 사람들은 새로운 시도를 다양하게 해볼 수 있다는 주장도 있다. 저작권은 비용을 지불해야 하는 재산권적 권리다. 따라서 이로 인한 다양한 논쟁은 항상 존재한다. 저작권에 대한 비판도 함께 생각해 봐야 할 문제이며 더 확장하면 카피레프트 (copyleft)[5] 운동과 함께 살펴보는 것도 좋을 것이다.

저작권의 개념에서 오해하지 말아야 할 부분은 단순한 아이디어의 나열이나 사실의 나열은 저작권으로 인정받기 어렵다는 것이다. 반드시 창작성이 있어야 저작물로 인정이 된다. 이는 표현의 자유와 조화를 이루기 위함이다. 표현의 자유는 앞서 살펴본 것처럼 '언론법'에서 상당히 중요한 개념으로 다뤄진다. 특히 미국은 수정헌법 제1조에서 다루고 있을 정도로 큰 의미를 부여한다. 쉽게 설명하면 미국이나 유럽의 경우, 민주주의를 스스로 혁명을 통해 이루어왔다는 인식이 강하기 때문에 자유에 대한 확고한 신념이 있다. 특히나 사람이 누구나 본인의 생각을 자유롭게 표현할 수 있어야 한다고 하고 있다. 이 같은 표현의 자유는 자칫하면 저작권과 충돌할 수 있다. 내가 가지고 있는 생각을 표현했는데, 그 표현에 저작권이 있다고 주변에서 이의를 제기할 수 있기 때문이다. 따라서 우리는 단순한 생각의 나열이나 사실의 나열은 저작물로 인정하지 않는다. 꼭 창작자의 창작 행위가 들어간 창작물만을 저작권으로 인정한다.

---

5   프리웨어(freeware)라고도 불리며, 저작권(copyright)과 달리 사용자의 자유를 보장해 준다는
     의미로 카피레프트(copyleft)라고 불린다.

2) 저작권의 등록 및 저작자와 저작권자

저작권에 대해 기본적인 개념은 알았을 것이다. 그렇다면 우리가 창작물을 만들어 저작권을 등록하고 싶으면 어떻게 해야 하는지 알아보도록 하자. 저작물을 만들어서 이를 등록하기 위해서는 어떤 절차를 거쳐야 할까? 특허나 디자인처럼 신청해서 등록하는 곳이 있을까? 이 질문의 답은 '없다' 이다. 대한민국의 저작권은 특별히 등록을 하지 않아도 되는 '무방식주의'를 택하고 있다. 즉, 창작물을 만드는 즉시 저작권자가 되는 것이다. 그렇다면 저작권을 갖고 있다는 것을 어떻게 증명할 것인가? 혹시나 후에 분쟁이 생길 경우가 걱정된다면 주변 친구들에게 알리거나 등록을 하는 절차를 진행하면 된다. 많은 사람이 '무방식주의'임에도 불구하고 저작권을 등록하는 절차를 갖는 것은 이처럼 혹시 모를 분쟁에 대비하기 위해서다. 만약 누군가가 나의 저작물을 허락 없이 썼다면 그 저작권자가 나임을 밝혀야 하는데 등록이 되어 있지 않다면 근거를 찾는 데 어려울 수 있기 때문이다. 따라서 대부분은 중요한 저작물이라고 하면 등록을 하는 경우가 많다. 저작물의 등록은 '저작권위원회', '컴퓨터프로그램위원회'에서 할 수 있다.

저작권은 재산적 가치가 있는 권리이기 때문에 이것을 다른 사람에게 양도하기도 하고 자식들에게 상속하기도 한다. 따라서 저작권은 다양한 종류로 구분할 수 있다. 저작권의 종류는 다음 부분에 다룰 것인데 그 전에 저작자와 저작권자를 구분하여 알 필요가 있다. 저작권은 재산을 넘기듯 다른 사람에게 권리를 넘긴 수 있기 때문에 저작자와 저작권자는 다를 수 있다. 저작자는 저작물을 창작한 사람이고, 저작권자는 저작자에게 저작물에 대힌 권리를 양도받거나 이용 허락을 받은 사람이다. 원칙적으로 처음 창작물을 제작해서 저작물을 만들면 그 사람은 저작자와 저작권자를 겸하게 된다. 이후 저작물이 가치가 발생해서 이를 양도, 이용 허락, 상속 등을 한다면 저작권자는 달라질 수 있다.

이와 함께 공동저작물과 결합저작물에 대해서도 알 필요가 있다. 공동저작물은 2인 이상이 저작물을 구성했는데 이를 명확히 구분할 수 없으면 공동저작물이라고 한다. 반면 2인 이상이 저작물을 구성했는데 이를 구분할 수 있다면 결합저작물이 되는 것이다. 책을 예로 들자면 2인 이상의 저자가 책을 썼는데 책을 쓴 파트를 구분할 수 있다면 결합저작물로 인식할 수 있고, 구분이 안 된다면 공동저작물로 모든 저작자의 소유로 볼 수 있다. 공동저작물과 결합저작물은 저작권자를 구분할 때 꼭 필요하다. 공동저작물은 공동저작권자가 되기 때문에 이에 대한 이용 허락이나 양도 등을 진행할 경우 모든 저작자가 동의를 해야 가능하다. 반면 결합저작물은 저작권자의 구분이 가능하기 때문에 다른 사람의 동의가 없어도 본인의 부분에 대해서는 이용 허락이나 양도가 가능하다.

3) 저작권의 종류

저작권의 종류라고 하면 이상하게 생각하는 사람이 있을 수 있다. 저작권은 하나의 권리가 아닌가 하는 생각 때문이다. 엄밀하게 말하면 저작권의 종류라는 것은 저작권이 여러 개 라기보다는 저작권 안의 권리를 나누어 구분하여 그 이름을 정해 놓은 것이라고 보면 좋을 것이다.

저작권은 ① 저작인격권과 ② 저작재산권으로 나눌 수 있다.

저작인격권은 '저작권자가 자신의 저작물에 대해 가지는 인격적·정신적 이익을 보호하는 권리'이다. 풀어서 설명하면 저작권은 저작물을 보호하는 것이지만 저작자의 인격적 부분도 투영된 것이다. 따라서 이 권리를 보호하는 것이다. 한국은 저작인격권을 공표권, 성명표시권, 동일성유지권으로 한정하고 있다.

공표권은 자신의 저작물을 공표하거나 공표하지 않을 것을 결정할 권리다. 예를 들어 2020년 8월 MBC 〈놀면 뭐하니?〉라는 프로그램에서 유재석과 이효리, 비가 여름 노래를 만들어 발표했다. 이때 작곡가 내 곡은 여름이 아니라 가을에 발표하고 싶다고 주장했는데, 회사 측에서 방송 컨셉에 의해 무조건 여름에 공표했다면 이는 저작권 중에서도 저작인격권인 공표권을 침해한 것이 된다. 성명표시권은 저작자가 저작물의 원본이나 그 복제물 또는 저작물의 공표 매체에 그의 실명이나 예명을 표시할 권리'이다. 따라서 모든 매체에서는 저작자의 이름이나 예명을 명시해 줄 의무가 있다. 음원 차트를 보면 작곡가, 작사가 등의 정보를 쉽게 찾을 수 있을 것이다. 만약 음원 사이트에 기재되어 있지 않다면 이는 성명표시권을 침해한 것이 된다. 그러나 성명표시권은 제한 조항이 있는데 부득이한 경우에는 이를 밝히지 않아도 된다고 하고 있다. 예를 들면 라디오에서 DJ가 시간 관계상 작곡가, 작사가의 이름을 생략하고 노래를 전달할 수 있다. 이는 매체 특성상 예외적으로 성명표시권을 침해할 수 있다. 마지막으로 동일성유지권은 '저작자가 자신의 저작물의 내용, 형식, 제호의 동일성을 유지할 수 있는 권리'이다. 동일성유지권이 가장 문제가 되었던 것은 프로야구 응원가 사건이다. 응원가는 아무래도 원곡을 개사하거나 음정을 조금 변화하게 전달해야 하는데 이에 대해 작곡가들이 저작권 중에서도 저작인격권인 동일성유지권 침해라고 소송을 진행했다. 그러나 그 결과 법원은 "그간 구단들은 저작물 사용료를 지급하며 상당 기간 노래를 응원가로 사용했다"며 "응원가로 쓰려면 통상 악곡이나 가사에 일부 변경이 있으리라는 점은 예견할 수 있다"고 설명하며, 통상적인 변경은 동일성유지권 침해가 아니라는 판결을 내린 바 있다.

저작재산권은 '저작물의 이용으로부터 생기는 경제적 이익을 보호하기 위한 권리'이다. 저작자가 자신의 저작물을 이용하도록 허락하고 그로부터 대가를 취하는 방법으로 얻게 되는 경제적 이익에 대한 권리가 저작재산권이라고 할 수 있다. 저작재산권은 여러 가지 권리로 구성된다. '저작권법'에 저작재산권으로 보호하는 권리는 복제권, 공연권, 공중송신권, 전시권, 배포권, 대여권, 2차적 저작물 작성권이다. 저작재산권은 그 종류가 매우 많으므로 이 책에서 설명은 제한하도록 하겠다. 대부분 단어 그대로 해석하면 이해가 가능할 것이다. 공중송신권의 경우, 저작물에 대한 공중의 수신이나 접근을 목적으로 한 유·무선 통신의 방법에 의해 송신하거나 이용에 제공할 수 있는 권리로 주로 방송 콘텐츠를 공중에게 전달할 때 사용되므로 방송 콘텐츠의 저작권을 다룰 때 많이 활용된다. 뒤에서 다룰 지상파방송사와 케이블방송사의 재송신 관련 분쟁에서 많이 쟁점이 된 부분이다.

저작인격권과 저작재산권의 차이는 저작인격권은 저작자에게 존재하므로 이는 타인에게 양도할 수 없으며 저작자 사망 시 소멸된다. 예를 들어 저작자에게 저작권을 구매해서 사용하더라도 저작인격권을 침해하면 소송이 될 수 있다. 앞서 제시한 응원가도 각 구단에서 저작자에게 저작권료를 지불하여 사용하고 있던 상황에서 작곡가들이 저작재산권이 아닌 저작인격권이 침해되었다고 소송한 것이다. 한편, 저작재산권은 경제적 이익에 관한 것이기 때문에 이는 양도가 가능하고 저작자의 사망 후에도 '저작권법'에 따라 일정 기간 보호를 받는다.

지금까지 저작권의 종류를 알아봤다. 저작권은 이렇게 저작인격권과 저작재산권으로만 나뉘지만 이것과 함께 살펴봐야 할 권리가 하나 더 있다. 바로 저작인접권이다. 저작인접권은 '저작권법'에 저작자 외에 실연자, 음반제작자, 방송사업자를 저작인접권자로서 보호하고 있어서 생긴 권리이다. 저작

〈표 4-1〉 저작권의 종류

저작권		저작인접권		
저작인격권	저작재산권	실연자의 권리	음반제작자	방송사업자
공표권 성명표시권 동일성유지권	복제권 공연권 전시권 공중송신권 배포권 2차적 저작물 작성권 대여권	성명표시권 동일성유지권 복제권 배포권 대여권 공연권 공중송신권 전송권	복제권 배포권 대여권 전송권	복제권 공연권 동시중계방송권

인접권은 창작자는 아니지만 저작물을 사회에 전달하는 데 기여한 사람들에게 부여하는 권리다. 단순한 예를 들면 유명한 노래가 있다고 하면 노래를 작곡한 사람이나 작사한 사람은 새로운 창작물을 만든 저작자가 되는 것이고, 이 노래를 연주하거나 혹은 부른 가수는 저작인접권자가 되어 보호를 받는다. 따라서 저작자 사망 후 시간이 많이 지나서 저작권에는 문제가 없는 음악도 이를 연주하거나 노래한 사람에 대한 저작인접권은 꼭 확인해야 한다. 지금까지 살펴본 저작권의 종류는 〈표 4-1〉과 같다.

4) 저작권 관련 사례

(1) 사례 1: 지상파방송사업자 vs 케이블방송사업자

지상파방송사업자와 케이블방송사업자 간의 분쟁을 설명하기 위해서는 많은 배경 설명과 개념적 지식이 있어야 한다. 그러나 이 장에서는 저작권에 대한 부분의 설명이 핵심이므로 그 외 설명은 최대한 간략히 이해할 수 있을 정도로만 제시하고자 한다.

지상파방송사와 케이블방송사의 분쟁을 이해하기 위해서는 '의무재송신'

이라는 개념을 우선 알아야 한다. 의무재송신이란 '유료방송사업자가 지상파방송 KBS 1, EBS 1을 수신하여 방송 프로그램에 변경을 가하지 않고 그대로 송신하는 것'을 말한다. 즉, 어떤 유료방송을 보더라도 꼭 KBS 1과 EBS 1은 나와야 한다는 것이다. 그런데 다른 지상파 채널은 이런 규정이 없다. 따라서 현재와 같이 유료방송사업자들이 지상파방송을 재송신 하려면 계약에 의한 프로그램 구매가 이루어져야 한다. 1995년 케이블방송이 도입되던 시기에는 지상파방송사업자와 케이블방송사업자는 협력 관계였다. 지상파방송사업자 입장에서는 케이블방송을 통해 난시청 문제를 해소하고 광고 수익을 증가시킬 수 있었다. 그러므로 신규 사업자의 진흥을 위해 대가 없이 지상파방송 콘텐츠를 전달하도록 해줬다. 케이블방송사업자도 대가 없이 지상파방송 콘텐츠를 확보하는 것은 가입자 증가라는 이점이 있었다.

그러나 이후, 케이블방송사의 사업적 성장과 지상파방송사업자의 사업 환경 변화(광고 수익의 감소, 수신료 정체, 디지털 전환 정책에 투자 등)로 프로그램 사용료를 요구하게 된다. 이때 케이블방송은 그동안 지상파방송사의 난시청 해소를 위해 해온 노력들이 반영되어야 한다고 주장했으며, 지상파방송사는 원칙적으로 저작권에 의거해서 사용료를 받아야 한다고 주장했다. 결국 법원에서 두 차례의 재판을 했는데 두 번 모두 지상파방송의 동시중계방송권을 케이블방송사가 침해했다는 판결이 내려졌다. 이후, 두 사업자의 계약을 통해 콘텐츠 공급 계약이 이루어지고 있으나 갱신이 되는 시기마다 분쟁이 발생하고 있다. 특히 방송 기술의 지속적인 발달로 인한 지상파방송 콘텐츠의 제작비 상승 등을 근거로 지상파방송사업자는 금액을 높이려 하고, 케이블방송사업자들은 유지하거나 최대한 금액을 낮추려는 입장이다. 최근 방송 환경의 변화로 지상파방송사의 재정도 점차적으로 어려워지고 있으며, 이는 케이블방송사업자들도 마찬가지다. 따라서 재송신 관련 분쟁은 아마 차츰 중요성이 떨어질지도 모른다. 그럼에도 방송 분야에서 저작권으로 인한 큰 분쟁이었던 만큼 이 사례를 알아두는 것은 필요해 보인다.

앞으로는 변화된 미디어 환경으로 인해 지상파방송사업자의 OTT 진출 등이 활발해 질 것이고 이에 따른 콘텐츠 거래 부분의 분쟁이 저작권 분쟁으로 이어질 것으로 예측된다. 따라서 방송산업의 저작권 문제도 더 다양화되고, 통신 분야와의 융합적 관점에서 형성될 가능성이 크다. 따라서 이 부분에 대해서는 함께 생각해 볼 필요성이 있다.

(2) 사례 2: 공공장소에서 음악 사용 분쟁

저작권 중 가장 빈번하게 분쟁이 일어나는 분야는 음악이다. 과거 음악은 음반을 구매하여 개인적으로 듣는 것이 일반적이었다. 그러나 디지털화의 변화 속에 음반은 소유의 가치가 하락하고, 공유의 가치가 상승하기 시작했다. 특히 스트리밍을 통한 음악 감상이 일반적 현상이 되면서 이를 개인이 들을 때보다 매장에서 서비스할 때 어떤 권리를 보장해야 하는가에 대한 논란이 있었다.

유명한 사례 중 하나는 스타벅스 사건이다. 세계 유명 프랜차이즈 커피 브랜드인 스타벅스는 매장에서 편집 음반을 직접 구매해서 재생했다. 스타벅스는 돈을 주고 음반을 샀기 때문에 저작권 문제가 되지 않을 것이라고 생각했다. 하지만 법원은 공연권을 위반했다고 판결했다. 아무리 돈을 주고 음반을 샀다고 하더라도 상업 매장에서 공공연하게 음악을 틀었다면 이는 공연권 위반에 해당한다고 판단한 것이다 앞서 저작권의 종류에서도 설명했지만 이는 저작권을 구매했느냐 아니냐의 문제가 아니라 저작재산권과 저작인접권의 공연권을 위반했다는 것이다.

두 번째 사례는 현대백화점 스트리밍 서비스 사건이다. 현대백화점은 스트리밍 서비스 업체와 계약을 채결하고 그 스트리밍 사이트에서 음악을 재생했다. 음반을 사서 임의로 재생한 것이 아니고 스트리밍 사이트에 적절한 대가를 지급했기 때문에 저작권 문제에서 자유로울 것이라고 생각했다. 그러나 이 역시도 법원은 공연권 위반을 판결했다. 결국 공연권의 핵심은 저작인접권자의 비용이라는 것이다. 저작권 부분을 어느 정도 획득했다고 하더라도 이 외에 저작물 창작을 위해 노력한 저작인접권자들의 권리를 보장해 주어야 한다는 것이다. 이것이 바로 음악 재생 관련 분쟁의 핵심이다. 저작권을 해결했다고 하더라도 저작물을 독창적으로 해석해 사회에 전파하는 자들인 실연자들의 권리가 보장되어야 한다는 것이다. 이것이 공연권 위반으로 지적한 사항이다.

이 같은 분쟁 사례 이후, 스타벅스는 매장에서 클래식, 올드팝, 재즈 음원 등 대부분 저작권자가 죽은 지 70년이 지나 무료로 자유롭게 이용할 수 있는 음악들을 선택하고 있다. 다만 저작인접권자들에게는 비용을 치르고 있다. 이처럼 미디어의 변화는 음악이 가지고 있는 저작권의 권리도 다양한 해석이 가능하게 하며, 공연권이라는 권리의 가치도 다시 논의하게 했다.

(3) 사례 3: 영화에서 음악의 공연권 분쟁

저작권의 가치가 상승하면서 이를 개인이 관리하기 어렵게 되자 신탁 관리 단체가 생겼다. 저작자를 대신해서 권리에 대한 가치를 인정받아 주는 단체다. 음악의 경우, 많은 상황에 삽입되는 경우가 많으므로 저작권 신탁 단체가 가장 영향력을 많이 행사하는 분야라고 할 수 있으며, 한국음악저작권협회(이하, 음저협)가 대표적인 음악 저작권 신탁 단체라고 할 수 있다. 저작권 신탁 단체는 할 수 있는 한 많은 부분에서 저작권을 확보해야 한다. 그래야 저작자의 이익을 도모할 수 있고, 단체의 존립 이유도 있기 때문이다. 따라서 저작권 신탁 단체는 저작권 위반의 의심이 있는 사안이 있다면 이를 확인하는 작업을 한다. 가장 대표적인 사례가 영화에 나오는 음악도 공연권의 권리를 인정받을 수 있는가에 대한 부분이다. 앞서 우리가 살펴본 바와 같이 음악은 저작권도 있지만 이를 연주하거나 노래를 부른 실연자들의 권리도 있다. 따라서 음악이 불특정 다수의 대중에게 전달되었다면 공연권이 인정되어야 한다.

2010년 음저협은 영화 상영이 '저작권법'상 공연에 해당하기 때문에 영화를 상영할 때마다 저작권 사용료를 지불해야 한다고 주장하며 CJ CGV를 상대로 소송을 시작했다. 그 결과 1, 2심은 음악저작물의 이용 계약은 공개 상영까지 포함하고 있기 때문에 저작권 위반이 아니라는 판결을 냈다. 대법원까지 간 이 사건은 2016년 1월 대법원에서 원고 패소의 원심을 확정했다. 대법원은 음저협이 해당 음악을 영화에 사용하도록 허락한 것은 그 공연까지 허락한 것으로 판단되기 때문에 공연권 침해는 성립되지 않는다고 했다. 이 같은 판결에 따라 저작권을 따로 낼 필요가 없지만 한국 영화계와 음저협 측이 사용료 일괄 징수에 합의했고, 현재 한국 영화에 삽입된 노래들은 한국 노래든 외국 노래든 상관없이 음저협에 공연권료를 내고 있다.

이로 인해 일단락되는 것 같았던 영화 상영에 관한 공연권 논란은 2019년 〈보헤미안 랩소디〉라는 영화가 흥행하면서 다시 한 번 논란이 되었다. 음저협은 CGV를 상대로 서울중앙지법에 〈보헤미안 랩소디〉 극장 공연권료 약 2억 원에 대한 민사소송을 한 것이다. 음저협의 소송 제기는 영국음악저작권협회(PRS)를 대행해 진행된 것으로 영국음악저작권협회 측은 〈보헤미안 랩소디〉가 박스오피스 1위에 오르며 '싱어롱'(극장에서 노래를 따라 부르는 상영회) 열풍이 있던 시기에 저작권 징수와 관련해 음저협과 협의했고, 내부 검토 끝에 소송을 제기한 것으로 알려졌다.

앞서 제기한 것처럼 한국 영화는 현재 공연권료를 일괄 징수하고 있으나 외국 영화는 규정이 없어 공연권료를 따로 지불하지 않았다. 〈알라딘〉, 〈라이온킹〉 등 뮤지컬 장르 영화들이 인기가 있었어도 이에 대한 공연권료를 음저협에 납부하지는 않았다. 그렇기 때문에 이 소송 결과에 영화계의 이목이 다시 한 번 집중되고 있다. 현재 멀티플렉스 영화 업체 측은 이미 대법원 판결이 나온 상황이라며 공연권 위반을 반박하고 있는 상태다. 아직 소송 결과나 합의가 나오지 않은 상황에서 주목해야 할 만한 사건으로 보인다.

저작권의 발달은 우리가 쉽게 즐기던 영화 시장에도 변화를 가져왔다. 과거에는 문제가 되지 않았던 저작권 관련 권리에 대한 소송이 발생했고 그에 따른 규칙이 형성된 것이다. 혹시 이 부분을 읽으며 저작권 신탁 단체를 비난하고 있는 사람도 있을 것이다. 그러나 앞에서 제시한 것처럼 신탁 단체는 본인에게 권리를 위임한 자들의 이익을 극대화하기 위해 노력해야 한다. 그것이 그들의 업무이고 존재의 이유이기 때문이다. 따라서 가치판단을 자유롭게 하는 것은 좋지만 신탁 단체를 지나치게 비난할 필요는 없다. 분명한 것은 점차적으로 법원이 저작권의 여러 종류에 대한 가치 판단을 하고 있다는 것이다. 이런 판결에 주목해야 하는 이유는 앞으로 미디어에 종사하지 않는 사람들도 누구나 영상을 만들 것이고 이를 인터넷 공간에서 공유할 것이기 때문에 지켜야 할 저작권 개념에 대한 학습은 필요하다.

3. 퍼블리시티권, 전속계약 문제 등

1) 퍼블리시티권

미디어 환경의 변화는 저작권뿐 아니라 다양한 새로운 법적 개념이 등장하게 했다. 그중 이번에 알아볼 권리는 바로 '퍼블리시티권'이다. 퍼블리시티권은 미디어를 통한 광고나 홍보의 방식이 다양해짐에 따라 형성되었다. 미디어의 접근성이 향상되면서 큰 기업이 아닌 개인의 사업에도 인터넷을 통한 홍보 방식이 활발해지면서 허락되지 않은 이미지나 성명 등을 사용하는 경우가 있는데 이때 문제가 발생한 것이다. 퍼블리시티권이 앞으로 더 명확히 확립되면 동네 미용실이나 동네 안경원에서 스타일을 추천해 준다는 명목하에 유명 연예인의 사진을 활용하는 방식은 못 하게 될 것이다. 그렇다면 퍼블리시티권이란 무엇인가?

퍼블리시티권은 최근 연예인들이 사업자를 대상으로 소송을 제기하면서 우리에게 익숙한 용어가 되었고, 최근에는 최여진, 김기리 등이 퍼블리시티권 소송에서 승소하며 이 권리에 대한 관심이 높아지고 있다. 퍼블리시티권이란 개인의 이름, 초상, 동일성, 목소리, 이미지 등 개인의 외적 특징으로 인해 경제적 이익을 얻을 수 있는 권리를 말한다. 이는 풀어서 설명하면 개인이 얻을 수 있는 이익을 다른 사람이 침해하여 경제적 이익을 얻을 수 없도록 방지하는 권리인 것이다. 언뜻 보기에 우리가 알고 있는 초상권과 퍼블리시티권이 차이가 없어 보일 수 있다. 초상권도 초상을 다른 사람이 함부로 이용하지 못하게 하는 권리이며, 퍼블리시티권도 개인의 초상 등으로 경제적 이익을 얻을 수 없게 하는 것이기 때문이다. 퍼블리시티권과 초상권의 가장 큰 차이는 초상권은 인간의 가치에 초점을 둔 인격권인 반면에 퍼블리시티권은 재산적 가치를 형성하는 재산권이라는 데 있다. 초상권은 다른 사람이 나의 허락 없이 나의 인격이 담긴 초상을 활용하는 것을 방지하는 것에 목적이 있다면 퍼블리시티권은 그 사용으로 경제적 이익을 얻는 것을 방지하기 위함이다.

한국에서는 퍼블리시티권이 1990년대부터 본격적으로 시작되었다. 물론 그 이전에도 분쟁이 있었지만 대부분 퍼블리시티권이라는 개념보다는 초상권 침해로 풀어가는 경우가 많았다. 하지만 초상권은 말 그대로 인격적 부분에 초점을 두다 보니 손해배상이 명확히 이루어지지 못하는 경우도 있었다. 1990년대 한국에 퍼블리시티권에 대한 관심이 증가할 수 있었고, 분쟁이 활발하게 일어날 수 있었던 시대적 상황이 있었다. 이 시기부터 엔터테인먼트 산업의 대표 분야라 할 수 있는 스포츠·연예 분야가 본격적으로 발달을 시작했으며, 이후 한류의 영향으로 연예인들의 초상이나 개인의 특성에 대한 가치가 높아졌다. 이로 인해 퍼블리시티권에 대한 관심이 높아졌고 권리를 찾기 위한 움직임이 일어나기 시작했다.

퍼블리시티권은 미국에서 제한적으로 인정하고 있으며, 대부분의 국가에서도 완전히 인정하는 곳은 드물다. 한국도 명문화된 법적 개념은 아니며, 1990년대 이후 법원의 판결문에 등장하고 있는 상황이다. 하지만 최근에는 점차 판결을 통해 퍼블리시티권을 인정하는 추세이다. 이에 한편에서는 소모적 논쟁을 없애기 위해서라도 퍼블리시티권을 명확하게 법적 개념화해야 한다는 목소리가 높아지고 있다. 그러나 특정인의 재산을 보호하는 가치이고 대다수의 국민에게 해당하지 않을 수 있기 때문에 도입을 신중히 검토해야 한다는 반대 의견도 있다. 특히 반대의 입장에 있는 사람들은 퍼블리시티권이 재산권적 권리이기 때문에 양도성이나 상속의 문제, 보호 범위 등의 쟁점이 있다고 하고 있다.

정리해 보면 퍼블리시티권을 찬성하는 사람들은 이미 법원에서 인정하고 있는 권리이고, 불필요한 사회적 비용을 낭비하지 않기 위해 명확하게 규정을 해줘야 한다고 주장한다. 또한, 특정 계층을 보호해 주는 권리가 아니라 다양한 사람이 적절한 대가를 주고 이용할 수 있는 규칙을 만들자는 것이라고 한다.

반면, 반대하는 사람들은 퍼블리시티권의 보호가 없다고 하여 유명인이나 운동선수가 본업을 게을리하지 않을 것이고, 이미 상대적으로 많은 경제적 보상을 누리고 있기 때문에 이들에게 별도의 경제적 이익을 부여할 필요가 없다고 주장한다. 초상권과 성명권 같은 권리로도 충분히 보호가 된다는 입장이다. 또한, 명확히 해야 할 규정이 많은데 양도 규정은 연예인 지망생들이 초기에 소속사에 이용당해 퍼블리시티권을 양도하는 부작용도 발생할 수 있다고 지적한다. 아직 성공하지 못한 연예인 지망생들은 소속사가 압박하면 이 권리를 넘길 수 있고, 이렇게 되면 추후에 연예인들이 법적인 보호를 받지 못하고 소속사가 이용할 수 있다는 것이다. 이 외에도 영상 제작 시 실화를 바탕으로 하여 사진을 사용해야 할 때를 포함해 다양한 부분에서 협의가 미흡하다는 것이다.

이처럼 퍼블리시티권은 필요하여 발생한 권리지만 논란이 있는 개념이다. 아직 한국에서는 명문화된 법적 권리로 인정받고 있지는 못하지만 법원에서는 판결 기준으로 제시하기도 한다. 앞으로 다양한 미디어가 발달하고 우리의 성명이나 초상 등이 상업적으로 활용된다면 퍼블리시티권을 언제까지 외면할 수는 없을 것이다. 따라서 앞으로 퍼블리시티권이 어떤 방향으로 논의되어 나갈지 살펴보는 것도 흥미로운 부분이 될 것이다.

2) 퍼블리시티권의 사례(수지 모자 사건)

퍼블리시티권의 대표적 사례라고 하면 수지 모자 사건이 있다. 이 사건은 한 인터넷 쇼핑몰에서 '수지 모자'라고 검색하면 해당 사이트에 접속하게 하는 장치를 활용하여 수지의 전 소속인 JYP 측에서 퍼블리시티권 침해로 소송을 한 사건이다.

소송 결과는 1심에서는 JYP가 패소했고, 2심에서는 부분 승소했다. 내용을 살펴보면 1심 재판부는 수지의 퍼블리시티권 침해를 인정하지 않았다. 만약 수지가 다른 브랜드의 모자 모델을 하고 있었다면 이는 퍼블리시티권 침해에 해당할 수 있으나 그렇지 않기 때문에 퍼블리시티권을 침해했다고 보기 어렵다고 하고 있다. 이는 동일한 경쟁 사업자가 아니면 퍼블리시티권 침해 인정이 되지 않을 수 있다는 것을 보여준다.

한편, 2심 재판부는 수지의 퍼블리시티권 침해를 인정하고 손해배상액으로 요구한 금액의 5분의 1을 지급하라고 판결을 내린다. 이 판결의 의미는 부분적으로나마 퍼블리시티권 침해를 인정한 사례라는 점에서 의미가 있지만 손해배상 측면에서 명확한 기준이 아직 확립되지 않았음을 보여준다.

앞으로 퍼블리시티권 침해 사례는 폭발적으로 증가할 것으로 예상된다. 그 이유는 많은 유명인이 퍼블리시티권이라는 개념을 인식했고 이것에 대한 소송이 증가하고 있기 때문이다. 퍼블리시티권은 앞서 살펴본 바와 같이 논의된 지 얼마 되지 않은 개념이고 논란이 있는 법령이다. 따라서 각 산업관계자, 이해관계자, 정책 담당자들의 철저한 협의가 필요할 것으로 보이며, 특정 계층을 대변하는 법으로 구성되어서는 안 될 것이다. 앞으로 꾸준히 이 부분에 초점을 두고 형성 과정을 지켜볼 필요가 있다.

3) 전속계약

모바일 인터넷의 발달과 스마트폰의 보급으로 이제 전 국민이 미디어에 등장하고 방송을 할 수 있는 시대가 되었다. 과거 소수의 연예인만이 미디어에 등장하기 위한 계약 체계였다면 이제는 누구나 방송을 할 수 있고, 방송이 잘 되어 활발한 활동을 하게 되면 체계적인 회사의 도움을 받을 수 있다. 최근 발표된 자료에 따르면 한국 3대 연예 기획사라고 하는 SM, JYP, YG보다도 '샌드박스'라고 하는 1인 크리에이터들의 소속사가 일하고 싶은 직장으로 더 인기가 높은 것으로 나타났다. 이처럼 이제 방송을 하고 싶은 마음이 있다면 모든 국민이 방송을 할 수 있고, 소속사에도 들어갈 수 있는 상황이 되었다. 이와 함께 중요한 법적 개념이 확장되고 있는데 그것이 전속계약이다.

전속계약은 일반적으로 연예인이 스스로 이미지나, 스케줄을 관리하기가 어려워 이를 총괄해 주는 회사와 계약을 맺는 형태를 말한다. 전속계약은 아주 예외적인 부분을 제외하고는 거의 모든 활동에 대해 한 회사가 독점계약하는 형태를 보인다.

전속계약에서 가장 논란이 되는 부분은 기간과 종료 시점으로 볼 수 있다. 전속계약 기간과 관련하여 가장 문제가 되는 것은 계약 기간이 지나치게 장기적이라는 것이다. 일반적으로 3년에서 5년까지의 전속계약 기간은 문제가 없다고 판단하고, 때로는 7년의 기간도 그 합리성이 인정될 수 있다고 하고 있다. 그러나 '민법' 제103조를 근거로 하여 10년 이상의 기간인 경우는 무효로 볼 수 있다는 것이 일반적이다.

전속계약 관련 사례는 '동방신기 사건'이 있다. 유명 그룹 동방신기의 멤버 중 일부가 전속계약 기간이 너무 길다고 하여 전속계약 효력정지 가처분신청을 한 것이다. 법원은 계약 기간이 지나치게 길다는 것을 인정하고, 이로 인해 이후 표준계약서가 재정되기 시작했다. 이 사건을 시작으로 표준계약서가 연예인과 매니지먼트 회사와의 관계뿐 아니라 방송사 내부의 스태프, 영화 촬영 현장 등에서 모두 활용되기 시작했다. 봉준호 감독의 〈기생충〉은 작품성 외에 이런 업무 환경도 호평을 받은 바 있다.

전속계약을 시작으로 표준계약서까지 그간 명확한 기준이 없던 연예 매니지먼트 산업에 새로운 변화가 일기 시작했다. 과거에는 계약서도 없이 사람 간 관계에 따라서 형성되고 운영되던 것이 명확한 거래 관계로 바뀐 것이다. 이런 변화는 긍정적으로 보인다. 앞으로 연예 매니지먼트 산업을 포함하는 엔터테인먼트 산업은 국내뿐 아니라 해외까지 영역을 확장할 것으로 전망된다. 이미 변화는 일어나고 있다. 따라서 우리 내부의 규칙이 확립되어야 하며 이것이 국제적 기준에도 맞아야 할 것이다. 그러기 위해서는 명확한 법적 개념과 정책 및 제도 확립이 중요한데 이것을 만들어가는 과정이 한국에서도 단계적으로 이루어지고 있는 것이다. 앞으로 국내에서뿐 아니라 해외 시장에서도 미디어 영역에 전반적인 법체계가 적용될 수 있도록 해야 한다. 그래야 세계 시장에서 경쟁력을 확보할 수 있을 것이다.

한국은 과거부터 미디어 콘텐츠를 무료로 사용한다는 인식이 강했다. 음악이 디지털 시장으로 넘어오면서 그랬고, 영화, 방송도 인터넷 시장으로 진입하면서 그랬다. 하지만 이 같은 콘텐츠 무료화는 당장은 이용자들에게는 이득이 되는 것 같지만 장기적 관점에서 산업적으로는 긍정적이지 못한 효과를 가져온다. 전통적 영역의 미디어 산업이었던 신문과 케이블 방송은 저가 경쟁으로 인해 제대로 된 콘텐츠 형성이 어려웠던 대표적인 시장이다. 케이블 방송은 이후 대기업의 진출, 활발한 합병 과정을 거쳐 자체적인 콘텐츠를 만들어내고 있는 실정이지만 아직 저널리즘 영역은 광고에 의존하는 경향이 강하다. 결국 자본력의 독립이 없으면 콘텐츠의 양적·질적 수준을 담보하기 어렵다. 다행히도 점차 스트리밍 음악에 돈을 지불하고, 통신비에 금액을 지불하고, 방송 콘텐츠를 정액 요금을 주고라도 시청하는 과정이 일반화되고 있다. 앞으로 미디어 시장은 콘텐츠의 가치를 인정해 주고, 이를 기반으로 산업이 확장되어야 할 것이다. 그 기초가 미디어 산업의 법적 개념, 계약 과정을 확립하는 것이다. 앞서 제시한 바와 같이 이제 미디어 시장은 더 이상 국내의 영역이 아니다. 세계적 관점으로 들여다봐야 하기 때문에 더 철저히 기초 개념을 명확히 해야 한다. 앞으로 미디어 산업의 기초인 관련 법, 정책이 어떤 방식으로 구성되고 있는지 관심을 가지면 좋을 것이다.

참고문헌

강형철·심미선·윤석암·최선영·김문연·강신규·홍종윤·오하영. (2020). 『방송영상미디어 새로 읽기』. 서울: 나남출판.

김소연. (2019.9.16). "음저협 "극장도 공연권료 내야" CGV에 '보헤미안 랩소디' 사용료 2억 소송." ≪한국경제≫. https://www.hankyung.com/entertainment/article/201909161702H.

박성순. (2016). 「미디어 엔터테인먼트 산업의 계약 관련 분쟁에 관한 연구」. 한양대학교 박사학위 논문.

박성순. (2019). ㅡ「미디어 산업의 퍼블리시티권 도입에 관한 연구: 퍼블리시티권 판례분석과 산업 관계자 심층인터뷰를 중심으로」. ≪한국언론학보≫, 63(3), 325~357쪽.

이재진·박성순. (2012). 「지상파방송사업자와 유료방송사업자 간 방송 분쟁에 대한 법적 판단 기준에 대한 연구: 지상파 재송신 분쟁을 중심으로」. ≪미디어 경제와 문화≫, 10(2), 7~51쪽.

이재진. (2009). 『인터넷 언론 자유와 인격권』. 서울: 한나래.

정영주·박성순. (2019). 「한국 OTT 논의 지형의 특성과 정책적 함의: 개념과 정책 방안 논의를 중심으로」. ≪방송과 커뮤니케이션≫, 20(3), 5~50쪽.

조연하. (2018). 『미디어 저작권』. 서울: 박영사.

최윤진. (2019.3.30). "프로야구단 '응원가' 동일성유지권 침해 아냐… 작곡가들 소송 연달아 패소". ≪문화뉴스≫. http://www.mhns.co.kr/news/articleView.html?idxno=202129.

한웅길. (2008). 「전속계약의 계약금(전속금): 연예인의 경우를 중심으로」. ≪동아법학≫, 41, 115~163쪽.

네이버 지식백과 시사상식사전. https://terms.naver.com/entry.nhn?docId=935020&cid=43667 &categoryId=43667

제 5 장

방송의 영향력

최믿음

동덕여자대학교 미래융합학부 교수

요약

모든 미디어는 우리의 일상에 일련의 영향을 미친다. 미디어의 영향력에 대한 학문적 논의는 '전지전능한 강효과 시기(탄환 이론 시기)', '제한효과 시기', '중효과 시기', '강효과 시기'로 구분되어 설명된다. 전지전능한 강효과 시기는 미디어(메시지 송신자)가 의도한 대로 대중(수용자)의 감정이나 행동이 획일적으로 유발된다고 믿은 시기로 탄환 이론 시기로 불린다. 이후 미디어가 막강한 영향력 가지고 있다고 주장한 탄환이론가의 학설과 정반대로 미디어가 대중에게 미치는 영향력이 극히 제한되어 있다는 제한효과 이론이 등장했다. 1960년대에 들어서면서, 일상생활에서 접하는 미디어의 내용과 특정 이슈를 사람들이 '인지'하는 것 자체가 미디어가 대중에게 영향력을 발휘하는 것이라 주장하며 '미디어의 효과가 강력하지 않으나 적당한 효과를 가지고는 있다'는 중효과 이론이 주창되었다. 마지막으로 1970년대 후반에는 미디어와 수용자의 관계를 장기간의 현상으로 두고 연구하기 시작하면서 미디어가 대중에게 미치는 영향이 시간이 지날수록 누적되어 효과의 크기가 크다고 볼 수 있다는 강효과 이론 시기가 시작되었다. 우리는 전통적 의미에서의 방송, 그리고 앞으로 미디어 환경 변화 속에서 태동하고 있는 새로운 방송의 유형을 배우는 동안 끊임없이 질문해야 한다. 어느 매체가 어떤 상황에서 우리에게 어느 정도의 효과를 발휘하고 있을까? 우리는 그 영향력을 인지하며 살고 있을까? 과연 우리는 능동적으로 미디어를 선택하고 이용하고 있는 것일까?

학습 목표

· 미디어가 개인과 사회에 미치는 영향력의 크기와 방향에 대해 논한다.
· '전지전능한 강효과 시기(탄환 이론 시기)', '제한효과 시기', '중효과 시기', '강효과 시기'로 진행되어 온 미디어 효과 이론의 등장 과정을 이해한다.
· 시기별 주요 미디어 효과 이론을 이해하고 그 차이를 설명할 수 있다.
· 미디어 효과 이론에 관한 내가 경험한 혹은 우리 주변에서 목격되는 실제 사례를 찾고 논한다.
· 미디어 효과 이론을 중심으로 미디어의 순기능과 역기능에 대해 생각해 본다.

❖

1. 미디어 효과에 대한 역사적 인식 변화

TV와 라디오방송, 신문, 잡지, 포털, SNS, OTT, 유튜브, 개인 방송 등 미디어의 특성은 다르지만 한 가지 분명한 것은 모든 미디어가 우리의 일상에 일련의 영향을 미치고 있다는 것이다. 미디어의 영향력은 때로는 매우 막강해 특정 미디어(콘텐츠)에 노출된 개인의 행동과 사고가 변하기도 한다. 흡연자가 금연을 결심하는 계기가 되기도 하고 어떤 이는 규칙적인 운동을 시작하며 특정 제품을 구매하기도 한다. 물론 그 반대의 경우도 가능하다. 특정 제품을 사용하던 사람이 제품 이용을 중단하고 어떤 이는 TV 속 흡연 장면을 본 후 어렵게 시도한 금연에 실패하기도 한다. 등장인물이 흡연하는 장면이 모자이크 처리되는 것도 미디어의 영향력을 고려해 도입한 제도다. 또 어떤 때는 정치·사회 이슈에 대한 개인 의견이 변하고 이를 계기로 사회적 분위기와 여론이 뒤집히기도 한다.

미디어의 영향력은 당장 가시적으로 드러나지 않다가도 시간이 지나 목격되기도 하며 다른 영향 요인과 함께 시너지 효과를 발현(창출)시키기도 한다. 다만 미디어가 일련의 개인적 변화와 사회 현상을 유발한 유일한 원인이라고 단정 짓는 것은 곤란하다. 미디어의 영향력은 때론 매우 제한적이거나 특정한 사회문화적 맥락 속에서만 작동하기도 하며, 때론 설명이 어려운 불확실을 지니기도 한다.

미디어의 영향력에 대한 학문적 논의와 합의는 미디어 효과 이론의 등장 과정과 맞물려 시기에 따른 특성을 지닌다. 〈그림 5-1〉은 미디어의 영향력에 관한 주요 이론의 역사적 발전 과정을 도시한 것이다. 미디어 효과 이론

<그림 5-1> 미디어 효과 이론의 등장 과정

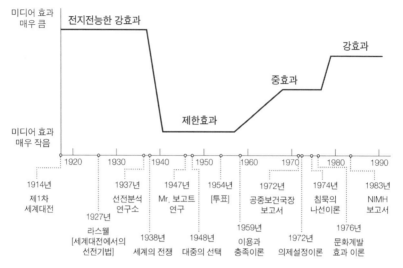

자료: Severin and Tankard(1979, 2001).

의 등장 과정은 미디어가 우리에게 미치는 영향력의 크기에 따라 '전지전능한 강효과 시기(탄환 이론 시기)', '제한효과 시기', '중효과 시기', '강효과 시기'로 구분된다.

1) 전지전능한 강효과 이론 시기(탄환 이론 시기)

전지전능한 강효과 시기는 미디어(메시지 송신자)가 의도한 대로 대중(수용자)의 감정이나 행동이 획일적으로 유발된다고 믿은 시기로 탄환 이론 시기로 불리기도 한다(Severin and Tankard, 1979). 탄환 이론(Bullet Theory)은 미디어 커뮤니케이션 분야에서 최초로 정립된 이론이다. 미디어가 대중에게 매우 강력한 영향력을 행사한다고 설명하는 탄환 이론은 총알(미디어)이 조준선을 따라 날아가 과녁(대중)에 꽂히는 모습에 빗대어 이름 붙여졌다. 또 주사기 안에 든 약물(미디어)이 피부 아래(대중) 주입되는 모습에 빗대어 피하주사 이론(Hypodermic Needle Theory)으로 불리기도 한다. 두 가지 이름 모두 총알이 꽂히고 약물이 주입되듯, 미디어의 영향력이 매우 즉각적이고 직접적으로 발생한다는 것을 강조하고 있다.

그렇다면 당시 학자들은 왜 미디어가 전지전능한 막강한 힘을 가졌다고 생각한 것일까? 탄환 이론을 정립하고 따른 탄환이론가들은 ① 1차 세계대전 당시 미디어의 선전 기능과 ② 라디오방송 〈세계의 전쟁(War of Worlds)〉이 야기한 공황(panic) 사건을 자신의 학설을 뒷받침하는 증거로 제시해 왔다.

(1) 제1차 세계대전 당시 미디어의 선전 기능

1914년 제1차 세계대전이 발발하자 영국과 미국은 전보, 신문, 라디오 등 모든 매스미디어를 동원해 대내외 선전을 전개했고 그 결과 안으로는 자국민의 독일에 대한 적대감을 고취하고 밖으로는 동맹국에 협력을 구하고 독일 국민의 사기를 저하시킬 수 있었다. 일각에서는 독일이 제1차 세계대전에서 패한 이유를 이와 같은 영국과 미국의 성공적인 미디어 선전 활동으로 꼽는다(Linebarger, 1954). 〈그림 5-1〉에 표시된 라스웰(Harold D. Lasswell)의 『세계대전에서의 선전 기법(Propaganda Technique in the World War)』은 제1차 세계대전 당시 활용된 선전 메시지 내용을 분석한 연구서로 당시 선전 기법이 영국과 미국 국민에게 독일에 대한 적대의식을 유발하는 데 탁월한 효과를 거뒀음을 밝혔다(Lasswell, 1927). 또 독일 나치당이 선전을 통한 대중선동에 성공하자 미국에서도 히틀러(Hitler)처럼 사악하고 잔인한 독재자가 선전의 위력을 활용해 미국 국민을 현혹시킬 수 있다는 우려가 커졌고 이에 1937년 선전 효과 연구를 목적으로 선전분석연구소(Institute for Propaganda Analysis)가 설립되었다.

(2) 라디오방송 〈세계의 전쟁〉이 야기한 공황 사건

당시 사회과학자들이 탄환 이론을 받아들이게 만든 또 다른 계기로 미국 CBS 라디오방송 프로그램 〈세계의 전쟁(War of Worlds)〉으로 인해 발생한 공황(panic) 사건을 꼽을 수 있다. 1938년 10월 30일 저녁, CBS는 프로그램 〈세계의 전쟁〉에서 화성(火星)의 괴생명체가 미국을 침입했다는 내용의 공상과학극을 방송했고 이 방송을 청취한 사람들은 우주인과의 전쟁 혹은 지구의 종말이 왔다고 믿어 공황 상태에 빠졌다. 수많은 사람이 다른 지역으로 떠나기 위해 짐을 싸 터미널에 모여들었고, 신문사에는 지구의 종말을 알리거나 안전한 피난처를 문의하는 전화가 빗발쳤다고 한다. 또 어떤 이들은 전기회사에 전화를 걸어 괴생명체의 습격을 피하기 위해서는 도시의 모든 불을 꺼야 한다고 제안했다고 한다(Lowery and Defleur, 1983). 허구로 꾸며진 라디오방송극을 사실로 받아들인 탓에 벌어진 해프닝으로 방송을 청취한 약 600만 명 중에서 100만 명이 동요했다고 전해진다. 그렇다면 왜 사람들은 화성으로부터 외계인이 침입했다는 드라마 내용을 의심 없이 믿게 된 걸까?

프린스턴 대학교 라디오연구소(Office of Radio Research)가 〈세계의 전쟁〉이 야기한 공황 사건을 연구한 결과에 따르면, 다음 몇 가지 요인이 미국 청취자를 동요하게 만든 주요한 요인으로 꼽힌다(Cantril, 1940).

① 당시 라디오는 미국인들이 가장 보편적으로 이용하던 매체로 라디오방송에 대한 대중의 신뢰감이 매우 높았다. 라디오가 주요 정보원으로 기능한 탓에 라디오방송 내용을 여과 없이 받아들이고 신뢰한 것이다.
② 당시 공상과학극 제작진은 청취자의 흥미를 돋우기 위해 현장 뉴스 보

도 형식을 활용했다. 아나운서가 긴급 뉴스를 발표하는 방식으로 극을 전개하고, 현장 소음이 삽입된 인터뷰 육성과 내무부장관의 공식 발표 형식을 활용한 탓에 청취자들이 드라마가 아닌 실제 상황으로 인지한 것이다. ③ 당시 미국인들은 제2차 세계대전의 두려움을 느끼는 상황이었다. 제1차 세계대전 이후 경제공황을 겪은 미국인에게 외계인과의 전쟁 혹은 전쟁 이후의 사회경제적 결핍과 지구 종말에 대한 위협이 더 클 수밖에 없었다.

CBS는 방송 당시 여러 차례에 걸쳐 이 라디오방송이 허구의 드라마임을 청취자에게 주지시킨 바 있다. 방송이 막 시작했을 때, 광고 전후, 그리고 방송이 끝날 때 총 네 차례에 걸쳐 '여러분은 지금 〈세계의 전쟁〉 방송극을 듣고 있다'는 멘트가 있었음에도 이를 듣지 못한 청취자들이 방송을 실제로 받아들인 것이다. 이 사건을 계기로 미국 연방 커뮤니케이션 위원회(FCC: Federal Communication Commission)는 방송극에서 현장 뉴스 보도 형식 사용을 금지하는 결의안을 채택했고, CBS는 청취자들의 심리적 건강을 위협한 상황에 대해 공개사과문을 발표했다. CBS 라디오방송 〈세계의 전쟁〉이 야기한 공황 사건은 미디어가 대중에게 막대한 영향을 미친다는 사실을 보여준 사례로 탄환이론가의 주장을 뒷받침해 주었다.

2) 제한효과 이론 시기

미디어로부터 발현된 영향력이 대중에게 거부의 여지없이 전달되어 대중의 신념과 행동을 변화시킨다고 여겨진 전지전능한 강효과 시기(탄환 이론 시기)는 1940년대 들어서 막을 내렸다. 미디어가 막강한 영향력 가지고 있다고 주장한 탄환이론가의 학설과는 반대로 미디어가 대중에게 미치는 영향력이 극히 제한되어 있다는 제한효과 이론(Limited Effect Theories)이 등장하기 시작한 것이다.

제한효과 이론이 대두된 원유와 배경은 탄환이론가의 학설을 비판하며 새로운 가설을 제시한 연구에서 찾아볼 수 있다. 먼저 1947년 쿠퍼(Eunic Cooper)와 자호다(Marie Jahoda)는 '미스터 보고트(Mr. Boggot)' 연구를 바탕으로 미디어가 대중의 태도와 행동을 변화시키지 않으며 다만 기존의 태도를 강화시킬 뿐이라는 결론을 내리면서 탄환 이론을 비판했다(Cooper and Jahoda, 1947). 구체적으로 연구자들은 실험연구를 통해 인종차별적 편견을 가진 사람들이 인종차별 행위를 비꼬는 내용의 만화를 접한 후에도 기존 태도를 고수한다는 사실을 밝히고 미디어가 대중에게 미치는 영향력이 매우 작다는 − 정확하게 탄환 이론의 가정과 상치되는 − 논점을 제안했다.

한편 라자스펠드(Paul Lazarsfeld), 버렐슨(Bernard Berelson), 고뎃(Hazel Gaudet)은 1940년 미국 대통령 선거 당시 유권자들의 투표 의사 결정 과정을 연구한 결과를 바탕으로 대중이 미디어로부터 직접적인 영향을 받는 것이 아니라 미디어를 이용하는 좀 더 능동적인 계층의 의견 지도자(opinion leader)로부터 영향을 받아 태도, 인식을 형성하고 특정 행위가 발현되는 것이라 주장했다(Lazarsfeld, Berelson, and Gaudet, 1948). 이러한 학설은 커뮤니케이션의 '2단계 유통 이론(Two-step Flow Theory of Communication)'으로 정립되는데 이론에 대한 자세한 내용은 다음 절에서 살펴보기로 한다. 또 8년 후 해리 트루먼(Harry Truman)과 토마스 E. 듀이(Thomas E. Dewey)가 경합한 1948년 대통령 선거 기간 유권자의 투표 의사 결정 행동을 연구한 베럴슨, 라자스펠드, 맥피(W. N Mcphee)의 연구도 사람들의 투표 결정 과정에 대인 커뮤니케이션이 중요한 영향을 발휘한다고 밝히며 미디어의 영향력이 한정적이라는 제한효과 이론들의 가정을 뒷받침했다(Berelson, Lazasfeld, Mcphee, 1954).

덧붙여 앞서 살펴본 유권자의 투표 의사 결정 행동에 관한 연구들은 선별적 노출(selective exposure), 선별적 지각(selective perception), 선별적 파지(selective retention) 개념에 주목했다. 선별적 노출이란 사람들이 자신이 고수하는 태도에 부합하는 미디어 내용만 접하려는 심리적 성향을 말하며, 선별적 지각이란 자신이 접한 미디어 내용을 자기 나름대로의 방식으로 해석해서 이해하는 경향을 의미한다(Berelson and Steiner, 1964; Klapper, 1960; 차배근, 1999 재인용). 또 선별적 파지란 자신이 접한 미디어 내용 중 어떤 내용은 기억에 남기고 또 어떤 것은 쉽게 기억에서 지워버리는 심리적 경향을 뜻한다. 이와 같은 심리 개념에 주목한 제한효과이론가들은 사람들이 자신의 기존 태도와 일치하는 미디어 내용만 선택하여 접하려고 하는 심리로 인해 미디어가 수용자의 태도와 행동을 변화시키지 못하고 극히 제한된 효과만 미친다고 주장했다. 이처럼 미디어가 대중에게 미치는 영향력이 극히 적다는 제한효과이론이 학계에 만연하자 커뮤니케이션 학자 베럴슨은 1959년에 "커뮤니케이션 분야의 연구는 이제 시들고 있다"고 주장하기도 했다(Berelson, 1959).

3) 중효과 이론 시기

1960년대에 들어서자 미디어가 대중에게 미치는 영향력이 매우 적다고 주장하는 제한효과이론가에게 또 다른 반론을 제기하는 학자들이 등장했다. 이들은 일상생활 속에서 접하는 미디어의 내용과 특정 이슈를 사람들이 '인시'하는 것 자체가 미디어가 대중에게 영향력을 발휘하는 것이라 주장하며 '미디어의 효과가 강력하지 않으나 적당한 효과를 가지고는 있다'는 중효과 이론을 주장했다. 다시 말해 제한효과 이론 시기에 만연했던 — 사람들이 본인의 태도에 부합하는 미디어 내용만 선택적으로 노출한다는 ─ '선택적 노출' 개념을 부정하고, 자연스럽게 접하게 되는 미디어를 통해 당시의 주요한 사회적 이슈에 노출되고 이를 인식·인지하게 되는 현상에 좀 더 주목한 것이다. 대표적으로 맥콤스(M. E. McCombs)와 쇼(D. L. Shaw)는 미디어 속에 강조되어 있는 주제나 쟁점이 대중의 커뮤니케이션 주제와 쟁점으로 설정되는 데 영향을 준다고 주장했다. 이어 이러한 주장은 1972년 의제설정 이론(Agenda-Setting Theory)으로 정립되는데 이론에 대한 자세한 내용은 다음 질에서 실펴보기로 한다. 또한 폭력적인 텔레비전 프로그램을 시청한 사람과 시청자의 공격적인 행동 사이에 인과관계가 존재한다고 밝힌 공중보건국장 보고서(Report to the Surgeon General, 1972)도 중효과이론가의 주장에 힘을 보태주었다. 이 보고서는 폭력물 시청과 폭력적인 행위의 유의미한 인과성은 애초에 공격적인 성향을 지닌 일부 어린이 시청자에게만 적용된다고 밝히며 미디어 영향력이 강력하다는 주장보다는 영향력이 적지 않다고 한정했다.

한편 중효과이론가 카츠(E. Katz)는, 제한효과이론가들이 미디어가 사람들에게 무엇을 하는가(What the media do with the people?)에만 초점을 맞춘 탓에 사람들이 미디어를 가지고 무엇을 하는가(What people do with the media?)라는 중요한 의문이 배제되어 왔다는 문제를 제기했다. 카츠는 미디어가 아닌 미디어 수용자를 능동적 주체로 두고 사람들이 왜(어떠한 충족을 얻기 위해) 미디어를 '이용'하며 또 미디어 이용으로 인해 어떠한 '충족'을 얻고 있는지 탐구하기 시작했다. 미디어의 효과가 수용자의 미디어 이용 동기와 욕구에 따라 달라질 수 있다는 카츠의 학설은 1960년대 초 이용과 충족 이론(Uses and Gratification Theory)으로 정립되어 학계에 대두되었다. 그러나 제한효과 이론의 패러다임이 워낙 강했던 미국에서 환영받지 못하다 1970년대 초 맥콤스와 쇼의 의제설정 이론이 등장한 후 중효과 이론 시기의 대표 커뮤니케이션

이론으로 인정받았다.

4) 강효과 이론 시기

앞서 살펴본 카츠의 이용과 충족 이론, 맥콤스와 쇼의 의제설정 이론이 유럽뿐만 아니라 미국 학계에서도 인정받기 시작하면서 미디어가 사람들에게 미치는 영향력이 적지 않다는 인식은 다시 '미디어가 사람들에게 미치는 영향력은 크다'는 인식으로 변하기 시작했다. 미디어가 특정 상황에서 사람들에게 강력한 효과를 발휘하게 된다는 강효과 이론 시기로 커뮤니케이션 연구 풍조가 복귀한 것이다. 다만 1970년대 후반의 강효과 이론은 1920년대의 전지전능한 강효과 이론에 비해 조건부적인 의미를 포함하고 있다. 가령 미디어와 수용자의 관계를 장기간의 현상으로 두고 연구하기 시작하면서 미디어가 대중에게 미치는 영향이 시간이 지날수록 누적되어 효과의 크기가 큰 것이라는 주장도 제기되었다. 강효과 이론을 지지한 조지 거브너(George Gerbner)는 미디어가 사람들의 이미지[1]나 관념을 구성하는 데 막대한 효과가 있다는 문화계발효과 이론(Cultivation Theory)를 제안하고 텔레비전(미디어)이 장기간 지속적으로 동일한 이미지를 보여줌으로써 사람들이 그것을 표준화된 문화로 인지하고 따르게 만든다고 주장했다.

한편 1983년 국립정신건강연구소(National Institute of Mental Health)의 텔레비전과 행동에 관한 NIMH 보고서가 어린이 및 10대 청소년의 텔레비전 폭

---

1   원용어는 'picture'로 주로 상(像)으로 번역된다. 월터 리프먼(Walter Lippmann)은 1921년에 출간한 저서 『여론(Public Opinion)』에서 사람들의 머릿속에 있는 상들(pictures in our heads)은 미디어에 의해 구성된다고 언급한 바 있다.

력물 시청 행위와 시청에 이어 발현되는 공격성 사이에 유의미한 정적 관계가 있음을 밝혀내면서 미디어의 막강한 영향력이 확인되었다. 이 보고서는 폭력적인 프로그램을 시청한 어린이 및 청소년이 모두 공격적으로 되는 것은 아니지만 두 변인 사이에 강한 상관관계가 있다고 주장했다(National Institute of Mental Health). 또 노엘 노이먼(Noelle-Neumann)은 침묵의 나선 이론(The Spiral of Silence Theory)을 제시하며 "강력한 미디어 개념으로 돌아가야 할 때"임을 강조했다. 볼로키치(Sandra Ball-Rokeach)와 드플로(Melvin L. Defleur)는 미디어를 통해 위기 정보를 접하며 살아가는 사람들은 미디어 속 정보를 본인의 태도나 행동 지침으로 받아들이게 된다는 미디어 의존 이론(Media Dependency Theory)을 제시하며 미디어의 강력한 영향력을 환기했다.

2. 시기별 주요 미디어 효과 이론과 사례

1) 2단계 유통 이론

2단계 유통 이론(Two-step Flow Theory of Communication)은 라자스펠드, 버렐슨, 고뎃이 집필한 『대중의 선택(The people's Choice)』에서 처음 제시되었다. 라자스펠드와 버렐슨 등은 대통령 선거 시기에 유권자들이 어떤 과정을 거쳐 투표 의사를 결정하게 되는지를 연구했다. 이들이 프랭클린 D. 루스벨트(Franklin D. Roosevelt)와 웬들 윌키(Wendell Wilkie)가 경합한 1940년 미국 대통령 선거 당시 유권자의 투표 의사 결정 행동을 조사한 내용을 담고 있는 『대중의 선택』에 의하면 미디어보다 영향력 있는 사람들(이를테면 가족, 친구, 이웃 사람, 직장동료 등)과의 접촉이 투표 의사 결정에 더 큰 영향을 미치는 것으로

〈그림 5-2〉 탄환 이론과 2단계 유통 이론의 비교

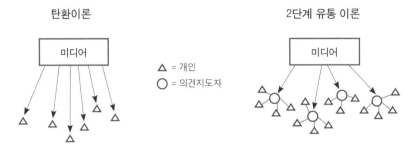

밝혀졌다(Lazarsfeld, Berelson, and Gaudet, 1948). 다시 말해 유권자가 미디어의 직접적인 영향을 받아 투표 의사를 결정[2]한다기보다는 미디어 메시지를 접한 의견지도자(opinion leader)의 영향을 받는 것으로 나타난 것이다.

이때 의견지도자는 일반 사람들에 비해 미디어를 활발히 이용하고 정치적 대화에 적극적으로 참여하며 미디어에서 얻은 정보를 주변 사람들에게 전파하는 것을 즐기는 영향력 있는 사람을 의미한다. 미디어의 영향력이 의견지도자를 거쳐 간접적으로 대중에게 흘러간다고 주장하는 이 이론은 미디어에 노출된 수용자가 미디어가 주는 자극을 아무런 저항 없이 무조건적으로 받아들이게 된다고 주장하는 탄환 이론의 학설에 반하는 주장으로 제한효과 이론 시기의 서문을 열었다. 〈그림 5-2〉는 탄환 이론과 2단계 유통 이론의 차이를 보여준다.

이와 관련하여 이준웅과 김은미, 김현석(2007)은 2단계 유통 이론이 제안된 당시에는 미디어의 보급률과 이용률의 편차가 컸기 때문에 미디어를 통

---

2 조사 대상자들에게 투표 의사를 결정하는 행위에 영향을 미친 요인이 무엇이냐고 물은 결과 응답자의 23%가 신문, 38%가 라디오를 꼽았다(Lazarsfeld, Berelson, and Gaudet, 1948).

해 정보를 습득하고 이를 주변에 알리는 것이 의견지도자의 중요한 특성이었지만 인터넷 시대가 도래한 이후에 온라인 의견지도자의 핵심 요소는 커뮤니케이션 행위에 의해 결정된다고 판단하고 온라인 의견지도자의 특성을 검토했다. 연구자들은 인터넷 토론 게시판에서 활동하는 이용자를 온라인 의견지도자(조회 수가 많고, 찬성 수가 반대 수보다 많은 유형), 조용한 설득자(조회 수는 낮지만 긍정적 평가를 받은 유형), 관심유발자(조회 수는 높지만 긍정적 평가를 받지 못하는 유형), 온라인 일반 토론공중(조회 수와 긍정적 평가 모두 적은 유형)으로 구분하고 이들의 특성을 살펴보았다. 분석 결과, 전체 인터넷 토론자의 약 10%에 해당하는 사람이 의견지도자 유형으로 구분되었다. 이들은 온라인 토론 참여자 중에서 가장 뛰어난 의사소통 능력을 갖추고 있으며 상대적으로 높은 커뮤니케이션 품질을 갖춘 것으로 밝혀졌다. 또한 온라인 의견지도자들은 신문과 텔레비전을 통해 뉴스 정보를 활발히 얻고 있으며 교육 수준이 높고 정치토론 효능감과 정치참여 의지가 높다는 특성을 지니고 있었다.

2) 의제설정 이론

맥콤스와 쇼는 미디어에 반복적으로 자주 등장하며 다른 이슈에 비해 중요하게 다뤄지는 '미디어 의제(media agenda)'와 사람들이 관심을 가지고 중요하게 생각하는 '대중의 의제(public agenda)' 사이에 상관관계 또는 인과관계가 있다고 주장하면서 미디어가 대중에게 미치는 영향력이 매우 작다는 소효과 이론을 부정했다. 맥콤스와 쇼가 정립한 의제설정 이론(Agenda-Setting Theory)에 따르면 미디어가 특정 이슈를 강조해서 다루면 대중이 그 이슈를 중요한 사회 의제로 인지하게 된다. 이때 대중의 의제는 대중 개개인이 중요하게 생각하는 개인적 의제(intrapersonal agenda)와 다른 사람들과 이야기할 때 주요 화제로 삼게 되는 대인적 의제(interpersonal agenda), 그리고 지역사회를 구성하는 사람들이 중요하게 생각하고 함께 논의하는 지역사회적 의제(community agenda)로 구분된다. 연구자들은 TV, 신문, 기타 미디어가 선정한 미디어 의제가 상황에 따라 개인적·대인적·지역사회적 의제에 영향을 준다고 보았다.

의제설정 이론은 주로 정치 커뮤니케이션 연구 분야에서 널리 활용되어 왔다. 맥콤스와 쇼가 의제설정 이론을 처음 발표한 논문 "The Agenda-Setting Function of Mass Media" 역시 선거 캠페인 기간에 후보자들이 내세우는 여러 가지 이슈 중에서 미디어에 많이 다뤄진 이슈가 대인 의제로 결정됨을 밝혔다(McCombs and Shaw, 1972). 한편 맥콤스와 쇼는 의제설정 과정을 다음과 같은 7단계로 구분하여 제시했다(McCombs and Shaw, 1977; 차배근, 1999: 310 재인용). ① 사건/이슈: 세상에는 여러 가지 사건이 발생하며 이에 따라 여러 이슈가 제기된다. → ② 뉴스의 선택/가치: 언론은 여러 이슈 중 뉴스의 가치를 기준으로 일부 뉴스를 선정하여 보도한다. → ③ 뉴스 미디어 유형: 이때 뉴스는 신문, TV, 잡지, 기타 미디어 등 다양한 유형의 미디어를 통해 보도된다. → ④ 기사 유형: 미디어 유형뿐만 아니라 기사의 유형, 프로그램의 유형을 통해 전달된다. → ⑤ 강조도: 신문 지면의 크기, 보도 횟수, 보도 기간, 보도에 할애되는 방송 시간 등 어떤 이슈는 강조해서 다뤄진다. → ⑥ 사회적 지식: 해당 이슈를 접한 대중은 그 이슈를 중요한 의제로 인지하고 사회에서 타인과 지식을 공유한다. → ⑦ 사회적 행동: 사회적 지식은 때론 사회적 행동으로 발현된다.

이송혁과 최윤정(2020)은 위에 제시된 7단계 중 기사의 유형과 강조도에 주목하고 심층보도 수준, 기사 횟수, 보도 기간이 수용자 반응에 미치는 영향을 분석했다. 연구 결과에 따르면 기사의 횟수와 심층보도 수준이 수용자 반응에 유의미한 영향을 미친 반면 보도 기간은 영향을 미치지 않는 것으로 나타났다. 즉, 기사의 빈도와 심층성이 의제의 현저성을 만들어내고 이로 인해 미디어 의제가 대중 의제가 되는 과정을 확인한 것이다.

3) 이용과 충족 이론[3]

카츠는 그간의 커뮤니케이션 연구가 미디어 자체에만 초점을 맞추고 미디어가 일방적으로 대중에게 어떤 영향을 미치는지 탐구하는 것에 그쳐왔다고 비판했다. 이에 카츠는 이용과 충족 이론(Uses and Gratification Theory)을 제안하면서 이제는 사람들이 미디어를 가지고 무엇을 하는가에 초점을 맞출 필요가 있다고 강조했다. 이용과 충족 이론은 사람들이 특정 '동기'를 가지고 미디어를 이용하며 이를 통해 자신의 '욕구'를 충족시키는 능동적인 존재임을 강조한다. 이때 동기(motivation)란 어떠한 행동을 준비하는 단계 또는 행동을 발생시키는 심적 기제를 뜻하며, 충족(gratication)은 이용에 대한 결과로 이용자가 만족한 상태를 의미한다(Katz, 1959).

이용과 충족 이론은 이용 행태를 분석하기 전에 이용 행위를 이끌어내는 심리적·사회적 차원의 동기 구조를 살펴본다는 점에서 새로운 미디어가 등장하는 시점에 자주 활용되고 있다. 이용과 충족 이론을 바탕으로 진행된 연구를 통해 뉴미디어가 가지고 있는 새로운 속성에 따라 이용자가 미디어를 이용하는 동기가 달라지는 것을 확인할 수 있다. 일례로 스마트 TV 이용 동기를 분석한 박웅기(2013)의 연구 결과를 통해 스마트 TV의 이용 동기 구조가 일반적인 TV 시청 동기와 상이하다는 사실을 확인할 수 있었다. 연구 결

---

3   최민음·전범수(2014: 103~104, 112~115)를 바탕으로 했다.

과 스마트 TV 이용 동기는 멀티미디어 요인, 시간 때우기/시청 요인, 최신성 요인으로 조사되었다. 이때 멀티미디어 요인은 SNS 이용, 문자와 이메일 이용, 게임, 쇼핑, 인터넷 이용 등 기존의 텔레비전 미디어가 지니지 못한 새로운 특성들로 구성되었고, 최신성 요인 또한 '스마트 TV는 멋있어 보인다', '스마트 TV는 화면/화질이 좋다', '스마트 TV는 시대에 뒤떨어져 보이지 않는다'와 같이 새로운 미디어가 지니고 있는 특성들로 구성되었다.

휴대폰과 스마트폰의 이용 동기가 상이하게 도출되는 이유도 이와 동일한 맥락에서 설명된다. 렁(L. Leung)과 웨이(R. Wei), 박인곤과 신동희(2010)는 각각 휴대전화와 스마트폰 이용 동기에 대해 연구했다(Leung and Wei, 2000). 먼저 렁과 웨이의 연구 결과 휴대전화 이용 동기는 유행/사회적 지위, 호의/사교성, 휴식, 도구성, 안심, 이동성, 즉시성 등 7개 요인으로 밝혀졌다. 이 중 이동성과 즉시성 요인은 기존의 유선전화와 무선호출기 이용 동기 연구에서는 밝혀지지 않았던 새로운 요인이었다. 다음으로 박인곤과 신동희(2010)에 의하면 스마트폰 이용 동기는 빠른 접속성, 오락성/시간 때우기, 사회적 지위, 문제해결성(업무 및 학업), 촬영/스크린 등 5개 요인으로 구성되었으며, 이 중 오락성/시간 때우기 요인과 문제해결성(업무 및 학업) 요인이 스마트폰 의존도에 영향을 미치는 것으로 분석되었다. 즉, 지루함을 달래고 시간을 때우기 위해, 게임을 하고 재미있는 동영상을 보기 위해, 그리고 업무와 학업에 도움이 되기 때문에 스마트폰을 이용하는 사람일수록 스마트폰을 오랜 시간 동안 사용한다는 것이다. 이처럼 미디어가 지닌 특성에 따라 이용 동기가 변형되거나 새로운 요인이 도출되기 때문에 이용과 충족 이론은 새로운 미디어가 등장하는 시기에 활발히 활용되고 있다.

아울러 이용과 충족 이론은 이용 동기의 구조뿐만 아니라 미디어 이용에 대한 개인의 충족을 높이는 이용 동기가 무엇인지를 설명하는 데 유용하다.

어떠한 이유로 미디어를 이용할수록 만족도가 높아지는가를 파악함으로써 각 미디어가 지닌 역할과 가치를 정립할 수 있다. 인터넷 이용자들의 이용 동기를 분석한 파파차리시(Z. Papacharissi)와 루빈(A. M. Rubin)의 연구에 의하면 인터넷 이용 동기는 대인 간 효용 동기, 시간 보내기 동기, 정보추구 동기, 편리함 동기, 오락 동기로 구성되는 것으로 밝혀졌으며 이 중 정보추구 동기가 높을수록 인터넷 이용 만족도가 높아지는 것으로 분석되었다(Papacharissi and Rubin, 2000). 이러한 결과를 통해 정보를 제공하는 미디어로서 인터넷이 지닌 가치를 짐작할 수 있다. 또 소셜 미디어 이용 동기와 만족의 영향 관계를 파악한 오은혜(2013)에 의하면 소셜 미디어 이용 동기는 관계형, 정보형, 유희형 등 세 가지로 구성되며, 세 가지 이용 동기 모두 이용 만족도에 간접적인 영향을 미치는 것으로 분석되었다. 이를 통해 소셜 미디어는 이용자의 사회적·정보적·오락적 욕구를 모두 충족시키는 매체라는 사실을 알 수 있다.

한편 최민음과 전범수(2014)는 사람들이 웹툰을 이용하는 동기가 '정보 및 사회적 상호작용 동기', '즐거움/편리성 동기', '현실도피/긴장해소 동기' 등 세 가지로 구성된다는 것을 발견했다. 먼저 정보 및 사회적 상호작용 동기는 기존 인쇄매체에서 웹으로 만화 콘텐츠 소비 환경이 변함에 따라 이용자들의 소비 방식이 능동적이 되었다는 사실을 방증한다. 웹툰은 댓글을 통해 다른 독자, 작가와 상호작용이 가능하다는 특징을 지니고 있다. 댓글을 작성하여 자신이 이용한 웹툰에 대한 감상평을 남기는 것뿐만 아니라 오타나 웹툰에 잘못 표기된 내용을 알리기도 한다. 또한 작가는 이러한 문제를 다음 회에 직접 수정하거나 감사의 인사를 전하며, 독자가 제시한 아이디어를 반영하여 웹툰을 보완하기도 한다. 아울러 이용자는 댓글을 직접 작성하지 않더라도 다른 웹툰 이용자가 남긴 댓글을 통해 최신 사회 경향이나 정보를 얻고 공감을 표현하기도 한다. 타인의 댓글 밑에 또다시 댓글을 작성하거나 '추천', 혹은 '반대' 버튼을 누르는 행위를 통해 다른 이용자들과 상호작용을 하고 있는 것이다. 이와 같은 웹툰 이용 환경 및 이용 방식의 특성에 기인하여 정보성 유형과 사회성 유형이 합쳐진 정보 및 사회적 상호작용 동기가 도출된 것으로 예측할 수 있다. 한편 이 연구를 통해 정보 및 사회적 상호작용 동기와 즐거움/편리성 동기가 웹툰 만족을 높인다는 사실을 확인할 수 있다. 정보를 습득하고 사회 경향을 알며 타인과의 원활한 관계를 위해 웹툰을 이용할수록, 정기적으로 업데이트 되는 만화를 무료로 이용하면서 즐거움을 얻으려고 웹툰을 이용하는 사람일수록 웹툰 이용에 대한 만족도가 크다는 것을 뜻한다.

4) 문화계발효과 이론

미국 필라델피아의 펜실베이니아 대학교의 조지 거브너와 그의 동료들이 주장한 문화계발효과 이론은, 미디어가 전달하는 사회의 모습을 우리가 실제로 살고 있는 현실의 모습으로 사람들이 인식하게 된다고 강조한다. 미디어 속에 등장하는 세계관, 가치, 역할을 수용자가 있는 그대로 받아들이고 수용하기 때문에 미디어가 단순히 오락, 정보 전달 기능을 수행하는 것을 넘어 사회·문화적인 권력기관으로 기능한다고 주장한다. 문화계발효과는 미디어가 수용자들에게 특정 사상을 가르치고 인격을 키운다는 점에서 배양(培養)효과 이론으로 불리기도 한다.

본래 문화계발효과 이론은 폭력적인 TV 프로그램이 수용자에게 미치는 효과를 탐구하는 연구가 그 배경이 되었다. 거브너는 '폭력의 원인과 예방에 관한 위원회(National Commission on the Causes and Prevention of Violence)'의 요청으로 미국에서 방영되었던 황금 시간대 방송 프로그램을 분석했다. 먼저 거브너가 내용 분석(content analysis) 방법을 활용하여 TV 프로그램 속 남성과 여성의 비율, 등장인물의 직업, 폭력적인 장면 등을 분석한 결과 프로그램 속 세상과 실제 우리가 경험하는 현실이 같지 않다는 사실을 확인했다. TV 속 세상은 때론 현실을 왜곡하여 과잉 재현하거나 축소하고 있었다. 두 번째 단계는 연구 대상을 하루 TV 시청 시간을 기준으로 TV를 많이 시청하는 중(重)시청자와 적게 시청하는 경(輕)시청자로 구분하고 현실에 대한 두 그룹의 인식 차이를 비교했다. 분석 결과 중시청자들은 경시청자에 비해 TV에서 전달되는 세상의 모습과 현실을 매우 유사하게 인식하고 있었다. 예를 들어, 미국 인구 중 남성 경찰의 비율을 질문한 결과 중시청자들은 실제 남성 경찰 비율의 열 배에 달하는 10%를 꼽았고, 일주일 안에 범죄에 연루될 가능성을 실제 현실보다 훨씬 높게 예상하는 것으로 나타났다. 즉, 중시청자들이 TV 속 폭력적인 세상의 모습을 현실로 인지한 탓에 세상을 무서운 곳으로 느끼고 있었다.

박상조와 박승관(2016)은 경찰청의 내·외국인 범죄 발생 통계를 수집하고, 종합일간지 및 텔레비전 뉴스의 내용을 분석하고, 미디어 이용자 대상 설문조사를 실시하여 외국인 범죄에 대한 언론 보도가 외국인 우범자 인식 형성에 미치는 문화계발 효과를 검증했다. 연구 결과 미디어가 실제보다 외국인 범죄자를 과잉 재현하는 것으로 나타났으며 미디어를 많이 이용하는 사람일수록 외국인 범죄 발생 인식이 높은 것으로 분석되었다. 즉, 사람들이 미디어의 현실 재현 방식에 영향을 받아 현실을 재구성한다는 것을 확인했다.

5) 침묵의 나선 이론

침묵의 나선 이론(The Spiral of Silence Theory)은 사람들이 자신의 의견이 다수의 타인의 생각과 같다고 느낄 때 적극적으로 의견을 피력하는 반면 자신의 의견이 소수의 의견이라고 느낄 때는 의견을 소극적으로 표현하거나, 아예 침묵하거나 혹은 다수의 의견에 맞춰 자신의 생각을 바꾸려는 경향이 있다고 설명한다. 침묵의 나선 이론을 주장한 노엘 노이먼은 인간은 사회적 존재로서 본능적으로 고립에 대한 두려움을 가지고 있고 무리에서 소외되지 않기 위해 항상 주변 사람들의 생각에 관심을 기울이고 내 의견이 다수의 의견에 속하는지 아닌지를 감지한다고 주장한다. 특히 사람들이 미디어를 통해 어느 쪽이 다수의 의견인지를 감지하게 되는 탓에 결국 미디어가 다수의 의견을 더욱 강력한 다수의 의견으로 만들고 소수의 의견은 침묵하게 만들어 더 열세한 의견으로 만든다고 주장한다.

이러한 노엘 노이만의 학설은 솔로몬 애쉬(Solomon Asch)의 실험연구를 근간으로 발전했다. 애쉬는 사람들이 매우 명확한 사실 앞에서도 집단 압력에 순응하게 된다는 것을 실험연구를 통해 보여주었다. 구체적으로 애쉬는 실험 대상자들에게 여러 길이의 막대기를 보여주고 길이가 같은 두 개의 막대기를 찾을 것을 요구했다. 같은 길이의 두 막대기는 눈대중만으로도 쉽게 가늠할 수 있는 수준이었지만, 사람들은 앞서 대답한 다른 사람들의 (실험 조작을 위해 일부러) 틀린 대답을 그대로 따르는 것으로 나타났다. 즉, 애쉬의 막대기 실험과 노엘 노이만의 침묵의 나선 이론은, 사람들이 의견이 옳고 그름의 문제를 떠나, 자신의 생각이 타인에게 수용될 가능성을 평가한 후 집단 압력의 영향을 받아 의견을 결정한다는 사실을 발견했다.

침묵의 나선 이론에 기반을 두고 대통령 지지도와 언론의 상호 관계를 분

<그림 5-3> 솔로몬 애쉬의 막대기 실험

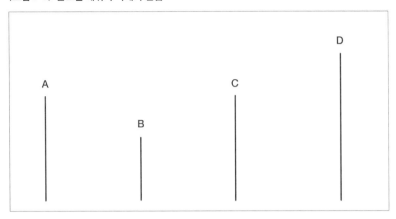

석한 홍원식(2007)은 언론의 대통령 지지도 관련 보도가 여론의 응집과 변화에 의해 영향을 받고, 나아가 다수의 여론을 증폭시킨다는 것을 밝혔다. 구체적으로 뉴스 미디어의 대통령 지지도 보도가 이후의 대통령 지지도에 유의미한 영향을 미치는 것으로 나타남으로써 다수의 의견은 강화되고 소수의 의견은 점차 약화되는 여론 형성의 나선 과정을 확인했다. 또 이미나와 양승찬(2018)은 여론 환경을 인식할 수 있는 뉴스 전달 방식의 차이, 다수 의견에 대한 사람들의 인식, 페이스북 뉴스 이용 정도가 페이스북에서의 의견 표현에 미치는 영향을 분석했다. 연구 결과, 개인의 의견과 다수의 의견이 일치하지 않을 경우 자신의 의견을 표현하는 의도가 낮아지는 것으로 나타났다. 역시 자신의 의견이 소수의 의견에 속한다고 판단될 경우 더욱 침묵하게 된다는 침묵의 나선 이론의 학설을 뒷받침하는 결과이다.

3. 정리하며

인간과 미디어는 매우 긴요한 사이가 되었다. 미디어를 통해 정보를 습득하고 여가를 즐기던 우리는 이제 미디어를 근간으로 주변 사람들과 교류하고 일면식 없는 익명의 다수와 감정을 공유하며 지낸다. 우리 중 63%가 스마트폰을 일상생활에서 가장 중요한 매체로 인식하고, 32.3%는 TV를 가장 중요한 매체로 꼽고 있다(방송통신위원회, 2019). 하루 수 시간을 TV를 시청하거나 스마트폰으로 유튜브를 시청하고 웹툰을 보고 SNS에 게시물을 업로드하는 데 할애하고 있는 우리는 때론 미디어의 막강한 영향력에 힘없이 휩쓸리기도 하고 때론 미디어가 우리에게 미칠 수 있는 효과를 주도적으로 찾아 즐기기도 한다.

지금까지 미디어 효과에 관한 다양한 학설을 살펴보았다. 전언한 바와 같이 TV와 라디오방송, 신문, 잡지, 포털, SNS의 미디어 특성은 다르지만 한 가지 분명한 것은 모든 미디어가 우리의 일상에 일련의 영향을 미치고 있다는 것이다. 앞에서 다룬 전통적 의미에서의 방송, 그리고 앞으로 미디어 환경 변화 속에서 태동하고 있는 새로운 방송의 유형을 배우는 동안 우리는 끊임없이 질문을 던져야 한다. 어느 매체가 어떤 상황에 어느 정도의 효과를 발휘하고 있을까? 우리는 그 영향력을 인지하며 살고 있을까? 과연 우리는 능동적으로 미디어를 선택하고 이용하고 있는 것일까?

참고문헌

박상조·박승관. (2016). 「외국인 범죄에 대한 언론 보도가 외국인 우범자 인식의 형성에 미치는 영향」. ≪한국언론학보≫, 60(3), 145~177쪽.

박웅기. (2013). 「스마트 TV 획득충족과 불충족에 관한 탐색적 연구」. ≪스피치와 커뮤니케이션≫, 22, 7~35쪽.

박인곤·신동희. (2010). 「스마트폰 이용자들의 이용과 충족, 의존도, 수용자 혁신성이 스마트폰 이용만족에 미치는 영향에 관한 연구」. ≪언론과학연구≫, 10(4), 192~225쪽.

방송통신위원회. (2019). 2019 방송매체 이용행태 조사.

오은혜. (2012). 「소셜 미디어의 이용동기가 소셜 미디어의 상호작용과 사용자 만족에 미치는 영향에 관한 실증연구」. ≪경영연구≫, 27(1), 49~74쪽.

이미나·양승찬. (2018). 「페이스북의 의견 표현에 영향을 미치는 요인에 대한 연구 뉴스 전달 방식, 다수 의견 인식, 페이스북 뉴스 이용 정도의 효과」. ≪언론문화연구≫, 25, 1~24쪽.

이종혁·최윤정. (2020). 「심층보도를 중심으로 한 의제설정 이론 확장과 효과 검증」. ≪정치커뮤니케이션 연구≫. 56, 5~54쪽.

이준웅·김은미·김현석. (2007). 「누가 인터넷 토론에서 영향력을 행사하는가? 온라인 의견지도자의 속성」. ≪한국언론학보), 51(3), 358~384쪽.

차배근. (1999). 『매스 커뮤니케이션 효과이론』(제2판). 서울: 나남출판.

최민음·전범수. (2014). 「웹툰 이용동기 및 구성 요소가 이용 만족도에 미치는 영향」. ≪방송문화연구≫, 26(2), 93~120쪽.

터로우, 조셉(Joseph Turow). (1998). 『매스커뮤니케이션 개론』. 고혜련 옮김. 서울: 커뮤니케이션북스.

홍원식. (2007). 「대통령지지도와 언론의 관계를 통해 살펴본 여론의 순환적 형성에 관한 연구」. ≪한국언론학보≫, 51권 6호, 33~61쪽.

Berelson, B and Gary A. Steiner. (1964). *Human Behavior*. New York: Harcourt, Brace and World.

Berelson, B. R., P. F. Lazasfeld, and W. N. Mcphee. (1954). *Voting: A study of opinion formation in a presidential campaign*. Chicago: University of Chicago Press.

Berelson, B. (1959). *The state of Communication Research. Public Ooinion Quarterly*, 23 (spring), pp.1~15.

Cantril, H. (1940). *The Invasion from Mars*. Princeton: Princeton University Press.

Cooper, E. and Jahoda, M. (1947). "The Evasion of Propaganda," *Journal of Psychology*, 23, pp.15~25.

Katz, E. (1959). "Mass Communication research and the study of popular culture." *Studies in Public Communication*, 2, pp.1~6.

Klapper, Joseph T. (1960). *The Effects of Mass Communication*. New York The Free Press.

Lasswell, Harold D. (1927). *Propaganda Technique in the World War*. New York: Peter Smith.

Lazarsfeld, Paul F. B. Berelson, and H. Gaudet. (1948). *The People's Choice*. New York: Columbia University Press.

Leung, L. and R. Wei. (2000). "More than just Talk on the Move: Uses and Gratification of the Cellular Phone." *Journalism and Mass Communication Quarterly*, 77(2), pp.308~320.

Linebarger, Paul M. A. (1954). *Psychological Warfare*(2nd ed.). Washington: Combat Force Press.

Lowery, S. and Melvin L. Defleur. (1983). *Milestones in Mass Communication Research: Media Effects*. New York: Longman.

McCombs, M. E. and D. L. Shaw. (1972). "The Agenda-Setting Function of Mass Media." *Public Opinion Quarterly*, 36, pp.176~187.

McCombs, M. E. and D. L. Shaw. (1977). *The Emergence of American Political Issues*. St. Paul: West Publishing Co.

National Institute of Mental Health. (1983). "Television and behavior: Ten years of scientific progress and implications for the eights." In E. Wartella and D. C. Whitney(Eds.). *Mass Communication Review Yearbook*, 4, pp.23~35. Beverly Hills, CA: Sage.

Papacharissi, Z. and A. M. Rubin. (2000). "Predictors of Internet Use." *Journal of Broadcasting and Electronic Media*, 44, pp.175~196.

Severin, W. J. and J. W. Tankard. (1979). *Communication Theories: Origins, Methods, Uses*. New York: Hasting House Publishers.

Severin, W. J. & Tankard, J. W. (2001). *Communication Theories; Origins, Methods, and Uses in Mass Media*(5th ed.). New York : Addison Wesley Longman.

제6장

텔레비전 체제의 변동과 새로운 방송 시청 관습의 이해

이소은

한국언론진흥재단 선임연구위원

* 이 글은 저자의 박사학위 논문 및 이의 일부를 발췌하여 구성한 논문(이소은, 2017a; 2017b)의 내용을 수
정, 보완한 것입니다.

요약

오랫동안 '방송 보기'는 시청의 형식과 시공간, 내용 면에서 우리의 일상생활을 일정한 모습으로 규정짓는 역할을 수행해 왔다. 디지털 테크놀로지의 도입으로 시청의 형식과 내용은 전면적으로 변화하고 있다. 특히, 젊은 세대를 중심으로 시청 기기와 내용이 다양화하고 있다. 그러나 동시에, 우리가 방송을 시청하는 모습은 여전히 TV라는 미디어의 독특성이 실현되고, 사회적 시간의 규율 하에 있으며, 가정이라는 공간의 지배력이 작동하는 형태로 유지되고 있다. 이는 방송 보기가 일상생활의 구조와 관습 안에서 이루어지는 '사회적 실천'이기 때문이다. 따라서 새롭게 변화하는 방송을 이해하기 위해서는 변화하는 모습 못지않게 변화하지 않는 모습에도 관심을 기울이고, 기술적 변화와 더불어 이를 둘러싼 시공간적 실천들을 이해하려는 노력이 필요하다.

학습 목표

- '텔레비전 체제'란 무엇이며, 이를 뒷받침하던 방송의 형식적 특징은 무엇인지를 이해한다.
- 방송 환경의 변화가 어떻게 '텔레비전 체제'의 변동을 야기했는지 이해한다.
- 방송 시청의 변화 양상을 경로와 내용, 시간과 공간 측면에서 구체적으로 설명할 수 있다.
- 방송 시청의 구조적 조건으로서 미디어 독특성과 사회적 시간의 규율, 정주성의 의미를 설명할 수 있다.
- '새로운 방송'을 살펴보는 지점으로서 내가 주목하는 방송 시청의 관습이 무엇인지를 이야기할 수 있다.

❖

1. 서론: 방송을 본다는 것

방송을 본다는 것은 무엇일까? '어제 방송을 봤다'고 하면 어떤 모습이 떠오르는가? 여러분 중 일부는 거실에 놓인 TV 수상기로 지상파 채널의 예능 프로그램을 시청하는 모습을, 다른 누군가는 스마트폰으로 유튜브(YouTube) 방송을 보거나 트위치(Twitch) 라이브 스트리밍을 시청하는 경우를 떠올릴 것이다. 태블릿PC를 통해 넷플릭스(Netflix) 드라마를 몰아 보기 하는 모습을 생각한 학생도 있을지 모르겠다. 어떤 경우이든 분명한 것은 '어제 방송을 봤다'라는 문장에 대해 떠올리는 바가 매우 다양하리라는 사실이다.

현행 '방송법' 제2조의 정의에 따르면, 방송은 "방송 프로그램을 기획·편성 또는 제작하여 이를 공중(개별 계약에 의한 수신자를 포함하며, 이하 "시청자"라 한다)에게 전기통신설비에 의하여 송신하는 것"으로서 텔레비전방송, 라디오방송, 데이터방송, 이동멀티미디어방송을 포함한다. 그러나 여러분이 '어제 방송을 본' 모습으로 떠올린 내용은 '방송법'이 정의하는 것보다 그 범위가 넓다. 그 이유는 무엇일까? 우리가 스마트폰으로 넷플릭스나 유튜브, 혹은 예능 프로그램의 하이라이트 편집본을 시청하는 것을 '방송 보기'로 간주하는 이유는 무엇이며, 법률적 정의가 미처 포함하지 못한 이와 같은 변화는 방송의 의미를 어떻게 바꾸어가고 있을까? 방송이 새로워지고 있다면, 그것이 우리의 일상생활에서 지니는 의미와 영향력 또한 바뀌고 있는 것일까?

이 장에서는 '텔레비전 체제(televisual regime)'의 변동과 시청 관습의 변화를 통해 이러한 물음에 답해 보고자 한다. 체제(레짐, regime)란 사람들의 행동이나 상호 관계를 일정한 방향으로 결정하는 가치나 규범 및 규칙들의 총합을 뜻하는 용어이다. 텔레비전 체제라는 말은 텔레비전이 사회적 수준에서 우리의 일상생활을 일정한 모습으로 규정짓는 특정한 가치를 지니고 그 역할을 수행해 왔음을 뜻한다. 구체적으로 텔레비전은 채널과 편성이라는 미디어 관습을 기반으로 중앙집중적 송출과 사사화된 가정에서의 수용, 그리고 "계획된 흐름(planned flow)"의 경험(Williams, 1975)이라는 기본적인 속성을 유지하면서 사람들의 일상생활을 시간적·공간적으로 조직화하는 준거로 작동해 왔다. '텔레비전을 본다'는 것은 곧 '집 안, 대개는 거실에 놓인 수상기로 지상파나 케이블 방송사가 만든 프로그램을 그것이 송출되는 시간에 맞추어 수용하는' 경우를 의미했고, 이러한 '방송 보기'의 모습은 20세기 초의 도시화, 산업화 과정과 맞물리면서 전통사회와 구별되는 사회 집단을 탄생시키고 사람들이 가정을 기본 단위로 노동과 여가가 구분되는 삶을 살도록 하는 데 영향을 미쳤다.

디지털 테크놀로지가 도입된 이후 텔레비전은 망, 기기, 플랫폼, 콘텐츠 등 모든 면에서 전례 없는 변화를 겪고 있다. 집 안에서는 거실에 놓인 TV 수상기가 다양한 기능으로 우리를 유혹하고, 밖에서는 'TV 수상기가 없어도 언제, 어디서나 방송을 접할 수 있는' 환경이 더욱 확대되고 있다. 오늘날 우리는 언제, 어디에서나, 원하는 방식으로 방송을 보고, 내가 본 방송과 친구가 본 방송, 부모님이 본 방송은 더 이상 내용이 같지 않다. TV 수상기보다는 스마트폰과 태블릿PC를, 지상파 방송보다는 넷플릭스와 유튜브를 이야기하는 것이 더욱 필요하고 당연하게 느껴지는 변화 속에서, 누군가는 '텔레비전은 죽었다'고 단언하기까지 한다.

그러나 정말로 우리가 방송을 보는 모습은 20세기 초 사람들의 방송 보기와 다른 것일까? 개별화·파편화 된 오늘날의 방송은 더 이상 일상생활의 사회적 구성과 관련되지 않는 것일까? 방송은, 텔레비전은, 정말로 죽어버렸고 더 이상 '체제'가 아닌 것일까?

마냥 그렇다고 보기는 어려운 것 같다. 사실 우리는 누구나, 여전히, 텔레비전을 보고, 여전히 '체제'의 영향력하에서 넷플릭스와 유튜브와 같은 새로운 방송을 접하고 있기 때문이다. 방송 보기의 형식과 내용을 결정하는 미디어 환경이 급진적으로 변화하고 있음에도 이를 시청하는 모습은 과거부터 지속되어 온 관습과 구조, 맥락 속에서 이루어진다. 따라서 새롭게 변화하는 방송을 이해하기 위해서는 텔레비전 체제를 구성하는 다양한 요소 중 무엇은 변화화고 어떤 것은 변화하지 않은 채 여전히 강력한 힘으로 남아 있는지를 살피는 것이 중요하다. 이에 이 장에서는 미디어 환경의 변화 속에서 실제로 방송 보기가 경로·내용 및 시간, 공간의 측면에서 변화하고 있는지를 살펴볼 것이다. 이를 통해 텔레비전 체제에 대한 '옛날' 이야기와 넷플릭스 및 유튜브로 대표되는 오늘날의 시청 환경을 연속적으로 이해하는 계기를 마련하고자 한다.

2. 텔레비전 체제와 일상생활의 구조화

1) 텔레비전 체제의 조건

윌리엄스(R. Williams)는 텔레비전을 단순한 기술의 산물이 아니라 "문화 형식(cultural form)"[1]으로서 주목했던 영국의 대표적인 문화연구자이다(Williams,

---

1   텔레비전을 다른 제도나 산업, 문화와 접합하면서 특정한 형태의 역사와 문화를 상호적으로
     구성하는 사회적 동인으로서 바라보았다는 뜻이다. 텔레비전은 특히 상징적 재화를 송출하여

1975). 그에 따르면, '텔레비전 체제'는 형식 측면에서 두 가지 특징으로 요약할 수 있다. 하나는 "중앙집중적 송출과 사사화된 수용이라는 모순적 구조"이고, 다른 하나는 "계획된 흐름(planned flow)"으로 경험되는 시청의 양식이다(이재현 외, 2015: 24, 89).

이 중 프로그램의 중앙집중적 송출 과정에서 주요하게 작동하는 텔레비전의 핵심적인 형식이 '채널(channel)'과 '편성(programming)'이다. 누구나 콘텐츠를 만들어 유튜브에 올릴 수 있는 현재와 달리 과거에는 독점적 생산자로서 방송사가 프로그램을 제작한 후 이를 특정 시간에, 특정 채널을 통해서만 제공했다. 등장 초기, 텔레비전은 하루에 일부 시간 동안만 '생방송(live)'으로 이벤트를 전달하고 프로그램 사이를 비워뒀으나, 이후 녹화 및 편집 기술이 발달하면서 이벤트를 일정한 시간 단위의 프로그램으로 구성하고 프로그램을 장르나 유형에 따라 시청 가능한 사람들이 많은 시간에 전달하려는 경향, 즉 편성 전략이 새롭게 생겨난다. 편성은 "프로그램의 주제와 형식을 결정하고 프로그램의 길이와 방송 시간대를 결정하여 프로그램을 배열하는 행위"(강흥렬, 2011: 370)로서, 채널을 계획적으로 구성·관리하고 시청 행위를 규칙적으로 조직화하는 "텔레비전 파워의 핵심이자, 인구통계학적 추정이 시청 경험으로 전환되도록 하는 메커니즘"(Ellis, 2000: 134)이다. 누구에게 어떤 프로그램을 몇 분 분량으로 구성하여 언제 전달하는 것이 가장 적절한지를 판단하는 편성 과정은 '생방송의 매체'였던 텔레비전을 편집된 프로그램을 가족 시청자에게 전달하는 '가정용 매체'로 발전시키는 데 핵심적 역할을 수행했다(Moores, 1988; Scannell, 1988, 1989).

수용자들의 생활로 침투해 가는 문화 생산 및 소비의 접점이라는 점에서 정치·사회·문화적으로 강력한 힘을 지니며 우리의 일상적 경험을 조율하는 기구로 작동한다.

편성을 통해 프로그램을 시간적으로 조직화하여 채널이라는 플랫폼을 통해 일방향적으로 송출하는 텔레비전의 특징은 해당 시간에 맞추어 특정 채널을 선택해야 한다는 실시간 시청의 수용 조건을 만들어낸다. 이때 '실시간 시청'이란 시청자가 시청 시간을 선택하기보다는 정해진 시간에 '푸시 형식'으로 제공되는 프로그램을 수용하는 관습을 의미한다. 물리적 기기가 TV 수상기로 고정되어 있는 환경에서 시청자는 특정 채널을 선택할 때 그 시점에 방송되는 프로그램만을 시청할 수 있다. 시청이 기기와 장소, 시간의 구속 조건하에서 이루어지는 셈이다. 이를 고려하여 방송사는 다양한 실시간성의 증진 전략을 사용하게 된다. 녹화방송인데도 진행자가 '오늘', '지금', '현재'와 같은 단어를 사용하거나, '식사 시간에', '가족분들과 함께'처럼 가정 공간을 나타내는 멘트를 했던 것이 대표적이다. 이를 볼 때 텔레비전 체제의 실시간성이란 방송 내용과 시청 시간의 물리적 동시성(simultaneity)이 아니라 인지적·상대적 수준의 현재성(currency)과 관련되는 개념이라 할 수 있다(Ellis, 2007).

채널과 편성을 핵심으로 하는 텔레비전의 구조 안에서 편성된 시점과 동일하게(즉, 실시간으로) 프로그램을 접하는 시청자는 하나의 연속적인 "흐름(flow)"으로 시청을 경험한다. 흐름이란 TV에서 나타나는 다양한 텍스트 요소들의 전체적인 움직임, 좀 더 자세히는 "광고, TV 프로그램, 방송사 자체 홍보물 등 서로 연관성이 없는 텍스트들을 TV 시청이라는 총체적인 경험의 양식으로 한데 묶는 유동적인 전달 방식"을 말한다(Williams, 1975). 방송사는 프로그램의 내용과 순서, 프로그램 사이의 간격을 철저하게 계획하여 시청자가 텔레비전을 쉽게 끌 수 없게 한다. 시청자는 단위 재현물들의 연속이 일정한 경향을 띠는 전체적으로 무엇, 곧 시간적 흐름으로 경험하게 된다. '(특정) 프로그램을 본다'가 아닌 '텔레비전을 본다'로 시청 경험을 표현하는 것은 이와 같은 "계획적 흐름"의 경험을 잘 보여준다.

이처럼 편성을 통해 프로그램을 채널의 형태로 구성·전달하는 방송의 일방향성이 전통적인 텔레비전 체제의 한 축을 구성한다면, 이를 통해 시청자가 개별 프로그램이 아니라 텔레비전을 연속적인 흐름으로 경험한다는 사실이 체제의 다른 한 축을 구성했다. 조금 단순화하면, 텔레비전 체제는 '방송사가 제작하여 지상파 채널을 통해 편성 시간에 맞추어 제공하는 프로그램을 가정에서 TV 수상기를 통해 실시간으로 시청하도록 하는 구조' 그리고 그 결과 '시청자가 하나의 연속적인 흐름으로 시청을 경험하도록 하는 양식'이라 이해할 수 있다.

2) 텔레비전과 일상생활의 구조화

채널과 편성의 토대 위에서 계획된 흐름으로 시청자에게 전달되는 텔레비전은 사회적 수준에서 근대적 일상생활의 여러 모습을 새롭게 만들어냈다. 물론, 텔레비전이 처음부터 일상 속에 자연스레 위치했던 것은 아니다. 등장 초기 텔레비전은 세탁기, 냉장고와 함께 근대적 소비사회의 지위를 드러내는 "3대 성물(three sacred things)"로서 가정에 도입되었다(Yoshimi, 1999). 당시 텔레비전은 크기도 크고 가격도 비싼 '신기한 기계장치'라서 주부들이 가구와의 배치를 고민할 만큼 '가정 친화적'이지 않았다(Scannell and Cardiff, 1991).

이후 텔레비전은 조금씩 가족 구성원의 '훌륭한 친구'로 전환되기 시작한다(Moores, 1988). 이 과정에는 방송이 뉴스 등을 통해 가정이라는 사적 세계에 공적인 소식을 전해주는 "이동성의 사사화(mobile privatization)" 기능을 수행한 것이 크게 기여했다(Williams, 1975, 1983). 텔레비전이 굳이 집 밖에 나가지 않아도 외부 소식을 알 수 있도록 해준 것이다. 텔레비전 덕분에 가정은 지극히 사적인 동시에 사회적 유동성(mobility)을 가지는 공간이 될 수 있었다 (Meyrowitz, 1985). 온 가족이 마치 벽난로 앞에 앉은 양 텔레비전 주위에 앉아 외부 소식에 대해 이야기를 나누는 모습은 노동을 마치고 귀가한 노동자가 가족과 여가를 즐긴다는 느낌을 주기에 충분했다. 이처럼 텔레비전은 가정 공간으로 진입한 이후 비로소 가정과 사회를 매개하는 근대적 매체로서 자리매김했고, 가정은 텔레비전의 도입과 더불어 근대적인 사회의 기본 구성 단위로서 '길들여졌다(domesticated)'. 텔레비전이 가내 매체이자 가족 매체의 정체성을 획득하면서 가정은 가정답게, 텔레비전은 텔레비전답게 자리를 잡아간 것이다. 가정과 텔레비전이 상호 관련되는 과정에서 각각 근대적 제도로서 의미를 획득한 이 과정을 문화연구자들은 "가내화(domestication)"라 부른다(Morley, 1992; Moores, 2000).

생활 패턴을 반영한 방송 편성이 고도화되면서 텔레비전은 가정에서 이루어지는 일상 행동을 특정한 방식으로 관리하는 역할 또한 수행하기 시작한다(Morley, 1992). 일상에 맞춰 방송이 편성되던 것을 넘어 사람들이 방송 편성에 따라 생활 리듬을 조정하게 된 것이다. 방송 스케줄에 맞추어 아이들의 식사나 활동 시간을 조정하고, 텔레비전 시청 시간을 가족이 공유하는 여가 시간으로 활용하는 1950년대 미국 가정의 모습은 이를 잘 보여준다(Bathrick, 1990). 매일 밤 마감 뉴스를 본 후 잠자리에 들고 일요일 밤 11시에 방영되는 프로그램을 보며 주말이 지나감을 아쉬워하는 오늘날 우리의 모습도 이와 별반 다르지 않다. '9-to-6'로 노동시간이 고정되고 시청 기기인 텔레비전이 집에 위치해 있음을 생각하면, 거의 모든 가정에서 퇴근 후 텔레비전을 시청하는 모습이 동일하게 나타날 수밖에 없었고, 텔레비전은 이 시간에 이루어지는 가내 활동을 편성 리듬을 통해 조정하면서 사람들의 일상생활을 조정했다. 누구나 비슷한 시간에 일하고 거의 모두가 여가 시간에는 텔레비전을 보는 삶. 톰슨(Thompson, 1967)이 이야기한 "노동의 동시화(synchronization of labour)"에 이어 이재현(1994, 1997)은 이를 "생활 패턴의 동시화(synchronization of time-budgets)"라 불렀다.

가내화와 동시화는 텔레비전이 방송 프로그램을 전달하는 것을 넘어 시청의 맥락이 되는 일상과 상호작용하면서 우리의 생활을 시공간적으로 조직화하는 데 영향을 미쳤음을 보여준다. 이와 같은 조직화 방식은 소위 '근대적 합리성'을 구성하면서 강력하게 유지되어 왔다. 디지털 테크놀로지의 도입으로 텔레비전 체제의 형식적 조건이 변화할 때까지 말이다.

3. 텔레비전 체제의 변동

1) 방송 환경의 변화

사람들이 모두 비슷한 시간에, 집 안에서, 방송사가 제공하는 시간에 맞추어 프로그램들을 시청하면서 텔레비전을 하나의 흐름으로 경험하던 모습은 디지털 환경에서 어떻게 달라졌을까? 그 핵심은 언제, 어디에서나, 원하는 기기와 방식으로, 개별 프로그램을 골라 시청할 수 있게 되었다는 것이다. 이의 기반에는 채널과 편성, 가내 실시간 TV를 기반으로 하는 수용 구조, 그리고 흐름이라는 텔레비전 체제의 조건들이 분절과 분산, 수용 조건의 구속성 약화, 상호작용적 흐름의 형성이라는 새로운 형식으로 변화한 사실이 존재한다.

이와 관련하여 가장 먼저 살펴볼 것은 '채널의 분절'과 '분산으로서의 편성'이다. 방송사 홈페이지나 온라인 동영상 플랫폼처럼 개별 프로그램들을 배열·저장하는 플랫폼이 증가하면서 텔레비전은 채널이 아니라 단위 시청각 콘텐츠를 의미하는 것으로 변화한다(Bennett and Strange, 2011; Napoli, 2011). 방송을 본다는 것은 더 이상 특정 시간에 채널을 보도록 초대되는 것이 아니다. 채널을 선택했기 때문에 특정 프로그램을 보는 것이 아니라 특정 프로그램을 보기 위해 채널을 선택하거나 지상파나 유료방송이 아닌 다른 플랫폼을 이용하는 것으로 방송 보기의 의미는 변화하고 있다. 프로그램의 제목이나 내용은 기억하되 그것이 어떠한 채널에서 방송되었는지는 기억하지 못하는 경우가 많다는 사실은(이동후, 2012: 181) 채널과 분리된 것으로서 프로그램을 경험하는 경우가 증가하고 있음을 보여준다. 채널 충성도보다 특정 플랫폼 내 패키징과 브랜딩의 중요성이 강조되고 '같은 시간에 같은 채널을 선택한 사람들'로서의 시청자 집단보다 취향에 따라 프로그램을 선택하는 팬(fan)으로서의 시청자 정체성이 대두하는 경향(Green, 2008; Turner, 2011) 역시 채널의 분절과 밀접하게 관련된다.

단위 프로그램 혹은 영상 콘텐츠가 핵심 요소가 되면서 편성 개념 또한 변화한다. 편성은 더 이상 프로그램들을 시간적으로 조직화하여 알맞은 방송 채널 플랫폼에 위치시키는 것이 아니라 단위 프로그램들을 어떠한 플랫폼에 유통, 즉 '저장'시킬 것인지를 결정하는 과정으로 변화한다. 편성이 시간적 조직화에서 시공간적 분산 전략의 수립 과정을 의미하게 된 것이다. 프로그램의 제작과 구매, 조합과 패키징 등을 모두 고려해야 할 필요가 커지면서 편성은 일반적인 마케팅 전략을 닮아가고 있다. 이 과정에 인공지능 알고리즘이 적극적으로 활용되고 있기도 하다. 방송은 뉴미디어 시대의 가장 주요한 형식인 데이터베이스 형식(Bennett and Strange, 2011: 1)처럼 공간적인 소직화 원리에 따라 프로그램을 결합해 내는 새로운 관습으로 의미가 재구성된다. 영화의 "몽타주"처럼 상이한 프로그램을 시간에 따라 결합시키던 모습은

(Uricchio, 2010) 데이터베이스 형식의 공간적 중첩과 연계를 가지는 '콜라주'의 형식으로 변화하고 있다.

채널과 편성의 약화는 방송 시간에 맞추어 채널을 선택해야 했던 수용 구조의 변화를 아울러 가져온다. 오늘날 시청은 시간 전이(time shifting)와 공간 전이(place shifting), 기기 전이(device shifting)가 가능한 조건하에서 이루어진다. 이는 채널 및 편성 변화와 더불어 시청 기기가 거실의 수상기를 벗어나 모바일 기기 등으로 다양화된 데 따른 것이다.

이러한 구조에서 시청은 방송 송출 시점에 맞추어 채널을 수용하던 행위에서 시청 시간과 공간, 기기를 선택하고 프로그램 목록을 구성하는 행위로 전환된다(Rizzo, 2007). 채널 경험이 아니라 플랫폼과 기기를 넘나들며 시청자별로 각기 다른 개인화된 흐름을 만들어내는 선택 및 조작 경험이 더 중요해지는 것이다. 흐름은 불연속적이고 분리된 콘텐츠 형식들의 선택과 조합을 통해 끝없이 새롭게 형성되는 가능성 자체로 변화한다. 방송 생산자가 독점하던 흐름의 통제가 급진적으로 대체되는 셈이다(Bignell, 2004; Chamberlain, 2011; Uricchio, 2004).

다만, 이 대체 과정이 모두 시청자 능동성에만 집중된다고 보기는 어렵다. 시청자 통제 증대의 기저에는 데이터베이스 구조로 저장된 프로그램의 선택을 돕는 메타데이터 프로토콜(metadata protocols) 및 필터링 프로그램(검색엔진과 같은 알고리즘 기반 체제)이 존재하기 때문이다(Bignell, 2004: 254~275; Uricchio, 2004: 172). 넷플릭스나 유튜브 추천 알고리즘이 강력한 영향을 발휘하는 데서 보듯, 우리가 '선택'이라 믿는 시청 행위는 사실 기기나 플랫폼의 어포던스(affordance, 행동유인성)가 작동한 결과인 경우가 많다. 이 점에서 텔레비전 체제의 "계획된 흐름"은 완전히 개인화·자율화된 흐름이 아닌 '상호작용적 흐름(interactive flow)'의 형태로 변화하는 중이다.[2] 오늘날 방송 플랫폼들은 채널이나 장르 등 익숙한 내용을 중심으로 프로그램을 구분·정리하여 시청자에게 제공한다. 이 때문에 프로그램의 선택과 조합은 그 궤도 위에서 일정한 흐름을 가진 형태, 즉 상호작용적 흐름으로 재구성될 가능성이 높다.

2) 방송 시청의 변화

채널이 분절되고 편성이 분산되는 등 방송 시청 조건이 달라진 것은 곧 텔레비전 체제의 해체를 의미할까? 스마트폰을 통해 넷플릭스나 유튜브를 시청하는 모습이 주목을 받으면서 거실에 놓인 TV 수상기로 방송 프로그램을 시청하던 모습은 가치를 잃은 유물처럼 간주되곤 한다. 그러나 '새로운 방송'의 모습으로 스마트폰을 통한 시청이나 온라인 동영상 플랫폼 이용의 확산에만 주목하는 것은 전통적인 관습과 극적으로 대비되는 모습을 통해 변화를 예측하는 데는 유용할지 모르나 전통적 관습을 '과거'로 치부한 채 국지적인 변화를 주류적인 것으로 간주하는 "과다 추정의 오류"를 범할 수 있다(이소은, 2017a; 이재현, 2014). 시청 시간과 공간, 기기의 전이가 시청 시공간 자체의 변화로 직접 연결되지 않을 수 있다는 점에서 더욱 그렇다. 시청 조건이

2　상호작용적 흐름은 마노비치(L. Manovich)가 이야기한 "상호작용적 서사(interactive narrative)"(Manovich, 2001)를 차용하여 이 글이 새롭게 제시하는 개념이다. 마노비치는 근대적 서사(narrative) 양식과 대비되는 컴퓨터 시대의 핵심 형식으로서 데이터베이스 형식을 이야기하면서, 서사가 완전히 사라지기보다는 상호작용적 서사라는 새로운 양식이 대두하리라 예견한 바 있다. 상호작용적 서사란 "데이터베이스를 만들어낸 사람이 구성한 기록들 사이의 링크를 따라 움직이면서 형성하게 되는 서사, 즉 데이터베이스를 통하는 여러 궤도의 합"을 의미한다. 데이터베이스 자체는 항목들의 목록으로서 세계를 표상하고 그 순서를 정하는 것을 거부하지만, 이용의 맥락에서는 알고리즘에 따라 전통적·문화적으로 선호되고 친숙한 것을 먼저 제시하는 경향이 있기 때문에 사용자가 그 범위 안에서 서사를 구성하게 된다는 것이다.

시간과 공간, 기기의 구속으로부터 탈피한 것은 사실이지만, 이것이 곧 '주 시청시간대'나 가정 공간 내 시청 행위를 전면적으로 바꾸지는 않는다. 텔레비전 체제의 변동을 이해하기 위해서는 실제 우리가 방송을 시청하는 모습이 과거와 달리 '해체'되고 '변화'하며 '약화'되는 지점은 어디이며 그 정도와 양상은 어떠한지를 가늠하는 것이 중요하다. 지금부터 이를 살펴보자.

(1) 무엇을 어떻게 시청하는가?

과거 '방송을 본다'의 의미가 '거실에 놓인 TV 수상기로 지상파나 케이블 방송 채널에서 방영되는 프로그램을 실시간으로 시청'하는 모습을 의미했다면, 오늘날 이는 여러 기기를 통해 다양한 플랫폼에서 방송 프로그램뿐 아니라 시청자가 제작한 영상 등을 복합적으로 시청하는 모습을 의미한다. 방송 보기를 규정하는 '기기-플랫폼-콘텐츠'의 결합은 구체적으로 어떻게 변화하고 있을까?

먼저 주목할 점은 'TV 수상기-지상파/유료방송-실시간 콘텐츠'의 이용이 여전히 압도적이라는 사실이다. 문화체육관광부가 2019년 12월에 발표한 '국민여가활동조사'에 따르면, 텔레비전 시청은 여전히 대한민국 국민의 압도적인 1순위 여가 활동이고 만족도도 가장 높다. 방송통신위원회(2019a)의 '방송매체 이용행태 조사'에서도 2019년 가구 내 TV 수상기 보유율이 95.8%로 나타나 텔레비전이 여전히 보편적인 매체의 위상을 유지하는 것으로 확인된다. 지상파 프로그램 이용률 또한 감소 추세이기는 하지만 92.8%로 여전히 높은 수준을 유지하고 있다. 실시간 시청은 TV 수상기를 통하는 경우가 96.0%이며, VOD를 시청할 때에도 TV 수상기를 이용하는 경우가 10.3%로 스마트폰 이용(5.7%)의 두 배에 달한다.

이로부터의 변화를 살펴보면, 젊은 세대를 중심으로 기기 측면에서 PC와 모바일 기기(스마트폰), 플랫폼 측면에서 넷플릭스나 유튜브와 같은 온라인 동영상 플랫폼으로 분화하는 양상이 두드러진다. 다만, 구체적인 내용과 경로는 인구 집단별 기기-플랫폼-콘텐츠의 조합 여부에 따라 달라진다. 특히, 연령과 콘텐츠 유형에 따른 기기, 플랫폼 선택에 주목할 수 있다.

　연령의 경우, 20~30대를 중심으로 모바일 미디어-온라인 동영상 서비스로의 분산이 발견된다. 구체적으로 젊은 세대의 1인 가구를 중심으로 온라인 동영상 서비스의 유료 이용이 늘고 있다(방송통신위원회, 2019a). 온라인 동영상 플랫폼에서 소비할 수 있는 콘텐츠가 다양해지면서, 콘텐츠 유형에 따라 시청 기기를 선택적으로 활용하는 모습 또한 생겨나는 중이다. 가령, 지상파와 유료방송은 주로 TV 수상기를 통해 시청하는 데 비해 온라인 동영상 플랫폼 중 넷플릭스처럼 전문제작자가 생산한 콘텐츠는 모바일과 TV 수상기, 유튜브처럼 이용자 참여 기반의 콘텐츠는 모바일과 PC가 주 시청 기기로 활용된다(닐슨코리안클릭, 2018.1.23; 방송통신위원회, 2019b; KISDI 방송미디어연구실, 2019). PC와 모바일 미디어는 영화, 동영상, UCC 등과 같은 비선형적 콘텐츠 이용을 위한 주요 경로이기도 하다(이소은·이지현, 2020). 다만 PC는 비실시간 비선형 콘텐츠를 시청하는 데 주로 활용되는 데 비해 모바일 미디어는 실시간 및 비실시간 비선형 콘텐츠를 이용하는 데 모두 활용된다는 점에서 차이가 있다. 비실시간 콘텐츠 중에서도 방송 프로그램은 여전히 TV 수상기를 중심으로 이용된다는 점 또한 특징이다(닐슨코리안클릭, 2018.1.23).

　주의할 점은 모바일 미디어를 통한 온라인 동영상 콘텐츠 시청의 증가가 반드시 '제로 TV'나 '코드 커팅(cord-cutting)'과 연결되지는 않는다는 것이다. 온라인 동영상 플랫폼의 유료 이용이 늘고 있는 것과 상관없이 한국의 TV 보유율과 유료방송 가입률은 각각 95.8%, 93.2%로 여전히 높은 수준이다(방송통신위원회, 2019a). 'TV 수상기-지상파/유료방송-실시간 콘텐츠' 중심의 텔레비전 체제가 PC와 모바일 기반의 온라인 동영상 서비스 등으로 분화되는 것은 사실이나, 이는 '이탈'보다는 여러 기기 및 플랫폼과의 '중첩' 형태로 일어나고 있을 가능성이 높다. 국내 유료방송 시장의 결합상품 구조가 이러한 중첩에 영향을 미칠 것으로 예상되며, 결합상품이 가구를 단위로 가입된다는 점에서 가구 구성원의 기기, 플랫폼 이용의 분화를 좀 더 면밀히 분석할 필요가 있을 것으로 보인다.

(2) 언제 어디서 시청하는가?

"가내화"의 매체로서 일상생활을 "동시화" 하던 텔레비전은 어떠한가? 기기와 플랫폼, 콘텐츠의 다양화가 '텔레비전 중심적인' 우리의 일상에도 변화를 가져오고 있는가? 요즘 사람들이 방송 프로그램 시간에 자신의 생활시간을 맞추는 것은 아니다. 방송 편성은 이제 더 이상 중요하지 않고, '본방 시청'은 필요에 따라 '사수'해야 할 대상일 뿐이다. 그럼에도 텔레비전 체제의 죽음을 이야기하기는 어려워 보인다. '새로운 방송'의 시청도 여전히 집 안에서 생활시간의 구조 안에서 이루어지고 있기 때문이다.

먼저, 텔레비전 시청이 압도적으로 집에서 이루어진다는 점에서 그러하다. TV 수상기를 통한 유료방송 시청은 물론이고, 'TV 수상기를 떠난 방송'이나 '유료방송 이외 영상 콘텐츠'의 시청이 이루어지는 공간은 여전히 집으로 집중된다(김영임, 2020; 이소은, 2017a). 모바일 미디어 덕분에 집 밖에서도 방송을 시청할 수 있게 되었지만 시청은 생각만큼 이동 공간이나 외부 공간으로 '침투'하고 있지 않다. 오히려 시청 공간은 가정 내에서 거실 이외의 보다 사적인 공간으로 분화되는 중이다. 부모가 거실에서 TV 수상기를 시청하는 동안 자녀가 방에서 PC나 모바일 미디어를 이용해 시청하는 경우(윤태진·이창현·이호규, 2003)나 화장실, 베란다, 식탁, 침대 등 TV 수상기가 닿지 않는 비시청 공간에서 모바일 미디어를 이용한 시청이 이루어지는 경우(최선영, 2015)가 대표적인 예이다. 이러한 모습은 '공간 전이'를 이야기하는 담론들에도 불구하고 방송 시청은 여전히 가정이라는 공간의 지배력이 강력하게 작동하는 문화적 실천이자 관습임을 보여준다.

시간의 측면에서도 방송 시청은 여전히 "동시화" 되어 있다. 시청이 일과 후 여가 시간에 집중된다는 점에서 그러하다. 젊은 세대의 비실시간 콘텐츠 시청이 전통적인 주 시청시간대인 저녁 9시 이후에도 높게 나타나는 것은 새로운 현상이지만, 전체적으로 출근 전과 퇴근 후 시청이 증가하는 M자형 패턴은 유지되는 중이다. 아울러 절대적 시점의 차이는 있더라도 사회적 시청 시간의 유사성 또한 여전히 유지되는 것으로 보인다. 일찍 자는 사람은 이른 시각에, 늦게 귀가하는 사람은 늦은 시각에 이루어질 뿐, TV 수상기 또는 스마트폰을 이용한 영상 시청이 귀가 후 잠자리에 들기 전까지 집에서 이루어진다는 사실은 변함이 없다(이소은, 2017b). 오늘 9시에 텔레비전을 본 사람이 내일 9시에 텔레비전을 보고 있을 가능성도 높다. 시계 시간이 아닌 사회 구성원이 공유하는 집단 경험의 리듬, 즉 사회적 시간의 차원에서 보면 사람들의 시청 패턴은 오늘날에도 매우 유사하다. 방송을 '언제나 본다'는 말은 방송사가 프로그램을 제공하는 시간대에 시청하지 않아도 된다는 뜻일 뿐, 노동 시간과 같은 전통적인 비시청 시간대가 시청 시간으로 전면 확대된다는 뜻이 아니다. 방송 시청은 여전히 사회적 시간, 특히 노동과 여가의 분리라는 현대사회 시간성에 의해 주요하게 결정되는 행위이며, 이와 같은 시간의 규율은 노동 집약적이고 가속화하는 현대사회에서 더욱 심화되고 있기 때문이다.

다만, 개인 수준에서 방송을 얼마나 길고 짧게 보느냐의 측면에서는 과거에는 볼 수 없었던 새로운 양상들이 나타난다는 점에 주목할 필요가 있다.

한 자리에서 두 편 이상의 동일 프로그램을 연속적으로 이어보는 '몰아 보기 (binge-watching)'나 길이가 짧은 동영상을 반복해서 시청하는 '다시 보기(loop watching)', 긴 영상을 모두 시청하지 않고 짧게 조각낸 일부만을 시청하는 '잘라 보기(clip watching)'는 이미 주류적인 시청 양상으로 자리매김했다(정금희· 최윤정, 2019; 정유진·최윤정, 2017; 함민정·이상우, 2019; Barker and Wiatrowski, 2017; Flayelle, Maurage and Billieux, 2017; Jenner, 2017; Spangler, 2013). 이 중 잘라 보기 가 비선형 플랫폼 및 모바일 기기에 의해 주로 견인되는 새로운 양상이라면, 몰아 보기는 1990년대 TV 시리즈의 팬들이 완결 DVD를 통해 수행했던 관 습(Lots, 2014; Kuperinsky, 2014; Warren, 2016)의 변주라 할 수 있다. 다시 보기가 텔레비전 체제의 선형적 시청 흐름과 대비된다면 몰아 보기는 쉽게 전원을 끌 수 없도록 만드는 계획적 흐름의 힘이 극대화된 사례이기도 하다. 중요한 것은 몰아 보기나 다시 보기, 잘라 보기와 같은 양상이 시청 리듬의 변주를 견인하면서 방송 시청의 시간성을 새롭게 구성하고 있다는 점이다. 이 리듬 이 전적으로 시청자의 능동적 선택에 의한 것인지 아니면 알고리즘이 추동 하는 시청 유도 전략에 의한 것인지 등을 면밀히 탐색해 갈 필요가 있다.

4. 새로운 방송을 이해하기 위한 물음들

디지털 테크놀로지는 'TV가 없어도 언제, 어디서나 TV를 접할 수 있는' 미 디어 환경을 만들어낸다. 그러나 앞서 살펴본 시청의 양상은 새로운 미디어 환경이 시청의 변화로 직접 이어지지는 않음을 보여준다. 그 이유는 무엇이 며, 텔레비전 체제하에서 구성된 시청 관습이 여전히 강력하다는 사실은 어 떠한 의미를 가질까? 변화하는 방송의 의미를 좀 더 깊게 이해하기 위해 우리는 텔레비전 체제에서 변하는 것과 변하지 않는 것들에 대해 어떠한 질문들을 던져야 할까?

1) 방송 시청과 미디어 독특성

기기와 플랫폼, 콘텐츠의 수준에서 발생하는 시청의 분화를 이해하기 위해서는 이들의 조합 또는 궁합을 결정하는 요인이 무엇인지에 관심을 가질 필요가 있다. 시청의 계기를 결정짓는 '시간적 맥락-공간적 맥락-장소-기기-플랫폼-콘텐츠'의 조합에서 가장 큰 힘을 발휘하는 것은 무엇인지, 어떤 조합이 가장 강력한가를 묻는 것이다.

앞서 시청의 변화에서 확인한 바는 TV 수상기를 통한 전통적 시청 관습이 여전히 강력하다는 점이다. 이로부터의 변화는 주로 두 가지 방향으로 나타난다. 하나는 'TV 수상기-유료방송'의 틀 위에서 실시간 외에 비실시간 콘텐츠를 이용하는 '제한적 분산'이고, 다른 하나는 젊은 세대의 비선형 콘텐츠 이용을 중심으로 PC와 모바일 미디어 이용이 증가하는 '분절적 이탈'이다. 빅 스크린과 스몰 스크린으로 대비되는 두 양상은 상이한 함의를 지니는 것 같다.

먼저, TV 수상기 내 콘텐츠 분산은 TV 스크린의 미디어 독특성(medium specificity)이 발휘되는 모습으로 그 의미를 해석할 수 있다.[3] TV 수상기-유료

---

3 미디어 독특성이란 미학 및 예술 비평에서 주로 사용되는 개념으로, 미디어는 자신만의 고유한 물질성(materiality)을 가지며 예술 작품의 텍스트는 미디어의 물질적·형식적 속성을 바탕으로 구성됨을 의미한다(Schwartz and Przblyski, 2004: 8). 이에 따르면 텍스트 의존 미디어나 비디오 의존 미디어, 오디오 의존 미디어 등은 서로 구별되는 독특한 속성을 가진다(이재현, 2013). 마찬가지로 TV 시청에는 미디어 독특성이 작용하여 미디어 특성이나 환경, 시청 맥

방송-비실시간 시청은 편성 시간에 맞추어 시청 시간을 조정할 필요가 없어지는 것일 뿐 TV 스크린을 통한 시청의 독특성 자체의 변화를 의미하지는 않는다. 이 조합의 시청 이벤트가 소비되는 시공간은 여전히 일과 후의 집 안이며, 다시 보기 서비스를 선택하는 경우에도 프로그램을 '현재적'으로 소비하는 경우가 많다. 이 점에서 TV 수상기 내 분산은 텔레비전 체제의 지배력과 연계하여 이해할 수 있는 변화이다.

최근 온라인 동영상 플랫폼 시장에서는 유료방송 사업자가 동영상 서비스를 런칭하거나 동영상 사업자와 제휴를 맺어 번들링(bundling) 상품을 판매하는 경우가 증가하고 있다.[4] 가전 사업자 또한 온라인 동영상 플랫폼을 스마트 TV에 탑재하거나 TV 전용 가상 채널 서비스를 제공하는 등 TV 수상기를 기반으로 좀 더 편리하게 영상을 이용할 수 있는 계기를 마련하는 데 주력하는 중이다.[5] 이러한 노력은 TV 수상기 시청의 미디어 독특성을 극대화하면서 콘텐츠 DB에 저장된 파일을 선택해야 하는 '이질성'을 최대한 지움으로써 자연스러운 흐름을 느끼도록 하는 전략이라 할 수 있다. '소파에 앉아서' '편히' '이리저리 채널을 돌려가며' '큰 화면으로' '아무 생각 없이' 텔레비전을 보는 즐거움을 대체할 수 있는 기기가 아직 없기에, '린 백 미디어(lean back media)'로서 텔레비전이 지닌 가치를 극대화하는 것이다.

젊은 세대에게서 엿보이는 PC, 모바일 미디어로의 이탈은 이와 조금 다르다. 이 변화는 TV 수상기 이용과의 연계 속에서 발생하는 분산, 혹은 PC와 모바일이라는 두 미디어의 독특성이 방송 시청의 조건을 새롭게 조성하는

락에서 'TV를 TV답게' 하는 방식이 존재할 수 있다.

4   LG유플러스가 넷플릭스와 제휴한 경우가 대표적이다.

5   LG전자의 'LG 채널'이나 삼성전자의 '삼성 TV 플러스'가 대표적이다.

분절, 두 방향으로 의미를 해석해 볼 수 있는데, 현재로서는 전자의 가능성이 조금 더 높은 것 같다. 다수 연구에서 TV 수상기 이외의 매체로 방송을 시청하는 이유가 못 본 방송을 다시 보거나 원하는 시간에 보거나 취침 전에 편하게 사용할 수 있어서라고 보고되는 등(고현욱, 2019; 방송통신위원회, 2019a) PC나 모바일을 통한 시청은 고정형 TV 수상기의 시공간 구속성의 '대안'으로 이루어지는 경우가 많다. 가족과의 공동 시청을 기피하여 PC와 모바일 미디어를 시청 기기로 선택하거나(이소은·강민지, 2019) PC, 모바일 미디어를 통한 온라인 동영상 플랫폼 이용이 '제로 TV'나 '코드 커팅'과 연결되지 않는다는 연구(정보통신정책연구원, 2018.3.31; 정보통신정책연구원, 2018.4.30), 코로나19 확산으로 '집콕족'이 늘자 TV 수상기에 대한 수요가 증가했다는 현황(황순민, 2020.5.25) 또한 마찬가지 맥락에서 해석할 수 있다. 이러한 연구들은 PC와 모바일 미디어를 통한 시청이 해당 기기에 대한 전적인 선호가 아니라 시공간적 맥락이나 TV 수상기의 부재와 같은 외적 요인의 영향을 받음을 시사한다.

이와 대조적으로 틱톡(TikTok)이나 퀴비(Quibi)와 같은 사업자들은 Z세대의 모바일 숏폼(short-form) 콘텐츠 이용에 집중하는데, 이는 텔레비전 체제와 '분절'되는 새로운 시청 관습으로 모바일 시청을 바라보는 관점을 전제하는 것이다. 공교롭게도 코로나19 상황과 겹쳐 퀴비 등은 아직 좋은 성과를 얻지 못하고 있다. 이것이 텔레비전 체제의 여전한 지배력을 반영한 것인지, 코로나19라는 예외적 상황에 의한 것인지 앞으로 지켜볼 필요가 있다.

기기, 플랫폼, 콘텐츠 측면에서 발생하는 시청의 분화가 TV 수상기의 미디어 독특성을 기반으로 하는 텔레비전 체제의 영향력하에서 이루어지는 것이라면, 최근 대두하는 온라인 동영상 서비스 플랫폼의 경쟁은 기존의 방송 채널과 일종의 '채널'로서 동영상 서비스, 그리고 이들 서비스를 시청하는 기기의 조합이 복합적으로 작동하는 경쟁이 될 가능성이 크다. '셋톱 넘어서기 (Over-the-top)'가 아니라 "셋톱 올라타기(On-the-top)"가 온라인 동영상 플랫폼의 성공 여부를 좌우할 수도 있다는 말이다(이성민, 2019.7.4). 이때 성공의 열쇠는 결국 이용자의 시청 경험, 즉 '흐름'을 장악하는 것이 될 것이다. '오리지널 콘텐츠'를 통해 시청자를 유인하거나, 개별 시청자에게 최적화된 추천 알고리즘을 제공하는 것은 각각 독특하거나 자연스러운 흐름을 제공하려는 전략이다. 이 전략이 기기-플랫폼-콘텐츠의 조합을 넘어 시청의 맥락이나 상황, 인지적 자원의 배분까지 고려할 때 '새로운 방송'이 '계획된 흐름'을 구성하는 전략은 완성될 것이다.

2) 방송 시청과 사회적 시간

방송 시청이 시계 시간적으로는 다소 분산될지 몰라도 전체적으로는 여가 시간에 집중된다는 사실은 방송 시청이 여전히 노동과 여가의 구획이라는 사회적 시간의 조건 안에 존재함을 뜻한다. 사회 구성원들 간에 제한적으로 나타나는 시청 시간의 차이는 시청 자체가 아니라 생활시간의 차이에 기인할 가능성이 크다. 일찍 자는 사람은 이른 시각에, 늦게 귀가하는 사람은 늦은 시각에 TV를 볼 뿐이다.

다만, 그 시간을 채우는 행위가 TV 수상기-유료방송-실시간 콘텐츠의 단일성에서 벗어나 다양해진다는 점에서 개별 시청자들이 어떠한 방식으로 각기 다른 여가 시간을 구성할 것인가라는 물음을 새롭게 던질 수 있다. 텔레비전 체제하에서 여가 시간을 구성하는 합리성은 사회 전체 구성원의 공통된 생활의 패턴을 읽고 그에 적합하게 방송 프로그램을 시간적으로 조직화하는 것, 즉 '편성'하는 것이었다. 어린이 프로그램 다음에 생활 정보 프로그램이 배치되고, 9시 뉴스가 끝난 후 드라마가 방송되는 흐름은 이러한 합리성의 결과물이었다. 이와 대조적으로 현재는 모든 기기, 플랫폼, 콘텐츠가 여가 시간에, 어쩌면 노동시간까지, 진입할 수 있는 상황이다. 게다가 노동시간의 유연화로 사회 구성원 간 여가 시간의 배치가 달라진다. 이러한 상황에서 사업자는 '각기 다른 개인의 여가 시간을 무엇으로 채울 것인가'라는 문제를, 시청자는 '내 여가 시간을 시청을 통해 얼마나 효율적으로, 그리고 즐겁게 만들 것인가'라는 문제를 생각하지 않을 수 없다. 시청 시공간-기기-플랫폼-콘텐츠 조합의 다양한 가능성 속에서 개별 시청자들에게 최적화된 조합을 시시때때로 찾아내는 문제가 발생하는 것이다.

최근 사업자들은 인공지능 기반의 추천 알고리즘을 통해 이 문제를 해결하려는 것 같다. 다수에게 인기가 있는 콘텐츠를 추천하는 것보다는 개인화된 추천이 시청 다양성이나 만족 측면에서 더 효용이 크기 때문이다. 아직까지 사업자와 시청자를 모두 만족시키는 완벽한 합리성은 발견되지 않은 것 같다. 보고 싶던 콘텐츠는 많은데 막상 플랫폼에 들어가면 의욕을 잃고 작품보다 메뉴 화면 자체를 보는 시간이 많아진다는 소위 '넷플릭스 증후군'은 여가 시간을 기계의 보조를 받는 시청의 흐름으로 채울 때의 합리성에 관한 문제이다. 방송을 다른 활동의 배경처럼 여기는 '틀어두기'와 원하는 콘텐츠만을 능동적으로 선택하는 '골라 보기'의 긴장, 몰아 보기와 다시 보기, 잘라 보기 등도 개별 시청자가 자신의 여가 시간을 구성하는 합리성의 문제로 해석할 수 있다. 가령, 클립영상을 보는 잘라 보기는 바쁜 일상 중 한정된 시간에 주요한 장면들을 압축해 시청함으로써 프로그램을 소비하려는 현대사회의 효율성 증진의 전략일 수 있는 셈이다.

퀴비나 틱톡처럼 짧은 시청 리듬을 추구하는 플랫폼과 넷플릭스처럼 몰아 보기의 긴 리듬에 최적화된 인터페이스를 제공하는 플랫폼이 공존하는 상황에서 시청의 시간적 변화는 노동집약적이고 가속화하는 사회에서 여가 시간을 구성하고 자신의 리듬을 주위 리듬과 조율하는 "메타안정성"(Lefebvre, 1992/2004)의 관점에서 바라볼 필요가 있다. 시청 시간은 가속화 및 노동과 여가의 구분이라는 사회적 리듬과 출퇴근 시간과 같은 생활 리듬, TV, PC, 모바일 미디어가 지닌 고유의 리듬, 집이나 직장, 비장소(non-places) 등 서로 다른 공간에서 감지되는 장소의 리듬, 그리고 그 속에서 휴식을 만들어내고자 하는 개인의 리듬, 나아가 이 모두가 체화되어 나타나는 신체 리듬의 상호작용을 통해 구성되는 것이다. 이러한 측면에서 시청 시간은 단순한 측정 단위나 배경이 아니라 그 자체로 다중적이고 복합적인 문화 현상이다. 그 구체적인 모습을 밝히고 의미를 해석하는 일이 새로운 방송학의 과제로 남아 있다.

3) 방송 시청과 정주성

시청 공간이 여전히 집으로 집중된다는 사실은 디지털 테크놀로지로 인한 '이동 시청'의 가능성이 '이동 중 시청(viewing on the move)'이 아니라 '장소 구속으로부터의 탈피'를 의미함을 강력하게 시사하는 것이다. '어디서나 방송을 본다'는 것은 장소의 문제보다는 생활시간의 문제 또는 생활공간 및 공간의 교호적 맥락과 관련됨을 유념할 필요가 있다.

이는 가내 시청의 맥락이 과거에 비해 다양해졌기 때문이다. 세 가지 측면에서 특히 그러한데, 첫째는 가내 시청의 기기가 다양해진다는 점이다. 이는 주로 젊은 세대를 중심으로 나타나는 현상으로, 가족 구성원들과 별개로 개인적으로 프로그램을 시청하는 모습을 통해 드러난다. 젊은 세대가 부모와 함께 시청하는 것을 피해 방에서 홀로 PC나 모바일 미디어를 시청하는 경우가 그 예이다. 둘째는 가내 시청 공간이 그간 시청이 이루어지지 않던 가내

틈새공간으로까지 확장되는 경우이다. 냉장고에도 스크린이 부착되는 등 가정이 미디어 각축장이 되고 있음을 고려하면 집 안에서 방송을 시청하는 접점은 계속 증가할 수 있다. 이러한 기기를 통한 시청의 분산은 가내화의 약화가 아닌 심화로 이해하는 편이 오히려 바람직하다. 셋째는 가내 시청의 교호적 맥락이 이전과 달라진다는 점이다. 이는 특히 1인 가구 증가와 같은 가족 해체의 맥락에서 그 의미를 해석할 수 있다. '먹방' 또는 '쿡방'이 '혼밥족'에게 '식구(食口)'의 의미를 구현하는 기제일 수 있다는 연구(김형우, 2015)는 시청이 일종의 '디지털 벽난로'로서 '집다움'을 구현하고 가상적인 "모임의 장소(gathering place)"(Adams, 1992)로서 존재적 안정성을 부여함을 보여준다.

또 하나 주목할 점은 방송 시청이 생각보다 이동(mobility)과 결합하기 어렵다는 점이다. 이는 시청이 신체의 정주성을 필요로 하기 때문이다. 걸으면서 방송을 시청하는 행위가 안전을 이유로 문제시된다는 점은 이를 뒷받침한다. 운전 중 DMB 시청은 2013년 이후 법으로 금지될 정도이다. 그러나 지하철이나 기차 안처럼 신체가 별도의 인지적 활동 없이 상대적으로 정주하는 공간에서는 TV 시청이 이루어진다. 이 점에서 이동 중(on the move)의 시청은 이동이 가능한 모바일 미디어보다 오히려 역사의 대합실과 같은 대기 공간의 스크린이나 건물에 부착된 대형 사이니지(signage) 등을 통해 구현되는 것이 더욱 현실적일지도 모른다. 따라서 시청 공간을 좀 더 심도 있게 이해하기 위해서는 시청이 여전히 가정이라는 문화적 제도의 의미를 확대하고 강화하는 정주적 실천임을 이해하는 동시에, 공공 스크린이나 사이니지처럼 이동 공간 자체를 구성하는 시청의 접점들과 그 안에서 이루어지는 공간적 실천들(spatial practices)에 주목해야 할 것이다.

5. 결론: 방송 시청의 이해, 일상생활의 이해

'방송을 본다'가 곧 '텔레비전을 본다'이고, 이것이 곧 '집 안에서' 'TV 수상기를 통해' '특정 채널에서 방영되는' '방송 프로그램을' 본다와 동일한 의미를 가지던 때가 있었다. 이때 시청은 대개 '여가 시간에', '규칙적으로', '하루 평균 약 세 시간 동안', '거실에서', '가족과 함께' 이루어졌다. 디지털 테크놀로지로 인한 미디어 환경의 변화는 이와 같은 시청의 조건을 모두 깨부수는 것처럼 보인다. 그러나 우리가 방송을 시청하는 모습을 면밀히 들여다보면, 변화의 모습 속에 여전히 변하지 않고 유지되는 측면들이 생각보다 많다는 사실을 알게 된다. 텔레비전을 둘러싼 가족과 여가, 오락의 가치는 "나, 문화적 향유, 취향, 충족"으로 대치되는 듯하지만(임종수, 2019) 이러한 충족을 결정하는 나의 행동은 등·하교 시간이 결정되는 학교생활과 거실을 함께 쓰는 가족 관계의 영향을 받는다. 텔레비전 체제의 변동은 시청의 특정 요소만으로 설명할 수 없고, 시간적 맥락-공간적 맥락-장소-콘텐츠-플랫폼-기기 등의 경쟁과 조합을 고려해 살펴야 하는 이유가 여기에 있다.

이로 인해 방송학에는 새로운 과제들이 등장한다. 새로운 방송 시청을 어떻게 측정할 것인가의 문제가 대표적인 예이다. 시청 관습이 텔레비전 체제에서 분산 또는 분절되는 상황에서 방송학은 전체적인 경향성과 구체적인 변화 양상 중 무엇을 들여다보고 분석할 것인가라는 과제에 직면한다. 전자에만 주목하면 전체 평균의 오류를, 후자에만 집중하면 과다 추정의 오류를 범하게 되기 때문이다. 새로운 시청의 양상들이 새로운 체제를 구성할 만큼 강력하게 유지될 것인가를 가늠하는 것 또한 방송학이 해결해야 하는 과제이다. 현재 '유튜브 네이티브'의 시청 경험이 그들이 나이가 든 이후에도 지속될 것인가를 확정하는 것은 쉽지 않다. 시청의 변화를 세대와 연령을 아우

르는 방정식으로 구체화하는 노력이 필요하다. 텔레비전 체제의 범위를 벗어나는(beyond) 완전히 새로운 미디어 또는 콘텐츠에 대한 상상력을 키우는 것 또한 필수적이다. 홀로그램이나 가상현실과 같은 실감 미디어가 상용화된 환경에서 이차원 스크린을 기반으로 하는 방송 시청이 어떻게 변화할 것인가를 상상하는 것은 매우 어려운 일이다. 방송을 방송의 영역에서만 고민하는 것이 아니라 전체 미디어 지형 안에서 상상하고 해석하는 노력이 향후 방송학이 마주하게 될 문제들을 해결하는 데 도움을 줄 것이다.

결국 방송 시청과 텔레비전 시청을 이해하는 것은 변화하는 미디어 환경 속에서 시청을 통해 구성하고 조절하는 우리의 일상생활을 발견하고 이해하는 길이다. 무엇이 새롭고 무엇이 새롭지 않은지, 어떤 특징이 더 자연스럽게 일상에 녹아들고 어떤 특징은 부자연스럽게 돌출되는지, 어떤 상황에서 어떤 미디어나 플랫폼, 콘텐츠가 최적의 대안으로 선택되는지를 고민하는 것은 방송이 일상생활의 개인적·사회적 수준에서 차지하는 의미와 변화에 대한 접근과 다름없다. 방송을 공부한다는 것은 결국 '방송'이라 불리는 미디어'들'과의 관계 속에서 내 생활이 어떻게 구성되고 구조화되는가를 이해하는 과정인 셈이다. 단일한 시청 행동(behavior)이 아니라 시청이 이루어지는 구조와 맥락에 대해 이해하고 시청을 '사회적 실천(social practices)'으로 바라보는 시각이 그 과정에 도움을 줄 것이다. 이러한 관점에서 내가 시청하는 콘텐츠, 내가 시청하는 시간과 공간, 그리고 그때 내가 온라인 또는 오프라인에서 대화를 나누는 누군가가 어떤 의미를 가지는지 생각해 보자. 방송을 본다는 것이 무엇인가라는 물음에 답하고 싶은 지점이 조금은 구체화될 것이다. 그렇게, 함께, 새로운 방송학을 진행해 나갈 수 있기를 바란다.

참고문헌

강홍렬. (2011). 『스마트TV와 미디어 패러다임 변화』. 정보통신정책연구원.

고현욱. (2019). 「영상의 시각화를 위한 카메라와 피사체의 상관관계 연구: 스마트폰 사용자의 영상 시청 현황을 중심으로」. ≪한국엔터테인먼트산업학회논문지≫, 13(5), 119~126쪽.

김영임. (2020). 「뉴미디어 유료방송 이용행태와 이용자 인식」. ≪통합인문학연구≫, 12(1), 43~72쪽.

김형우. (2015). 「1인 가구와 방송 트렌드 변화」. ≪미디어와 교육≫, 5(1), 152~171쪽.

닐슨코리안클릭. (2018.1.23). "방송동영상의 크로스플랫폼 이용행태". ≪월간 토픽≫. http://www.koreanclick.com/insights/newsletter_view.html?code=topic&id=463&page=1

류성한. (2019). 「TikTok Beyond China: 틱톡은 어떻게 전 세계 젊은이들의 스마트폰을 점령하고 있는가?」. ≪2019 해외미디어동향≫. 한국언론진흥재단.

방송통신위원회. (2019a). 「2019년 방송매체 이용행태 조사」.

방송통신위원회. (2019b). 「2019년 N스크린 시청행태 조사」.

윤태진·이창현·이호규. (2003). 「새로운 미디어 테크놀로지의 도입과 '시/공간' 및 '공/사' 개념의 변화」. ≪방송통신연구≫, 57, 179~207쪽.

이동후. (2012). 「포스트 TV 시대의 텔레비전 시청 경험에 관한 질적 연구」. ≪한국언론정보학보≫, 60, 172~192쪽.

이성민. (2019.7.4). "국내 OTT 사업자의 합종연횡, 어떻게 볼 것인가". https://brunch.co.kr/@sky153/53

이소은. (2017a). 「TV 시청 관습의 공간적 변화: 가내화 개념을 중심으로」. ≪한국언론학보≫, 61(2), 157-189.

이소은. (2017b). 「TV 시청 관습의 시간적 변화: 동시화 개념을 중심으로」. ≪한국언론학보≫, 61(1), 175~213쪽.

이소은·강민지. (2018). 「가족의 화로에서 사적 스크린으로」. ≪정보사회와 미디어≫, 19(2), 29~55쪽.

이소은·이지현. (2020). 「관습과 변주: 가내 시청 기기 이용에 관한 연구」. ≪방송문화연구≫, 32(1), 95~141쪽.

이재현. (1994). 「노동과 텔레비전, 그리고 생활패턴의 동시화」. ≪언론정보연구≫, 31, 117~143쪽.

이재현. (1997). 「방송편성의 합리화와 일상생활 패턴의 동시화」. ≪언론과 사회≫, 18, 54~80쪽.

이재현. (2013). 『모바일 문화를 읽는 인문사회과학의 고전적 개념들』. 서울: 커뮤니케이션북스.

정금희·최윤정. (2019). 「수용자의 능동적 행위로서 미디어 몰아보기: 계획된 행동이론(TPB)을 적용한 몰아보기 행동 모형」. ≪한국방송학보≫, 33(3), 141~179쪽.

정보통신정책연구원 방송미디어연구실. (2019). 「인터넷 동영상콘텐츠 유통과 소비에 관한 실태조사」. ≪정책자료≫ 19~06쪽.

정유진·최윤정. (2017). 「사회적 이벤트의 짧은 동영상 반복 시청: 몰입, 동일시, 대리 만족이 루

프워칭(loop watching)에 미치는 영향」. ≪미디어 경제와 문화≫, 15(3), 86~134쪽.

최선영. (2015). 「변형 로그 분석 방법을 활용한 스마트폰 앱에서의 OTT서비스 시청 패턴 연구」. ≪한국언론학보≫, 59(3), 125~156쪽.

함민정·이상우. (2019). 「네이버TV캐스트 클립영상의 TV 방송프로그램에 대한 인지된 대체가능성」. ≪한콘텐츠학회논문지≫, 19(6), 92~104쪽.

황순민. (2020.5.25). "1억명이 "유튜브, TV로 본다"… 스마트TV 제대로 물 만났네". ≪매일경제≫. https://www.mk.co.kr/news/business/view/2020/05/534848/?fbclid=IwAR0Br1_p1ItCbFEo2a7hSEbpiV3T8dUd7PK28hoZoCojEVNc7O78RfxMclQ

Adams, P. C. (1992). Television as gathering place. *Annals of the Association of American Geographers*, 82(1), pp.117~135.

Barker, C., and Wiatrowski, M. (Eds.). (2017). *The age of Netflix: Critical essays on streaming media, digital delivery and instant access.* McFarland. 임종수 옮김. (2019). 『넷플릭스의 시대: 넷플릭스는 어떻게 플랫폼 제국이 되었나?』. 팬덤북스.

Bathrick, S. (1990). "Mother as TV guide." In M. Geller(Ed.). *From receiver to remote control: The TV set.* New York: New Museum of Contemporary Art.

Bennett, J. and N. Strange(Eds.). (2011), *Television as digital media.* Durham and London: Duke University Press.

Bignell, J. (2004). *An introduction to television studies.* London: Routledge.

Chamberlain, D. (2011). "Scripted spaces: television interfaces and the non-places of asynchronous entertainment." In J. Bennett and N. Strange(Eds.). *Television as digital media.* Durham and London: Duke University Press, pp.230~254.

Ellis, J. (2000). *Seeing things: Television in the age of uncertainty.* London; New York: I. B. Tauris Publishers.

Flayelle, M., P. Maurage and J. Billieux. (2017). "Toward a qualitative understanding of binge-watching behaviors: A focus group approach." *Journal of Behavioral Addictions*, 6(4), pp.457~471.

Green, J. (2008). "Why do they call it TV when it's not on the box?: 'new' television services and old television functions." *Media International Australia, Incorporating Culture & Policy*, 126, pp.95~105.

Jenner, M. (2017). "Binge watching: Video-on-demand, quality TV and main streaming fandom." *International Journal of Cultural Studies*, 20(3), pp.304~320.

Kuperinsky, A. (2014.5.25). "Binge-watching: How the hungry habit is transforming TV." *New Jersey Local News.* https://www.nj.com/entertainment/index.ssf/2014/05/beau_willimon_house_of_cards_binge_watching.htm

Lefebvre, H. (2004). *Rhythmanalysis: Space, time and everyday life.* S. Elden and G. Moore,

Trans. London; New York: Continuum(Original work published 1992).

Manovich, L. (2001). *The language of new media*. Cambridge: The MIT Press.

Meyrowitz, J. (1985). *No sense of place: The impact of electronic media on social behavior.* Oxford University Press.

Moores, S. (1988). "'The box on the dresser': memories of early radio and everyday life." *Media, Culture & Society*, 10(1), pp.23~40.

Moores, S. (2000). *Media and everyday life in modern society.* Edinburgh: Edinburgh University Press. 임종수·김영한 옮김. (2008). ≪미디어와 일상≫. 서울: 커뮤니케이션 북스.

Morley, D. (1992). *Television, audiences and cultural studies.* London: Routledge.

Napoli, P. M. (2011). *Audience evolution: New technologies and the transformation of media audiences.* New York: Columbia University Press.

Rizzo, T. (2007). "Programming your own channel: an archaeology of the playlist." In A. T. Kanyon (Ed.), *TV futures: Digital television policy in Australia.* Melbourne: Melbourne University Publishing Limited, pp.108~134.

Scannell, P. (1988). "Radio times: the temporal arrangement of broadcasting in the modern world." In P. Drummond and R. Paterson(Eds.). *Television and its audience: International research prespectives.* London: British Film Institute, pp.15~31.

Scannell, P. (1989). "Public service broadcasting and modern public life." *Media, Culture & Society*, 11, pp.135~166.

Scannell, P., and Cardiff, D. (1991). *A social history of British broadcasting.* Oxford: Blackwell.

Schwartz, V. R., and Przyblyski, J. M. (2004). *The nineteenth-century visual culture reader.* Psychology Press.

Spangler, T. (2013.12.13). "Netflix survey: Binge-watching is not weird or unusual." *Variety.*

Thompson, E. P. (1967). "Time, work-discipline, and industrial capitalism." *Past & Present*, 38(December), pp.56~97.

Turner, G. (2011). "Convergence and divergence: the international experience of digital television." In J. Bennett and N. Strange (Eds.). *Telelvision as digital media.* Durham and London; Duke University Press, pp.31~51.

Uricchio, W. (2004). "Television's next generation: technology/interface culture/flow." In L. Spigel and J. Olsson(Eds.), *Television after TV: Essays on a medium in transition.* Durham and London: Duke University Press, pp.163~182.

Uricchio, W. (2010). "TV as time machine: television's changing heterochronic regimes and the production of history." In J. Gripsrud(Ed.), *Relocating television: Television in the digital context.* London: Routledge, pp.27~40.

Warren, S. M. (2016). *Binge-watching rate as a predictor of viewer transportation mechanisms.*

Doctoral dissertation, Syracuse University.

Williams, R. (1975). *Television: Technology and cultural form*. New York: Schocken Books.

Yoshimi, S. (1999). "Made in Japan: the cultural politics of home electrification in postwar Japan." *Media, Culture & Society*, 21(2), pp.149~171.

제7장

방송 시장 경쟁 지형 변화

김정환

부경대학교 신문방송학과 교수

요약

방송 시장의 주요 수익원이었던 광고 매출은 지속적으로 하락하고, 시장 내에서 지상파방송사업자의 입지는 계속 약해지고 있다. 지상파방송사업자에게 향했던 관심은 JTBC와 CJ 계열 채널사업자에게 향하고, 이는 매출 구조 변화로 이어지고 있다. 방송 광고 시장의 하락세는 비단 국내에 국한된 현상이 아니다. 전 세계적으로 전통 미디어의 광고 시장이 축소되고 있는 반면, 모바일을 필두로 한 디지털 광고 시장이 성장하고 있다. 방송 분야에서도 디지털 플랫폼을 기반으로 한 영상 콘텐츠 유통사업자들의 성장세가 가파르다. 넷플릭스를 비롯한 OTT 사업자들은 전통 방송 시장을 흔들고 있다. 특히 이들은 구독 서비스 모델을 무기로 한다. 광고주가 지불하던 비용을 이제는 이용자들이 직접 지불하게 된 것이다. 그만큼 이용자를 이해하고 그들의 취향을 저격한 콘텐츠 비즈니스가 중요해진 것이다. 선택의 열쇠는 결국 이용자의 손에 쥐어졌다. 방송사업자들은 콘텐츠 경쟁력 강화를 위해 다시금 본질에 집중해야 한다.

학습 목표

· 디지털 환경의 도래에 따른 방송사업자 수익 구조 변화에 대해 이해한다.
· 전통 방송 서비스와 OTT 서비스의 차이를 이해하고, OTT의 특성을 설명할 수 있다.
· 방송사업자와 디지털 플랫폼을 기반으로 한 OTT 사업자들의 동향을 확인하고, 사업자들의 전략을 살펴본다.
· 방송 시장에서 구독 서비스 모델의 의미를 이해하고, 팬 비즈니스의 가능성에 대해 생각해 본다.

❖

1. 전통 방송사업자의 지위 하락

1) 방송사업자 수익 구조

방송사업자들이 방송 콘텐츠를 제작하고 유통하기 위해서는 재원이 필요하다. 재원은 다양한 형태로 확보하게 되는데, 광고 모델은 방송사업자들에게 중요한 수익원이다. 사업자들은 이용자들의 시청시간을 시청률로 환산해 광고 단가를 산정한다. 최근에는 다양한 플랫폼과 서비스가 경쟁하게 되면서 이용자들의 주목(attention)이 분산되었고, 광고 모델이 더 이상 안전한 수익원으로 작동하지 않게 되었다. 이번 장에서는 방송사업자의 수익구조가 어떻게 변화해 왔는지 살펴보고, 그에 따른 사업자 위상 변화를 살펴보고자 한다.

'방송법'에 따라 방송통신위원회는 해마다 지상파방송사업자, 종합유선방송사업자(SO), 방송채널사용사업자(PP) 등 300여 개 방송사업자의 재무 상황을 공표한다. 〈그림 7-1〉은 지난 5년간 방송사업자들의 주요 수익원별 매출 변화 추이를 나타낸 것이다. 전체 방송사업자들의 매출은 지난 5년간 15조 3168억 원(2015)에서 17조 6702억 원(2019)으로 증가했다. 지난 5년간 유일하게 감소한 항목이 바로 광고 매출이다. 수익원별로 2015년 대비 2019년 성장률을 비교해 보면, 홈쇼핑 방송이 약 14%, 수신료[1]가 약 22%, 프로그램 판매가 약 30%, 홈쇼핑 수수료가 약 61%, 프로그램 제공이 약 15%, 협찬이 약

---

1   유료방송사업자들의 수신료는 가입비를 의미한다.

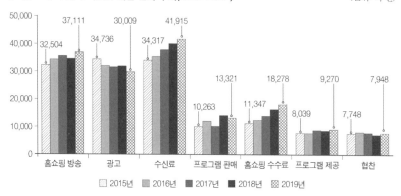

〈그림 7-1〉 주요 수익원별 매출 변화 추이(2015~2019) (단위: 억 원)

자료: 방송통신위원회(2020).

3% 증가했다. 반면 광고 매출은 약 14% 감소해 광고 매출 의존도는 지속적으로 낮아지고 있다.

2018년 대비 2019년 각 사업자별 주요 수익원 변동을 살펴보면, 지상파방송사업자의 광고 매출은 2008억 원, 프로그램 판매 매출은 1090억 원 감소한 반면 재송신 매출이 429억 원, 수신료 매출이 112억 원, 협찬 매출이 76억 원 증가했다. SO와 위성방송사업자의 수신료 매출은 각각 352억 원, 92억 원 감소한 반면 IPTV 사업자의 수신료 매출은 2003억 원으로 크게 증가했다. 광고 매출의 경우, IPTV 사업자만 유일하게 6.1% 증가했고, 지상파방송사업자는 15.4%, SO는 3.7%, 위성방송사업자는 2.1%, PP는 1.7% 감소했다. 이러한 매출 구조 변화는 사업자들의 매출 점유율 변화로 이어졌다. 수십 년간 매출 규모 측면에서 선두 자리를 지켜왔던 지상파방송사업자는 2018년 이후 홈쇼핑PP, IPTV에 차례로 선두 자리를 내주었다. 여러 지표가 공통적으로 말하고 있는 것은 방송 시장 내에서 지상파방송사업자의 위상이 몰락했다는 것이다.

〈그림 7-2〉 매체별 방송 광고 시장 점유율 변화 추이(2010~2019)　　　　　　(단위: %)

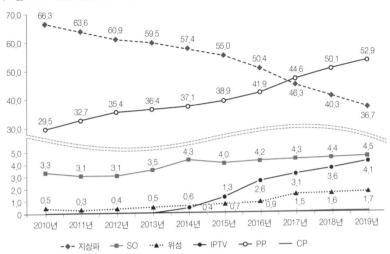

자료: 방송통신위원회(2020).

〈그림 7-2〉는 매체별 방송 광고 시장 점유율 변화를 나타낸 것이다. 2017년, 지상파방송사업자와 PP의 광고 시장 점유율의 순위가 바뀌었다. 지상파방송사업자의 광고 시장 점유율은 66.3%(2010)에서 36.7%(2019)로 감소했고, PP의 광고 시장 점유율은 29.5%(2010)에서 52.9%(2019)로 성장했다. 이는 JTBC와 CJ 계열 PP의 성장에 따른 결과이다. 대형 광고주들은 지상파방송사업자 대신 주요 PP를 선택했다. 이는 매체 간 경쟁 지형 변화를 여실히 보여주는 사례인데, 종합편성채널사업자의 광고 매출도 2.0%(2011)에서 13.5%(2019)로 크게 상승했다.

2) 광고 시장 지형 변화

방송 광고 시장 규모는 꾸준히 감소하고 있고, 시장 내 지상파방송사업자의 입지는 계속해 약해지고 있다. 이번에는 광고 시장 전체로 시선을 옮겨보자. 〈그림 7-3〉은 매체별 광고 시장 점유율 변화를 나타낸 것이다. 2019년 전체 광고 시장 규모는 11조 9747억 원으로 전년 대비 2.3% 증가했다(노희윤, 2020.7.15). 방송 광고와 인쇄 광고의 감소세는 지속된 반면, 모바일 광고를 포함한 디지털 광고는 증가세를 유지하고 있다. 특히 2017년 이후 디지털 광고 시장 규모는 방송 광고 시장 규모를 넘어섰다. 이러한 추세는 비단 한국에서만 나타나는 현상은 아니다. 전 세계적으로 디지털 광고 시장의 성장이 뚜렷하게 확인되고 있다.

유튜브의 영향력 확대로 국내 주요 방송사 콘텐츠 연합인 SMR(Smart Media

〈그림 7-3〉 매체별 광고 시장 점유율 변화 추이(2015~2019)

(단위: %)

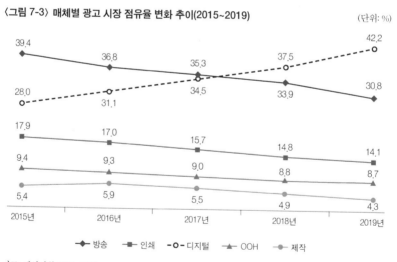

자료: 제일기획(2015~2019).

〈그림 7-4〉 유형별 디지털 광고 매출 변화 추이(2007~2022) (단위: 100만 달러)

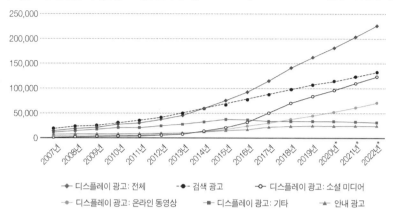

범례:
◆ 디스플레이 광고: 전체 ● 검색 광고 ○ 디스플레이 광고: 소셜 미디어
● 디스플레이 광고: 온라인 동영상 ■ 디스플레이 광고: 기타 ▲ 안내 광고

주: *는 예측치를 의미한다.
자료: Statista(2019).

Rep)은 유튜브를 통한 광고 집행을 본격화한다고 발표한 바 있다. 그동안은 네이버와 카카오에 자사 콘텐츠 영상 클립을 독점적으로 제공하고 광고 수익을 올려왔으나 이를 유튜브로 확대하겠다는 방침이다. 이에 따라 장기적으로 국내 디지털 광고 시장 규모는 꾸준히 성장할 전망이다.

물론 디지털 광고 시장이 동영상 광고에 절대적으로 의존하고 있는 것은 아니다. 〈그림 7-4〉는 전 세계 디지털 광고 매출의 변화를 유형별로 나타낸 것이다. 최근 소셜 미디어와 온라인 동영상 광고 매출이 꾸준히 성장하고 있고, 절대액 기준으로 본다면 여전히 검색 광고 매출이 디지털 광고 시장을 선도하고 있다.

2. OTT 서비스의 성장

1) OTT 서비스 유형 및 시장 규모

최근 다양한 키워드들이 방송 시장을 강타했다. OTT(Over-the-Top), MCN (Multi Channel Network) 등 온라인과 1인 창작자를 기반으로 한 변화들이 방송 시장을 흔들었고, 다양한 변화를 야기했다. 특히 넷플릭스로 대표되는 OTT 서비스는 코드 커팅(cord-cutting), 코드 쉐이빙(cord-shaving), 몰아 보기(binge viewing) 등 신조어들을 만들어내며 전통 방송사업자를 위협하는 존재로 성장했다. 미국 규제 당국은 OTT 서비스가 전통 유료방송 서비스를 대체하는지에 관심을 기울여왔고, 국내에서도 유사한 접근이 계속되어 왔다. 국내 방송 시장에서도 OTT 서비스의 성장세가 분명하나 아직 전통 방송 서비스를 대체하고 있다는 근거를 찾기는 어렵다.

최근 온라인 동영상 서비스 국내 이용률이 50%를 넘어섰다. 특히 이용률이 전 연령층에서 고르게 증가했다는 점은 주목할 만하다(방송통신위원회, 2019a). 한 조사에 따르면(오픈서베이, 2020), 인터넷 이용자들은 하루 평균 5.9개의 동영상을 시청하는 것으로 나타났으며, 하루 평균 약 66.5분 시청한다고 응답했다. 동일한 기관에서 진행된 2019년 조사 결과에 따르면, 하루 평균 5.3개의 동영상을 약 58.6분 시청한다고 나타나 전년 대비 시청 동영상 개수와 시간이 증가한 것으로 확인된다. 특히 10대는 하루 평균 96.2분, 20대는 79분 시청한다고 응답했다. 10대의 평균 시청시간은 50대 시청시간의 약 두 배 이상 길게 조사되었다.

초창기 OTT 서비스는 인터넷망을 통한, 셋톱박스 기반의 동영상 콘텐츠 소비가 가능한 서비스를 의미했다. 좁게는 인터넷을 통해 방송영상 미디어

〈그림 7-5〉 기존 방송 서비스와 OTT 서비스 비교

자료: 삼정KPMG 경제연구원(2019).

영역에서 동영상 콘텐츠 시청을 돕는 서비스를 의미했다면, 최근에는 인터넷을 기반으로 동영상 콘텐츠를 유통하는 서비스를 통칭한다. 셋톱박스의 유무는 중요하지 않다. 다양한 서비스 모델이 등장했으며, 이용자들은 좀 더 편리한 환경에서 동영상 콘텐츠 소비가 가능해졌다.

현재까지 OTT 서비스 유형에 대해 합의된 바는 없다. 다만 서비스 운영 주체, 수익모델, 서비스 특성 등에 따라 다양한 유형 분류가 논의되고 있다(정보통신정책학회, 2019). 먼저 서비스 운영 주체에 따라서는 1) 방송사업자 2) IPTV 사업자 3) 포털사업자 4) 커머스사업자 5) 독립 플랫폼 6) SNS 사업자 7) 음원사업자 8) 기타 등으로 분류 가능하다. 물론 각 영역이 배타적으로 구분되는 것은 아니다. 특정 사업자들은 복수의 영역에서 사업을 영위하고 있다. 수익모델에 따라서는 1) 구독 기반(Subscription model) 2) 결제 기반(Transaction model: rental or sell-through or sponsorship model 등) 3) 광고 기반(Advertisement model) 4) 혼합 형태 등으로 분류할 수 있다. 마지막으로 서비스 특성

〈그림 7-6〉 국내외 OTT 시장 규모

국내

■ OTT 매출액

(단위: 억 원)

연평균 성장률(2014~2020)

26.3%

2014년	2015년	2016년	2017년	2018년*	2019년*	2020년*
1,926	2,587	3,069	4,149	5,136	6,345	7,801

주: *는 예측치를 의미한다.
자료: 방송통신위원회(2019b).

글로벌

■ OTT 매출액

(단위: 억 달러)

연평균 성장률(2012~2021)

21.6%

2012년	2013년	2015년	2017년	2019년*	2021년*
63	100	169	247	310	367

주: *는 예측치를 의미한다.
자료: 전이슬(2020) 재인용.

에 따라서는 1) OVD(Online Video Distributors) 유형 2) MCN 연계형 3) 실시간 기반형 등으로 구분한다. OVD 유형은 동영상 플랫폼 사업자가 인터넷을 통해 독자적인 OTT 서비스를 제공하는 모델을 의미하고, MCN 연계형은 UGC(User Generated Content) 기반의 동영상 서비스를, 실시간 기반형은 방송사업자와 통신사업자가 기존에 제공하던 실시간 TV 채널과 VOD를 OTT 서비스로 제공하는 모델을 말한다.

OTT 서비스는 전통 방송 서비스와 비교해 실시간 스트리밍이 가능하며 언제 어디서나 시청 가능하고, 개인 맞춤형 콘텐츠 제공이 가능하다는 특징이 있다. 〈그림 7-5〉는 기존 방송 서비스와 OTT 서비스를 가치(value) 흐름에 맞춰 비교한 것이다.

국내 OTT 시장 규모는 2014년 1926억 원에서 연평균 26.3% 성장해 2020년에는 7801억 원 규모에 달할 것으로 예측된다. 글로벌 OTT 매출 역시 연평균 21.6% 성장해 2012년 63억 달러에서 2021년 367억 달러에 이를 것으로 전망된다(〈그림 7-6〉 참조).

2) 글로벌 OTT 사업자 동향

넷플릭스(Netflix)는 OTT 서비스를 대변한다고 해도 과언이 아니다. 초창기 넷플릭스로 대표되던 OTT 시장이 활성화됨에 따라 다양한 사업자가 시장에 진출했다. 전통적으로 방송 영역 외에 있던 사업자들이 다수 시장에 진입하기도 했으며, 기존 방송사업자들이 온라인 유통에 대한 대응책으로 OTT 서비스를 출시하고 있다. 전 세계적으로 글로벌 최대 OTT 서비스인 넷플릭스를 비롯해 아마존 프라임 비디오(Amazon Prime Video), 훌루(Hulu), 디즈니+(Disney+), 애플 TV+(Apple TV+) 등의 서비스가 제공되고 있다. 〈그림 7-7〉

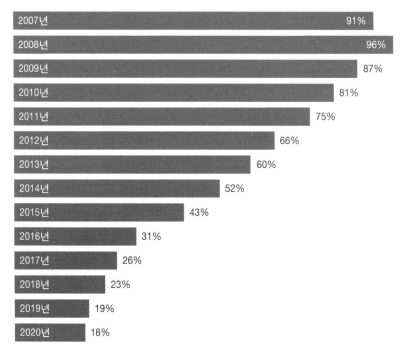

〈그림 7-7〉 OTT 시장 내 넷플릭스 가입자 비중 변화(2007~2020)

2007년	91%
2008년	96%
2009년	87%
2010년	81%
2011년	75%
2012년	66%
2013년	60%
2014년	52%
2015년	43%
2016년	31%
2017년	26%
2018년	23%
2019년	19%
2020년	18%

자료: *Business Insider*(2020.1.24).

에서 확인할 수 있듯, 시간이 지남에 따라 OTT 시장 내 넷플릭스 가입자 비중이 계속해 감소하고 있다. 가입자 절대 규모로만 본다면 전 세계 약 1억 6000만 명의 가입자를 확보하고 있으니, 넷플릭스의 쇠퇴보다는 다수의 서비스가 등장하고 OTT 시장이 계속해 성장하고 있다는 의미로 해석해 볼 수 있겠다.

1997년, DVD 대여 서비스로 사업을 시작한 넷플릭스는 몇 차례 비즈니스 모델 전환을 시도했다. 1999년 이미 구독 모델을 비즈니스에 도입했고 이를 통해 배타적이고 독점적인 라이브러리를 구축할 수 있게 되었다. 넷플릭스

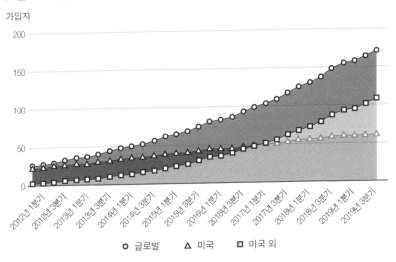

〈그림 7-8〉 넷플릭스 스트리밍 서비스 가입자 증감 추이

가입자

○ 글로벌   △ 미국   □ 미국 외

자료: netflixinvestor.com

는 '몰아 보기', '이용자 맞춤형 큐레이션', '오리지널 콘텐츠', '구독 모델' 등의 키워드를 방송 시장에 던졌다. 특히 넷플릭스는 스스로를 기술 기업이라고 정의했으며, 이용자 데이터를 기반으로 한 실험이 다수 성공하며 시장 내에서 더욱 입지를 굳혔다. 통상 방송 시장에서는 이용자의 35%가 다음 시즌으로 연결된다고 알려져 있는데, 넷플릭스 오리지널 콘텐츠의 경우 93%가 새로운 시즌으로 이어진다(한국콘텐츠진흥원, 2019.10.11). 데이터 분석을 통해 이용자 수요를 비교적 정확하게 예측한 것이다.

스트리밍 서비스를 통해 온라인 동영상 시장에 신출한 넷플릭스는 차곡차곡 이용자를 확보한다. 서비스 초기, 넷플릭스의 성장을 견인했던 미국 내 가입자 증가는 2015년 이후 성장세가 둔화되었고, 이후에는 글로벌 가입자 증가로 넷플릭스는 명실공히 글로벌 최대 OTT 서비스로 자리매김했다.

특히 공격적인 현지 콘텐츠 확보 전략으로 로컬 시장에 안착했다. 와이즈앱에 따르면 옥자가 공개되기 전인 2017년 6월 이전에 9만 명 수준이던 넷플릭스 국내 가입자 수는 옥자 공개 이후 20만 명 이상으로 증가하기도 했다(≪머니투데이≫, 2020.8.4). 넷플릭스는 로컬 방송사업자와의 공동 제작 역시 확대해 왔다. 예를 들어, 영국에서는 E4와 〈크레이지 헤드〉, 〈키스 미 퍼스트〉, 〈빌어먹을 세상 따위〉, ITV와 〈파라노이드〉, BBC와 〈워터십 다운의 열한 마리 토끼〉, 〈더 라스트 킹덤〉(시즌2) 등을 제작했으며, 캐나다에서는 유니비전(Univision)과 〈데그라시: 넥스트 클래스〉, 디스커버리 채널(Discovery Channel)과 〈프런티어〉, 쇼케이스(Showcase)와 〈시간여행자〉, CBC와 〈그레이스〉, 〈빨간 머리 앤〉 등을 제작했다. 일본에서는 TBS 등과 〈심야식당〉, 후지TV와 〈테라스 하우스: 하와이편〉, 교도TV와 〈방랑의 미식가〉 등을 제작하며 꾸준히 로컬 콘텐츠 제작에 힘써 왔다. 최근에는 아프리카 문화권 콘텐츠 확보를 위한 행보를 보이고 있다.

넷플릭스가 오리지널 콘텐츠에 투자하기 시작한 것은 콘텐츠를 보유한 기업들과의 계약에서 절대 열위에 설 수밖에 없다는 것을 인지했기 때문이다. 2012년, 오리지널 콘텐츠가 1개에서 2018년 1000개로 증가했고, 2012년 8시간이었던 오리지널 콘텐츠 시청 시간은 2018년 1500시간으로 증가했다. 2018년, 130억 달러의 콘텐츠 예산 중 85%를 오리지널 콘텐츠에 투자하기도 했다(방송통신전파진흥원, 2020). 넷플릭스는 디즈니+, HBO와 같이 방송, 영화 콘텐츠를 다수 확보하고 있는 대형 사업자들과 경쟁하기 위해 이들과 동등한 수준의 제작 투자를 감행하고 있다. 넷플릭스의 오리지털 콘텐츠 투자액은 2019년 153억 달러, 2020년 173억 달러로 예상된다. 〈그림 7-9〉는 주요 사업자별 오리지널 콘텐츠 투자 규모를 비교한 것이다. 엔터테인먼트 시장의 강자들과 비교해 넷플릭스의 투자액이 적지 않음을 확인할 수 있다.

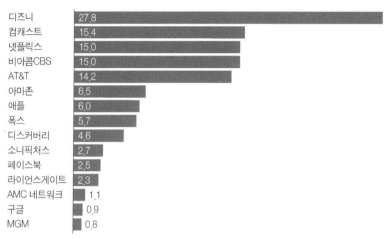

〈그림 7-9〉 사업자별 오리지널 콘텐츠 투자 규모(2019)   (단위: 10억 달러)

디즈니	27.8
컴캐스트	15.4
넷플릭스	15.0
비아콤CBS	15.0
AT&T	14.2
아마존	6.5
애플	6.0
폭스	5.7
디스커버리	4.6
소니픽처스	2.7
페이스북	2.5
라이언스게이트	2.3
AMC 네트워크	1.1
구글	0.9
MGM	0.8

자료: 한국방송통신전파진흥원(2020).

디즈니+는 서비스 출시 첫날 이미 1000만 명의 구독자를 모았다. HBO Now가 3년에 걸쳐 구독자 500만 명을 모집한 것과 비교하면 상당한 차이다. 또한 지속적 경쟁력 확보를 위해 마블 스튜디오의 히어로를 주인공으로 하는 개별 스핀오프(spin-off) 영화도 준비하고 있다. 출시 시기가 비슷해 디즈니+와 애플 TV+가 자주 비교되는데, 디즈니의 라이브러리는 절대 우위에 있는 자산 중 하나이다. 디즈니 콘텐츠가 넷플릭스에서 삭제될 경우, 전체 콘텐츠 재생시간 중 20%가 감소할 것으로 추산된다(한국방송통신전파진흥원, 2020). 이런 관계를 잘 보여주듯, 디즈니+ 출시 소식 발표 후 디즈니 주가는 6% 상승한 반면 넷플릭스의 주가는 3~4% 감소하기도 했다.

3) 국내 OTT 시장 경쟁 환경

넷플릭스의 성장에서 국내 사업자들 역시 자유롭지 못하다. 2016년, 넷플릭스가 국내 시장에 진출했을 때 시장의 반응은 미온적이었다. 찻잔 속 태풍이라는 평가가 지배적이었다. 미국과 달리 국내 유료방송 서비스 가격이 저렴하기 때문이다. 하지만 이런 분위기는 오래가지 못했다. 넷플릭스는 자신들만의 현지화 전략으로 국내 방송 시장을 흔들었다. 2016년 1월에는 CJ헬로비전, 딜라이브 등과 제휴를 맺고, 2018년 5월, LG유플러스와 독점계약, 11월부터 U+ TV에서 넷플릭스를 제공하기 시작했다. 2019년 11월에는 CJ ENM과 콘텐츠 제작 및 글로벌 유통을 위한 전략적 파트너십을 체결하고, JTBC 콘텐츠 허브와 2019년 11월 콘텐츠 유통 파트너십을 체결했다. 2020년 7월에는 KT와의 제휴를 통해 올레tv에서 넷플릭스 제공이 가능해졌다. 국내 이용자들은 PC와 모바일 기기뿐 아니라 TV를 통해서도 더욱 손쉽게 넷플릭스를 시청할 수 있게 되었다.

국내 OTT 시장은 해외 사업자들이 장악했다고 해도 과언이 아니다. 오픈서베이(2020) 조사 결과에 따르면, 유튜브 채널 검색을 통해 영상 콘텐츠를 시청하는 비중이 압도적으로 높으나(93.8%), 넷플릭스의 이용률이 가파르게 증가하는 추세다. 전년 대비 18.3% 증가해 28.8%. 특히 20대와 30대 이용자가 높게 나타나고 있어 시장에서의 점유율은 계속 확대될 가능성이 높다.

넷플릭스의 국내 시장 진출에 따라 사업자들은 저마다의 파트너를 찾아 제휴를 맺기 시작했다. 가장 먼저 SKT이 지상파 3사와 함께 웨이브(wavve)라고 하는 통합 플랫폼을 출시했다. 2020년 5월 기준, 순이용자 수가 347만 명을 돌파했다. 강력한 콘텐츠 역량을 자랑하는 CJ ENM과 JTBC는 합작법인을 통해 업그레이드 된 티빙(tving) 서비스를 출시할 예정이다.

〈표 7-1〉 국내 대표 OTT 서비스

사업자	출시일	특징	순이용자 수
넷플릭스	2016년 (국내 서비스 개시)	- 방대한 콘텐츠 보유량 - 양질의 오리지널 콘텐츠 다수 제작·투자 및 유통	637만 명
콘텐츠웨이브	2019년 (SKT, 지상파 3사 서비스)	- 국내 최대 OTT 플랫폼 - 푹(POOQ)과 옥수수의 통합 OTT 서비스 - 지상파 3사 콘텐츠 실시간 이용 가능	347만 명
CJ ENM	2010년	- CJ ENM, JTBC 콘텐츠 실시간 이용 가능 - 미디어 커머스 제공	254만 명
KT	2019년 (기존 '올레tv 모바일' 개편)	- 초고화질·고음질 시청 가능 - 지상파·종편·케이블방송 콘텐츠 모두 제공	237만 명
LG U+	2019년 (기존 'U+ 비디오 포털' 개편)	- 스포츠(야구, 골프) 및 아이돌 특화 콘텐츠 제공 - 2018년 국내 넷플릭스 유통 독점계약	173만 명
왓챠	2016년	- 국내 이용자 평점 기반 큐레이션 제공	83만 명

주: 이용자 수는 2020년 5월 기준이다.
자료: 각 사 발표 자료를 참고해 필자 정리.

통신사업자들은 방송사업자들과의 제휴 확대를 통해 자사 OTT 서비스 경쟁력을 강화하려고 노력 중이나 이용자들의 선택은 요원해 보인다. 여전히 방송 서비스를 자사 통신 서비스의 결합 상품(bundling)으로 이해하고 접근하고 있는 듯한 모습이 보이기 때문이다.

3. 구독 기반 모델의 성장과 의미

코로나바이러스감염증(COVID)-19의 전 세계 확산으로 2020년 상반기, 많은 사람들이 이전에 경험해 보지 못한 시간을 보냈다. 제한된 야외, 오프라인 활동은 실내 활동과 온라인 활동으로 대체되었으며, 사람들의 경제 활동은 위축되었다. 특히 이러한 변화는 미디어 전반에 영향을 미쳤다. 이용자들의 오프라인 미디어 소비 지출, 투자자들의 제작 투자, 광고주들의 광고비 지출 감소 등으로 이어졌다. 반면 코로나 국면이 장기화되면서 오히려 OTT 서비스 입지는 강화되는 추세다. 이용자들의 신규 가입과 소비가 증가하고, 극장 개봉이 지연됨에 따라 일부 영화들은 넷플릭스행을 택했다. 집에서 즐길 수 있는 엔터테인먼트 서비스 전반의 이용량이 급증하고 있는데, 주요 OTT 서비스를 비롯한 웹툰, 웹소설, 팟캐스트 등 엔터테인먼트 서비스 이용시간은 전년 대비 119% 성장했다(나스미디어, 2020). 한편 가정 내에서의 미디어 소비가 확대되면서 최근까지의 미디어 소비 패턴을 역행하는 양상들이 다수 확인되고 있다. 예를 들어 2020년 1월과 3월 기준, 미국 내 유튜브의 웹사이트 트래픽 비중은 15.3% 증가한 반면, 동일한 기간 앱 트래픽은 4.5% 감소했다(이재영 외, 2020). 모바일 수요는 감소한 반면, 집에서 큰 화면을 기반으로 즐길 수 있는 콘솔 게임과 PC 게임 이용은 증가 추세를 보인 것이다. 물론 앞서 언급했듯, 코로나 사태가 장기화되면서 국내 OTT 시장의 전쟁은 더욱 치열해졌다.

넷플릭스 등장 이후 미국을 비롯한 주요 국가들의 규제 당국은 "과연 이 서비스가 전통 유료방송 시장을 대체하는가?"에 대한 답을 찾기 위해 노력했다. 여전히 논쟁이 한창인 내용이지만, 아직 OTT 서비스가 전통 방송 시장을 대체한다는 명확한 근거를 찾기는 어렵다. 오히려 보완적 소비에 가까운 양상을 보이기도 한다. 최근에는 복수의 OTT 조합으로 엔터테인먼트 콘텐츠를 소비하는 셀프 번들링(self-bundling)이 확산되고 있다. 각 OTT 플랫폼에 특화된 오리지널 콘텐츠를 소비하기 위해 이용자들은 각자의 기호에 맞게 OTT 조합을 구성한다. 물론 미디어에 지출하는 전체 비용이 증가하는 것처럼 보일 수 있다. 하지만 대부분의 OTT 서비스들이 동시 접속이 가능하다 보니 밀레니얼 세대들은 지인들과 함께 아이디를 공유하고, 때론 목적 지향적으로 아이디를 함께 쓸 누군가를 찾기도 한다. 미디어 소비에 지출하는 비용이 과다하게 증가한다고 단정 짓기도 어려운 것이다.

경쟁의 지형을 구분해서 살펴보자. 전통적으로 레거시(legacy) 미디어 사업자들은 콘텐츠 생산과 유통 권력을 모두 차지하고 있었다. 하지만 디지털 환경이 도래하면서 새로운 유통 강자들이 등장했고, 이용자들은 레거시 사업자들에게서는 채워지지 않던 수요(unmet needs)를 발견하고 빠르게 소비 호흡을 바꿔갔다. 이러한 변화는 비단 방송 시장에만 국한된 것은 아니다.

결국 유통 권력을 놓고 새로운 강자와 전통 레거시 사업자들이 진검승부를 하고 있는 것이다. 흥미로운 것은 유통 영역에서 시작한 사업자들은 점차 오리지널 콘텐츠 확보를 위해 움직이고 있고, 레거시 사업자들은 잃어버린 유통 권력을 찾기 위해 디지털 유통 플랫폼 강화를 위해 움직이고 있다.

엔터테인먼트 영역에서 콘텐츠가 중요한가 플랫폼이 중요한가라는 질문은 난제 중 하나이다. 플랫폼의 UX(User Experience)도 중요하지만, 강력한 콘텐츠가 기반이 되어야 UX의 의미도 찾을 수 있는 것이다. 플랫폼과 콘텐츠가 지나치게 다양해진 지금, 오히려 이용자들의 호감과 관심을 받을 수 있는 콘텐츠가 더욱 중요해졌다. 이러한 이유로 전통 방송사업자들에게도 매우 어렵겠지만, 여전히 약간의 희망은 있다.

광고주가 지불하던 비용을 이제는 이용자들이 직접 지불하게 되었다. 구독 기반 모델의 확산은 이용자들에게 직접 선택받는 서비스만이 지속 가능한 비즈니스를 할 수 있다는 의미이기도 하다. 물론 장기적으로 큐레이션 서비스 품질을 향상시키기 위한 노력이나 이용자를 이해하기 위한 노력들은 꾸준히 이어져야 한다. 한국언론진흥재단의 조사 결과에 따르면(최민재,

2018), 응답자의 60%가 OTT 서비스 이용 시 알고리즘 기반 콘텐츠 추천 기능이 콘텐츠 시청에 영향을 미친다고 답했다. 특히 연령이 낮을수록 영향을 받는다고 응답한 비율이 높았다. 이용자 입장에서는 나를 이해해 줄 수 있는 서비스를 기대한다는 것이다. 또한 이용자, 특히 충성도 높은 팬을 이해하고 그들의 눈높이에 맞춰 사업을 전개하는 것은 이제 미디어 기업들 모두에게 반드시 풀어가야 할 숙제가 되었다. 네이버에서 운영 중인 브이 라이브(V live)는 독자적인 방식으로 OTT 전쟁에서 본인만의 비즈니스를 펼치고 있다. '셀럽들의 개인 방송'을 콘셉트로 시작한 서비스는 이제 오리지널 콘텐츠의 보고가 되었다. 특히 기꺼이 지갑을 열 수 있는 충성 팬을 대상으로 진행한 다양한 실험이 의미 있게 작동하고 있다. 물론 스타 비즈니스와 콘텐츠 비즈니스는 다른 특성이 있겠지만, 이용자들의 마음과 지갑을 열게 해야 한다는 근본적인 원리는 동일하다.

터너(Turner) 방송사[2] CEO인 존 마틴(John Martin)은 2018 CES(Consumer Electronics Show)의 〈리이매지닝 텔레비전(Re-imagining Television)〉 대담에서, IT 기업과의 경쟁에서 살아남기 위해서는 최소한 충성 팬들에게 프리미엄 콘텐츠와 고유한 경험을 제공해야 한다고 주장했다. 사람들이 원하는 경험을 충족시킬 수 있는 사업자만이 지속 가능할 수 있다는 것이다. 어떤 콘텐츠를 만들지, 플랫폼을 어떻게 운영할지, 지극히 기본적인 이야기지만, 선택의 열쇠는 결국 이용자의 손에 쥐어져 있다. 구독 기반 모델의 성장은 사업자들이 본질에 더 집중해야 한다는 것을 다시 한 번 각성시켜 준다.

---

2   타임워너(Time Warner) 계열 방송 부문 자회사로, CNN, TNT, TBS 등 다수 케이블 TV 네트워크를 소유하고 있다.

To balance the art and science of what we do to create, distribute and deliver premium original content and experiences where, when and how our fans want them.

_John Martin, CEO of Turner

참고문헌

나스미디어. (2020). 「2020 상반기 MEDIA TREND REPORT」.

노희윤. (2020.7.15). 「방송사업매출 및 광고매출 추이 분석」. ≪KISDI STAT Report≫, 20-13.

≪머니투데이≫. (2020.8.4). "옥자, 킹덤, 인간수업… 넷플릭스가 한국에 공 들이는 진짜 이유".

방송통신위원회. (2019a). 『2019 방송매체 이용행태 조사』.

방송통신위원회. (2019b). 『방송시장 경쟁상황 평가』.

방송통신위원회. (2020). 『2019년도 방송사업자 재산상황 공표집』.

삼정KPMG 경제연구원. (2019). 「OTT 레볼루션, 온라인 동영상 시장의 지각 변동과 비즈니스 기회」.

오픈서베이. (2020). 「온라인 동영상 시청 트렌드 리포트」.

이재영·곽동균·황유선·김경은. (2020). 「코로나19가 방송·미디어산업에 미치는 영향 및 시사점」. ≪KISDI Premium Report≫, 20-04.

전이슬. (2020). 「급변하는 국내 OTT 시장 동향」. ≪SW중심사회≫, 3월호, 18~23쪽.

정보통신정책학회. (2019). 『OTT와 미디어 규제모델: ICT 정책·지식 디베이트 시리즈 2』. 서울: 나눔커뮤니케이션.

제일기획. (2015~2019). 『광고연감』.

최민재. (2018.12.21). 「OTT(Over-the-Top) 서비스 이용자 인식조사」. ≪Media Issue≫, 4권 12호.

한국방송통신전파진흥원. (2020). 「Netflix의 위기와 Disney의 도전」. ≪KCA Monthly Trends≫, 28, 45~56쪽.

한국콘텐츠진흥원. (2019.10.11). ≪미국 콘텐츠산업동향≫, 18호.

Business Insider. (2020.1.24). "Netflix is still growing wildly, but its market share has fallen to an estimated 19% as new competitors emerge."

Statista. (2019). "Internet advertising spending worldwide from 2007 to 2022, by format(in million U.S. dollars)."

www.netflixinvestor.com

제8장

1인 미디어의 확산과 영상 시장의 변화

유수정

이화여자대학교 커뮤니케이션·미디어연구소 연구위원

요약

통신 네트워크와 스마트 기기의 발달로 온라인 동영상 시청 환경이 구축되면서 개인을 중심으로 한 콘텐츠가 유튜브, 아프리카TV 등의 플랫폼을 통해 확산되고 있다. 1인 미디어는 기존의 방송과 다른 생산 구조 및 콘텐츠 특성을 가지고 있으며, 방송 콘텐츠가 주지 못하는 다양성, 상호작용성, 현장감 등을 제공하며 세분화된 시청자의 니즈를 충족시키는 미디어로 부상하게 되었다. 재능 있는 개인들, 이들과 제휴해 콘텐츠를 기획, 마케팅, 수익 관리 등을 담당하는 MCN, 이용자와의 접점을 제공하는 온라인 동영상 플랫폼은 1인 미디어 생태계의 주요 플레이어라 할 수 있다. 1인 미디어의 인기로 사회적 영향력이 커진 만큼 이에 상응하는 책임 의식 또한 필요하며, 혐오 및 증오 등 자극적이고 부적절한 표현들의 문제점에 대한 인식과 함께 건전한 콘텐츠를 생산하기 위한 노력이 요구된다.

학습 목표

- 1인 미디어의 확산을 가능케 한 기술적 배경과 생비자(prosumer)적 성격을 이해한다.
- 방송과 1인 미디어의 차이를 이해하고, 1인 미디어가 고도화될수록 나타나는 콘텐츠 특성을 설명할 수 있다.
- 1인 미디어 생태계의 핵심인 크리에이터, 온라인 동영상 플랫폼, MCN의 관계를 이해하고, 수익 창출 방법에 대해 살펴본다.
- 크리에이터들의 사회적 영향력에 대해 논의하고, 바람직한 생태계 구축을 위한 생산자 및 이용자 태도에 대해 생각해 본다.

❖

1. 미디어 생태계의 변화와 1인 미디어 등장

통신 네트워크의 발달과 스마트 기기의 보급과 이용은 미디어 환경과 소비, 생산에 변화를 가져왔다. 스마트폰의 이용은 온라인으로 영상을 언제 어디서든 시청할 수 있게 할 뿐만 아니라 개인이 영상을 제작할 수 있게 하면서 개인을 중심으로 하는 미디어 환경을 만들고 있다.

통신 네트워크 기술의 발달은 동영상 시청을 위한 토대를 마련했다. 네트워크의 발전은 데이터 처리 속도를 높이며 동영상 재생을 쉽게 했다. 4G LTE 환경에서는 3G 환경에서 불가능했던 스마트폰, 태블릿PC 등 개인 장비를 활용한 실시간 방송 중계를 가능하게 했다. 이동통신사들이 데이터 무제한 요금제를 출시하고 공공 와이파이가 확대되면서 동영상 재생에 대한 부담 또한 줄어듦에 따라 스마트 기기를 통한 영상 시청을 가속화시키게 되었다. 4G LTE의 끊김 없는 대용량·고화질 영상의 스트리밍은 유튜브, 넷플릭스 등 동영상 플랫폼을 통해 영상 시청을 보다 용이하게 했다(이소은, 2019).

이처럼 통신 네트워크의 발전은 영상 시청 행태를 바꾸어놓고 있다. 스마트 기기 이전에 영상을 보는 것은 텔레비전 방송이 대부분이었고, 가정에서 가족과 함께 방송사들이 정한 프로그램을 정해진 시간에 기다려서 봐야 했다. 하지만 스마트 기기는 개인 소유의 기기로 내가 원하는 영상을 장소와 시간의 구애 없이 볼 수 있는 시청 조건을 제공하게 되었다. 여기에 온라인 동영상 서비스는 실시간 본방뿐만 아니라 다양한 VOD를 제공하면서 다시 보기, 몰아 보기 등의 시청행태를 만들었다. 이때 이용자들은 방송사들이 정해 놓은 대로가 아니라 자신이 원하는 콘텐츠를 선택적으로 이용할 수 있고,

이러한 선택은 바로 개인이 주체가 된다.

스마트 기기의 확산은 이용에만 변화를 가져온 것이 아니다. 스마트폰은 크기가 작다 보니 언제 어디서든 휴대할 수 있는 장점을 지닌다. 여기에 내장된 카메라는 크기가 작아도 고화질 영상을 제작할 수 있는 수준으로까지 진화했으며, 언제 어디서든 나만의 영상을 찍을 수 있는 조건을 제공한다. 스마트폰의 저장 용량이 늘어나면서 촬영한 영상을 보관하는 것이 쉬워졌고 개인이 쉽게 이용할 수 있는 편집 프로그램과 앱이 보급되면서 개인이 만드는 영상이 증가하게 되었다. 콘텐츠의 소비와 생산이 동시에 나타나는 생비자(prosumer)가 바로 1인 미디어에서 목격되고 있는 것이다. 이는 생산과 소비가 끊임없이 연동하는 디지털 미디어 환경의 특성에서 비롯되는데, 기존의 미디어 소비가 수동적이었다는 점과 달리 디지털 환경에서는 소비자들이 직접 콘텐츠 생산에 자발적으로 참여하고 유통에 관여할 수 있게 된다(박진선·지혜민·이헌율, 2016).

1인 미디어 이용 중심에는 누구나 쉽게 보고 동영상을 올릴 수 있는 유튜브, 아프리카TV와 같은 온라인 동영상 플랫폼이 있다. 여기선 레거시 미디어에서 만든 프로그램에 기반해 숏폼 형태의 클립 동영상으로 재가공되어 유통되기도 하지만 주로 개인들이 만드는 영상이 주가 된다. 특히 동영상 플랫폼이 제공하는 댓글, 커뮤니티 등의 기능은 동영상을 생산해 내는 개인과 이를 소비하는 개인들을 연결해 쌍방향 소통하며 공감을 공유한다는 점에서 기존의 레거시 미디어가 만들어내는 영상과 차별화된다(유수정·이영주·유홍식, 2018).

비교적 적은 비용과 적은 인원으로도 누구나 영상 콘텐츠를 제작할 수 있고, 인터넷을 통해 손쉽게 전송하거나 공유할 수 있는 환경이 만들어지면서 1인 미디어 혹은 개인 방송 시대가 열리고 있다. 개인 창작자는 크리에이터,

유튜버, 인플루언서(influencer) 등 다양한 용어로 불리며, 개인 방송의 진행자이자 제작자로 활동한다. 이들은 기존 방송이 잘 다루지 않는 게임 중계 및 설명, 먹는 방송, 공부 방송, 애완동물 키우기, ASMR, V-log, 화장품 설명, 노래·댄스, 전문 지식 등 다양한 형식과 소재로 콘텐츠를 만들고 있다.[1]

1인 미디어의 대표적인 플랫폼이라고 할 수 있는 유튜브의 경우 이용자층이 젊은 세대 중심으로 이뤄졌었으나 현재 이용자층이 넓어져 전 연령대로 확대되면서 1인 미디어 콘텐츠 역시 더는 젊은 세대만의 콘텐츠라고 할 수 없을 정도가 되었다.[2] 유튜브와 같은 온라인 동영상 플랫폼에서 생산되고 소비되는 콘텐츠는 그 저변이 확대되며, 기존의 레거시 미디어와는 다른 미디어적 특성과 콘텐츠 차이를 보여주고 있다.

2. 1인 미디어의 특성

1) 1인 미디어, 1인 미디어 콘텐츠: 방송과의 비교

온라인 동영상 플랫폼을 중심으로 확산되는 1인 미디어는 개인이 중심이 되어 영상 콘텐츠를 생산하므로 방송 콘텐츠와 비교될 수 있는 부분이 많다.

---

[1] 개인이 주체가 되어 콘텐츠를 만든다는 점에서 텍스트 기반의 블로그, 오디오 기반의 팟캐스트 등도 1인 미디어로 볼 수 있으며, 이 장에서는 영상에 초점을 맞추어 서술한다.

[2] 앱·리테일 분석서비스 와이즈앱의 조사 결과 한국인이 가장 오래 사용한 앱은 유튜브로 1인당 평균 시청은 월 23시간에 달했다. 유튜브는 모든 세대에서 가장 오래 사용한 앱으로 10대는 월 41시간 40분으로 사용 시간이 가장 길었으며, 50대 이상은 월 20시간 6분으로 3위를 차지했다(≪동아일보≫, 2019.9.10).

1인 미디어는 기존의 방송과는 다른 생산 및 이용 특성과 비용 및 수익 구조를 보여준다(이영주 외, 2018).

　방송 미디어는 방송국, 제작사 중심으로 대규모의 전문적인 인력들이 분업화되어 영상을 제작하는 시스템을 구축해 왔다. 방송은 고가의 장비를 갖춘 제작 시설을 이용하며, 유명 연예인, 작가, 감독들이 참여하기 때문에 개인이 감당할 수 있는 수준의 제작비가 아니다. 방송 콘텐츠는 대규모의 제작비가 투입되기 때문에 이를 회수하기 위해 일정 수준 이상의 수익이 보장되어야 한다. 특히 방송은 편성이 중요한데, 막상 편성이 되어도 콘텐츠 제작비를 회수하거나큰 수익을 거두지 못할 가능성이 존재하는 고위험 고수익(high risk high return)의 특성을 가진다. 또한 방송에서 수익은 대부분 광고에 의존하는데 방송이 가진 공공성으로 인해 여러 규제가 가해지면서 수익을 극대화할 수 있는 다양한 비즈니스 모델을 구사하기 어렵다.

　이러한 제작 구조로 인해 방송에서 기대하는 수용자 규모는 클 수밖에 없다. 기대 수익이 높아 시청률이 높은, 남녀노소 불문하고 다양한 연령대가 다룰 수 있는 프로그램이 요구된다. 방송 매체가 갖는 공공성으로 보편적 정서를 담아야 함과 동시에 불특정 다수의 수용자가 볼 수 있기 때문에 대중적인 콘텐츠가 만들어진다. 일반적으로 유료방송의 VOD가 활용되면서 방송 콘텐츠의 다시 보기가 가능해져 시간에 구애받지 않는 콘텐츠 소비가 가능해졌으나, 방송은 기본적으로 실시간으로 전송되는 서비스이기 때문에 일회성·휘발성이 큰 콘텐츠로 여겨진다.

　이처럼 방송 미디어가 제도화된 시스템 내에서 전문가들이 협력하여 만들어지는 것이라면 1인 미디어는 기본적으로 '재능 있는 개인'이 미디어가 되어 콘텐츠를 만든다는 점에서 큰 차이가 있다. 1인 미디어는 콘텐츠의 기획과 제작, 그리고 유통이나 송출에 이르기까지 개인인 크리에이터 혼자서 운

〈표 8-1〉 방송과 1인 미디어의 차이

구분	방송	1인 미디어
제작	- 전문화·분업화된 제작 시스템	- 개인이 콘텐츠 기획-제작-유통-송출 - 제작이 고도화되면서 팀·크루를 이루는 경향
제작비 및 수익	- 고비용의 제작 장비와 제작 시설을 기반으로 제작되다 보니 어느 수준 이상의 수익이 보장되어야 함 - 편성이 되어도 항상 제작비를 회수하고 많은 수익을 거둘 수 있는 것은 아님 - 주로 광고 수익에 기반	- 제작비가 상대적으로 저렴(기대 수익이 크지 않음) - 편성이라는 진입 장벽이 없음 - 조회 수를 기반으로 한 광고 수익 - 브랜드와의 협업을 자유롭게 모색 - IP 기반으로 브랜드 혹은 상품 런칭 - 커머스까지 확장 가능
수용자 특성	- 불특정 다수를 겨냥 - 기대 수익이 크기 때문에 다양한 연령층을 대상으로 제작 - 예: 〈미스터 션샤인〉 제작비 430억, 〈아스달연대기〉 제작비 540억	- 특정 취향을 공유하는 개인들로 구성됨 - 콘텐츠를 통해 수용자와 지속적인 상호작용을 하면서 공감대를 형성하고 이들과 커뮤니티를 형성
콘텐츠 특성	보편성, 대중성, 일회성, 휘발성	다양성, 현장성, 상호작용성, 누적성

영하는 것으로부터 시작된다. 물론 1인 미디어가 활성화되면서 1인이 아닌 크루(crew) 혹은 팀을 형성해 제작하는 경향이 많아지고 있으나 기본적으로 1인 미디어는 혼자서 콘텐츠를 만들고 관리하는 것에 기초한다. 크리에이터들은 방송국처럼 고가의 장비나 대규모의 세트를 갖춘 것이 아니기 때문에 제작비 또한 상대적으로 저렴하다. 이는 곧 기대 수익이 낮은 것으로 이해될 수 있다. 따라서 특정한 취향의 소수의 시청자만 확보해도 수익을 얻을 수 있는 조건이 된다. 불특정 다수가 아닌 특정 취향을 공유하며 충성도가 높은 시청자만 있으면 일정 수준의 수익이 보장되는 것이다. 이러한 이유로 크리에이터들은 콘텐츠로 수용자와 지속적인 상호작용을 하면서 공감대를 형성하고 이들과 커뮤니티를 이루게 된다. 이러한 팬덤에 기반한 1인 미디어는 자신만의 IP(intellectual property rights)를 만들 수 있다. 크리에이터가 창조한 캐릭터, 스토리, 포맷, 초상권 등이 IP가 되어 다양한 부가사업을 실행할 수

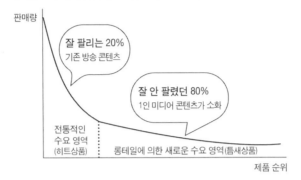

〈그림 8-1〉 롱테일 법칙으로 본 방송 콘텐츠와 1인 미디어의 소비

있다.

1인 미디어의 상호작용성은 시청자와 소통을 통해 재미를 주기 때문에 방송과 차별화된다. 시청자들과 댓글로 쌍방향 소통을 하며 콘텐츠가 생산되는 현장을 그대로 노출시키기도 하고, 자신만의 창의력을 발휘해 다양한 콘텐츠를 만든다. 히트상품으로서 방송과 차별화되는 틈새 영역의 다양한 콘텐츠가 1인 미디어 영역에서 생산되고 소비된다. 방송의 경우 본방 중심의 휘발성이 강한 콘텐츠라고 할 수 있지만, 동영상 플랫폼에서 유통되는 1인 미디어 콘텐츠는 자신의 채널에 콘텐츠가 지속적으로 누적되며, 검색을 통해 언제든 소환되고 꾸준히 소비될 수 있다. 이는 VOD 기반의 유튜브 플랫폼의 콘텐츠에서 더 두드러지는 현상이다.

롱테일(long tail) 법칙은 80%의 '사소한 다수'가 20%의 '핵심 소수'보다 뛰어난 가치를 창출한다는 이론이라고 할 수 있다. 〈그림 8-1〉은 판매량이 많은 상품부터 적은 상품으로 배열한 롱테일 그림으로, 레거시 미디어인 방송과 1인 미디어가 어디에 해당되는지를 살펴볼 수 있다. 잘 팔리는 20%의 콘텐츠는 전통적인 수요 영역의 히트상품으로서 기존의 방송 콘텐츠가 여기에 해당될 것이다. 반면에 잘 팔리지 않던 80%의 다양한 콘텐츠가 바로 이 1인 미디어 영역으로 새로운 수요를 창출하고 있다. 수많은 개인 개인의 다양성이 중시되면서 롱테일을 이루게 되는데, 1인 미디어는 이러한 개인의 다양성을 바탕으로 진화하는 것이다. 특히 온라인 동영상 플랫폼에 다양한 소재의 1인 미디어 콘텐츠가 누적됨으로써 언제든 다시 찾아볼 수 있게 되면서 긴 꼬리를 형성하게 된다. 유튜브와 같은 온라인 동영상 플랫폼은 이 꼬리에 해당하는 다양한 콘텐츠는 언제든 다시 소비될 수 있는 조건을 제공한다. 이처럼 1인 미디어는 방송 시장에서 '롱테일'을 추구하면서 더 세분화된 시청자의 니즈를 충족시키는 대안적 미디어로서의 역할을 한다(KCA, 2014).

2) 1인 미디어 콘텐츠 특성

앞서 살펴봤듯이 1인 미디어는 방송사와 같은 거대 조직이라기보다는 기본적으로 재능 있는 개인 1인이 주체가 되어 콘텐츠를 기획·제작·유통하기 때문에 조직에 기반하는 방송사의 콘텐츠와는 다른 특성들이 발현된다.

처음에는 자신을 표현하고자하는 욕구를 지닌 개인이 취미 활동으로 혹은 놀이의 연장에서 시작하지만(이동후·이설희, 2017) 이들의 영향력이 확대되면 본업 혹은 직업으로 콘텐츠를 제작하기도 한다(이영주 외, 2018). 크리에이터들은 어린이부터 할머니까지, 평범한 여고생에서 변호사까지 다양한 개인이 참여하는데, 전통적인 미디어 스타들에 비해 우리 주변에서 흔히 볼 수 있는 친구, 형제 등과 같은 존재로서, 유사성에 기반해 친근감과 호감을 느끼게 된다.

크리에이터들은 콘텐츠를 제작할 때 시청자의 목소리에 귀 기울이고 그들의 참여를 중요하게 생각하므로 다양한 상호작용을 한다. 적극적으로 시청자의 목소리를 듣고 의견을 실시간으로 콘텐츠에 반영함으로써 공감대를 형성하게 된다. 최근 유명한 스타들이 개인 채널을 개설해 솔직하고 진술한 자신의 일상 모습을 보여주는 것도 온라인 동영상 플랫폼에서는 팬들이 자신의 목소리를 스타에게 직접 전달할 수 있고 팬들과 소통하기가 쉽기 때문이다. 일반적으로 크리에이터들이 시청자와 비슷한 일반인이라는 점에서 그들의 콘텐츠가 방송 콘텐츠에 비해 다소 전문성이 부족하고 투박해 보일 수 있지만 자연스럽고 인위적이지 않은 콘텐츠로 다가오기 때문에 공감대를 형성하고 진정성을 갖게 된다. 이처럼 유사성에 근거한 공감과 진정성 있는 콘텐츠의 힘은 평범한 개인이 아닌 영향력을 가진 인플루언서[3]로 성장시킨다(이승윤·안정기, 2018).

크리에이터들은 자신을 표현하려는 욕구를 실현하고 취향이 비슷한 사람들과 공감하며 영향력이 있는 개인이 되는 과정에서 매체력을 갖게 된다. 자신이 좋아하는 것, 관심이 있는 것을 중심으로 콘텐츠를 만들어 이용자들과 소통하면서 영향력이 커지는데, 이때 적극적인 바이럴(viral)을 통해 팬덤이 형성되면서 대중적인 인기를 끌게 된다. 이들은 디지털 공간에서 잘 소비되는 콘텐츠의 제작자이자 충성도 높은 팔로워를 보유한 인플루언서가 된다. 세분화된 공통의 관심사를 기반으로 구독자를 보유한 크리에이터들은 그 숫자가 적더라도 명확한 소수를 타기팅(targeting)하는 것이 용이해진다. 특히 수천에서 수만 명에 이르는 사람들에게 영향을 끼칠 수 있는 마이크로 인플루언서들은 상대적으로 규모는 작지만 전문성이 높고 팔로워들과 밀착 소통

---

3   영향력 있는 개인으로서 연예인, 셀럽, 소셜 스타 등을 포괄하며, 크리에이터, 블로거, BJ 등을 지칭한다. 콘텐츠 소비자인 동시에 생산자가 되는 프로슈머(prosumer)로서 소셜 미디어 환경에서 타인에 대한 영향력을 가지게 된다(이승윤·안정기, 2018).

하며 높은 충성도와 신뢰도를 구축하게 된다(이승윤·안정기, 2018).

이러한 특성들로 인해 1인 미디어가 고도화될수록 다양성, 상호작용성, 현장감이 더욱 확대되고 있다(유수정 외, 2018). 첫 번째로 1인 미디어는 다양성을 통해 더 진화하고 있다고 볼 수 있다. 법률적으로 1인 미디어 콘텐츠는 방송 프로그램이 아니라 '정보'다. 따라서 심의를 거치는 방송 프로그램과 달리 1인 미디어 콘텐츠는 이 같은 적용을 받지 않기 때문에 다양한 장르에 대한 시도가 가능하다(유홍식, 2019). 다양성은 소비자 취향에 맞춘 다양한 콘텐츠를 제작해 세분화된 니즈를 충족시킨다는 의미로서, 기존에는 방송 장르와 다른 새로운 장르, 게임, 실험 영상. 먹방, 공방, 뷰티, ASMR 등과 같은 우리가 보지 못했던 새로운 장르가 1인 미디어를 통해 소비되고 있음을 보여준다. 최근에는 제작 주체의 다양성 또한 확인된다. 1인 미디어가 일반인 중심으로 시작되었지만, 일반인뿐만 아니라 유명인, 전문가, 정치인들까지 제작에 뛰어들고 있다. 방송사나 신문과 같은 미디어를 소유하지 않아도 온라인 동영상 플랫폼의 채널을 통해 자신의 목소리를 내며 브랜드를 구축할 수 있기 때문에 이들의 참여가 증가했다. 특히 이들의 콘텐츠는 기존의 방송에서는 볼 수 없는 관점과 말, 행동으로 인기를 끌게 된다.

두 번째로, 1인 미디어는 크리에이터와 이용자가 수평적으로 연결되는 구조를 바탕으로 상호작용성을 구현한다. 기존의 방송 콘텐츠가 시청자에게 일방향적으로 전달되는 수직적인 구조라면, 1인 미디어는 이용자의 접근과 참여가 쉬워서 개방적인 미디어 환경을 구축한다. 스트리밍 환경에서는 실시간으로 즉각적인 피드백을 보내며 팬덤을 형성하고 이를 통해 크리에이터를 중심으로 한 커뮤니티가 만들어진다. 소셜 미디어에서의 소통 채널과 개별 영상에 달린 댓글과 실시간 채팅 등의 피드백은 바로 전통 미디어가 가질 수 없는 자원으로서 이러한 상호작용성은 레거시 미디어에 시사하는 바가 크다. 크리에이터들은 이용자와 상호작용을 함으로써 이용자의 참여와 소통의 욕구를 충족시키고 이를 영상에 반영한다. 크리에이터가 이용자의 목소리에 귀 기울여 영상을 제작한다는 점은 정서적 유대감을 형성하고, 이용자의 취향을 저격할 수 있는 선순환 고리를 만들어낸다. 별풍선, 슈퍼챗(Super chat)도 단순히 기부 및 수익 관점에서만 볼 수는 없다. 이용자의 즉각적인 후원은 콘텐츠의 흐름을 좌우할 뿐만 아니라 이를 통해 크리에이터가 감사의 반응을 보여주기 때문에 다른 시청자들에게도 영향을 주는 상호작용 요소가 된다(이영주 외, 2018).

세 번째로, 1인 미디어는 현장성을 지닌다. 온라인 동영상 플랫폼이 제공하는 라이브 방송 기능은 이를 보다 강화시킨다. 1인 미디어 콘텐츠는 수용자들과의 실시간 상호작용의 경험을 제공함으로써 방송에 직접 참여하고 있다는 몰입감과 현장감을 제공한다. 이용자들이 직접적인 현장 체험을 통해 대상에 몰입하는 특성을 현장성이라고 할 수 있는데, 1인 미디어의 라이브 기능이 콘텐츠가 제작되는 현장을 있는 그대로 보여주고 사건 혹은 스토리가 실시간으로 전달되어 재미와 긴장감을 동시에 준다. 브이로그와 같은 영상에서는 크리에이터가 이동하면서 주변의 상황들을 직접적으로 보여줌으로써 현장에 함께 있는 것과 같은 느낌을 제공하고, 실시간으로 소통한다는 점이 인기 요인이 된다. 공부 방송(공방)의 경우 혼자 공부할 때 생기는 외로움을 극복하기 위한 목적으로 만들어지는데, 공부를 하는 모습을 다른 사람들과 공유하면서 주변 사람들과 함께 있는 것과 같은 느낌을 받게 된다(고한나, 2020.4.8). 최근 동영상 플랫폼들이 라이브 기능을 확대하면서 현장성이 강조된 콘텐츠의 제작이 활발해지고 있다. 청소년 운동부, 학교 방학식 등과 같이 소규모 커뮤니티의 중계 콘텐츠들이 늘어나고 있는데, 방송국과 같은 거대 미디어를 갖지 않아도 통신 네트워크와 소형 영상 기기만 있다면 현장감 있는 영상을 전달할 수 있다. 정치나 시사 관련 채널들이 집회, 시위 현장을 생중계하는 경우도 느는데, 방송 보도가 놓치는 밀착되고 생생한 현장의 분위기, 기성 언론사들이 제공하지 못하는 화면과 시각을 전달하기도 한다. 하지만 크리에이터들의 돌발 행위 및 발언은 사실상 차단이 불가능해, 잘못된 정보나 유해한 내용이 노출될 경우 그 파급력이 매우 크다. 실시간성에 기반한 일부 콘텐츠 경우 자살, 살인, 성관계 등의 내용을 예고나 여과 없이 생중계하면서 부작용을 낳기도 한다(홍남희, 2018).

3. 1인 미디어 생태계의 주요 플레이어 및 관계

1) 크리에이터

1인 미디어의 중심에는 재능 있는 개인이 있다. 크리에이터들은 전통적인 미디어 스타들과 달리 우리 주변에서 흔히 볼 수 있는 친구, 형제 등과 같은 친근한 존재다. 일반인이라는 점에서 크리에이터들이 보여주는 평범한 일상은 다소 전문성이 부족하고 투박해 볼 수 있지만 자연스럽고 인위적이지 않은 콘텐츠로 다가오기 때문에 진정성을 갖게 된다.

1인 미디어는 개인의 소소한 일상처럼 가공되지 않은 리얼리티 그대로를 보여주려는 속성이 있다(이영주·송진, 2016). 개인의 일상적 소재가 많은 편이며, 방송 소재에 대한 고민이 '자기 자신'에게서 출발하는 특성이 두드러진다. 크리에이터 자신이 갖는 독특한 성질에 주목하며, 자신이 좋아하는 콘텐츠를 제작하여 업로드하면, 바로 그 개인적인 공간으로 구독자가 접속해 공유와 확산이 이루어진다. 크리에이터들은 자신을 표현하려는 욕구를 실현하면서 취향이 비슷한 사람들과 공감하며, 팬덤을 형성하고 대중적인 인기를 끌게 된다. 이 과정에서 매체력을 갖게 된다. 이들은 디지털 공간에서 잘 소비되는 콘텐츠의 제작자이자 충성도 높은 팔로워를 보유한 인플루언서가 된다. 이처럼 일정 규모 이상의 구독자들을 확보해 본격적으로 영상을 제작하게 된 크리에이터들은 MCN(Multi Channel Network)에 소속되어 콘텐츠를 생산하게 된다. MCN 소속은 크리에이터들의 선택으로, 제작 및 유통에 대한 지원, 수익 등의 이유로 파트너 관계를 맺는다(유수정 외, 2018).

2) MCN

MCN(Multi Channel Network)은 여러 개의 동영상 플랫폼 채널과 제휴하며, 크리에이터를 발굴·육성하고, 콘텐츠 제작을 지원하고 관리 분석하며 이를 기반으로 수익을 창출하는 조직을 말한다. 유튜브에서 "다중 채널 네트워크('MCN' 또는 '네트워크')는 여러 유튜브 채널과 제휴한 제3의 서비스 제공업체로서 시청자 확보, 콘텐츠 편성, 크리에이터 공동 작업, 디지털 권한 관리, 수익 창출 또는 판매 등의 서비스를 제공"하는 업체로 정의된다.[4] 또한 MCN은 넓은 의미에서 보면 디지털 공간에서 예능, 드라마 등의 오리지널 콘텐츠를 만드는 제작사까지 포함되기도 한다(금준경, 2017).

MCN은 크리에이터와 제휴해 콘텐츠 기획, 마케팅, 프로모션, 제작 시설·장비 지원, 홍보, 교육, 광고, 저작권, 수익 관리 업무 등 제작에 필요한 전체 과정을 체계적으로 지원하는 서비스로, 크리에이터가 콘텐츠 제작에 집중할

---

4   'YouTube 크리에이터를 위한 다중 채널 네트워크(MCN) 개요' (https://support.google.com/youtube/answer/2737059?hl=ko&ref_topic=6029709).

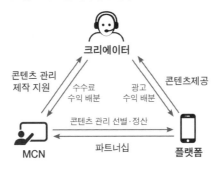

〈그림 8-2〉 1인 미디어 생태계

자료: 한국MCN협회 홈페이지.

수 있도록 돕는 연예 기획사와 유사한 역할을 수행한다(최세정, 2017). MCN은 크리에이터를 브랜드와 연결해 협업할 수 있는 기회를 적극 개발하며, 크리에이터가 IP를 갖게 될 경우 이를 기반으로 커머스(commerce)를 확장할 때 매개 역할을 수행한다. 국내에 100여 개의 MCN 사업자가 있으며, 3200여 팀의 1인 미디어 크리에이터가 주요 MCN에 가입해 활동 중인 것으로 알려져 있다(과학기술정보통신부, 2019.8.30). 대표적인 MCN으로는 DIA TV, 트레져헌터, 샌드박스네트워크, 레페리, 캐리소프트 등이 있다. 모든 크리에이터가 MCN에 소속되어 있는 것은 아니며, MCN은 크리에이터들의 활동을 지원할 뿐이지 그들의 창작 활동에 개입하는 것은 아니다.

MCN은 광고주들의 니즈에 부합하기 위해 다양한 크리에이터를 확보하는 것이 필요하기 때문에 잠재력 있는 크리에이터들을 발굴하여 인플루언서로 성장하게 돕는다(유수정 외, 2018). 특히 MCN은 크리에이터들이 양질의 콘텐츠를 꾸준히 만들어 이들이 안정적으로 수익을 낼 수 있게 돕는 것을 목적으로 한다. 기본적으로 콘텐츠를 제작하고 편집하는 데 필요한 기본적인 교육과 장비, 시설을 지원하며, 일부 MCN은 자사 소속 크리에이터들의 영상을 누가 어디서 어떻게 소비하는지 이용 데이터를 분석할 수 있는 솔루션 프로그램이나 지표 등을 제공한다[예를 들면 다이아TV의 에코넥션(ECONNECTION), 레페리 데이터랩의 BBPI(Beauty Brand Power Index) 등]. 즉, MCN의 등장으로 개인 수준에서 비체계적으로 만들어지던 UGC(user generated content)가 창작에서 체계화된 형태를 보이며 새로운 영상 서비스로 발전할 수 있게 되었다(고문정·윤석민, 2016).

MCN의 주요 역할 중 하나는 바로 크리에이터들의 수익화를 돕는 것이다. 크리에이터들이 지속적인 수익을 거두지 못하면 MCN 미래 또한 밝지 못해 MCN은 크리에이터들의 특성을 파악하고 그들의 장점을 이용해 수익을 창출할 수 있게 지원한다. 크리에이터의 수익 창출은 광고주와의 연결이 중요하다고 할 수 있다. 예를 들어 다이아TV는 자사 소속 크리에이터가 광고주나 대행사가 연결될 수 있는 마케팅 플랫폼 '다이아 픽(DIA pick)'을 통해 캠페인을 진행한다. 특히 브랜디드 콘텐츠는 광고처럼 보이지 않는 동영상으로, 광고주와 기업으로부터 제품 지원과 영상 제작 비용을 받는다. 이 과정에서 MCN은 기업의 광고비를 받고 특정 브랜드나 제품을 크리에이터의 콘텐츠 내에 노출시키는 브랜디드(스폰서드) 콘텐츠의 제작을 돕는다.

또한 MCN은 크리에이터들의 IP를 활용해 OSMU 전략으로 뮤지컬이나 팬미팅 등을 지원해 수익을 다각화하는 것을 돕는다. 국내 시장에서 1인 미디어 콘텐츠의 조회 수는 한계가 있어 수익화의 어려움이 존재하기 때문에, 크리에이터들의 해외 진출을 MCN이 지원하기도 한다. 해외 진출을 위해 기술적으로 유튜브 기능, 자막을 어떻게 이용하는지를 교육하기도 하고, 트래픽의 흐름을 분석해 해외 이용자들에게 인기를 끄는 요인을 함께 분석하며 크리에이터들의 콘텐츠를 모니터링하기도 한다. 이 외에도 MCN은 크리에이터들이 겪을 수 있는 저작권 문제, 세무 문제 등을 인지시키고 이에 대해 대처할 수 있게 한다. MCN이 보유한 폰트, 음원 등을 활용할 수 있게 함으로써 저작권 문제를 해소하기도 한다.

3) 온라인 동영상 플랫폼

크리에이터와 이용자는 대체로 온라인 동영상 플랫폼을 통해 만나고 소통한다. 현재 유튜브뿐만 아니라 아프리카TV, 트위치, 네이버TV, 브이앱, 카카오TV, 틱톡 등 다양한 플랫폼이 경쟁하고 있으며, 국내 온라인 동영상 플랫폼은 유튜브와 아프리카가 양강 구도를 형성하고 있다. 최근 이용자들의 1인 미디어 선호도가 증가하면서 플랫폼은 인기 있는 크리에이터들을 유치하는 것이 중요해졌다. 플랫폼이 제공하는 다양한 서비스를 크리에이터들이 적극적으로 활용하고 콘텐츠가 개선되고 이용자가 많아질 때 플랫폼의 수익도 커지게 되기 때문에, 플랫폼은 크리에이터들을 위한 교육 및 네트워킹 프로그램을 실행한다. 유튜브는 구독자 10만 명 이상의 경우 '실버', 100만 명 이상의 경우 '골드', 1000만 명 이상의 경우 '다이아몬드' 어워즈를 수여하며 파트너 관리자를 배정하는 등 크리에이터들을 지원한다. 아프리카TV는 정량평가, 경고 이력, 가산점 등을 반영한 심사를 통해 스타BJ들과 파터너십을 맺고 상단 노출, 별풍선 환전 우대, 전용 게시판, 심리 상담 프로그램 등의 혜택을 부여한다.

온라인 동영상 플랫폼은 광고 및 후원 수익 구조를 형성해 크리에이터와 배분함으로써 이들이 지속적으로 동영상 콘텐츠를 제작할 수 있게 한다. 플랫폼에서 수익 창출의 핵심 주체는 시청자, 크리에이터, 광고주라고 할 수 있다. 플랫폼은 시청자의 흥미를 끄는 콘텐츠 제작을 위한 최적의 플랫폼이 되어야 하며, 수익 창출을 선택하고 자격 요건을 충족하는 크리에이터에게는 수익을 창출시킬 수 있어야 하며, 광고주에게는 정밀하게 타깃층에게 도달되어야 한다. 광고 수익 모델은 콘텐츠에 광고를 붙여 그 수익을 배분하는 것으로 유튜브의 '파트너 프로그램'은 광고주 친화적인 콘텐츠 가이드라인[5]의 충족 여부, 시청자 참여(댓글, 좋아요, 동영상 시청 여부 등)를 검토해 동영상의 광고 수익을 창출한다. 또한 온라인 동영상 플랫폼은 사이버 머니 형태의 후원 시스템을 통해 수익을 창출한다. 이용자들이 크리에이터들에게 보내주는 별풍선, 슈퍼챗과 같은 후원은 수수료를 제외하고 현금으로 환전할 수 있기 때문에 크레이에이터들에게 금전적인 도움이 된다. 〈표 8-2〉는 주요 동영상 플랫폼을 특징을 정리했다.

한편, 온라인 동영상 플랫폼들은 크게 비실시간(VOD)과 실시간(Live)으로 나눌 수 있다. 비실시간유형(VOD) 플랫폼은 유튜브나 네이버TV와 같이 저장되어 있는 영상을 이용자가 원할 때 시청하는 유형으로, 콘텐츠가 누적되고 언제든 다시 소환될 수 있기 때문에 고품질 영상을 만드는 것이 장기적으로 바람직하다. 영상 제작에 대한 재능과 전문적인 지식을 가지고 있는 개인들이 많이 활동하는 편으로, 기획력, 편집, 트렌드에 대한 이해가 요구된다. 다른 여러 크리에이터가 만든 고품질 영상과 경쟁해야 하기 때문에 진입장벽이 상대적으로 높은 편이다. 영상에 대한 자부심이 큰 크리에이터들이 중심이 되기 때문에 커머스와의 연계에 대한 부담감이 존재한다.

반면 실시간 유형(Live) 플랫폼은 유튜브 라이브, 아프리카TV, 인스타그램 라이브방송, 트위치, 네이버V앱 등이 여기에 해당된다. 유튜브는 전통적으

---

5   유튜브 파트너 프로그램의 '광고주 친화적이지 않은 주요 주제'의 예는 부적절한 언어, 폭력, 성인용 콘텐츠, 유해하거나 위험한 행위, 증오성 콘텐츠, 도발·비하, 기분전환용 약물 및 마약 관련 콘텐츠, 담배 관련 콘텐츠, 총기 관련 콘텐츠, 논란의 소지가 있는 문제 및 민감한 사건, 가족용 콘텐츠에 포함된 성인용 콘텐츠 등이다.

〈표 8-2〉 주요 동영상 플랫폼 특징

구분	유튜브	아프리카TV	트위치	네이버TV	네이버 V LIVE	카카오TV 라이브	틱톡
특징	- 최대 동영상 검색 플랫폼	- 게임, 먹방 등	- 게임 전용	- 웹드라마 - 웹예능 - 뷰티	- 글로벌 스타 인터넷방송	- 카카오톡 채팅방과 연동	- 모바일 최적화 UI
콘텐츠 유형	- 펌 + 실시간 스트리밍	- 라이브 중심	- 게임 스트리밍	- VOD 중심	- 라이브 중심	- VOD - 라이브	- 15초 짧은 영상
주 타깃	- 전 연령대	- 10~20대 중심	- 청소년	- 전 연령대	- 1020 글로벌 여성 팬	- 전 연령대	- 10대
주 수입원	- 광고 - 후원	- 별풍선 - 구독 - 광고	- 광고 - 구독 - 비트 (유료 아이템)	- 광고 - 후원	- 팬십(fanship)	- 광고 - 쿠키	- 광고 영상 - 기업 파트너십
비고	- 검색이 가능해 과거 콘텐츠에서도 꾸준히 수익발생	- 주요 스포츠 중계권을 확보하면서 독점 콘텐츠 제공	- 게임 팬덤에게 기반	- 채널 개설 정책	- 독점 티저 - 쇼케이스	- (예) 스포츠 중계권을 확보해 PD들이 활용할 수 있게 함	- 촬영, 편집 기능을 일원화 - 개인화된 추천 AR 필터

〈표 8-3〉 온라인 동영상 플랫폼 유형별 특성

구분	비실시간형(VOD)	실시간형(Live)
주체	- 크리에이터 중심	- 인플루언서 중심
주요 전략	- 고품질의 영상	- 소통과 재미
주요 플랫폼	- 유튜브, 네이버TV 등	- 유튜브 라이브, 아프리카TV, 인스타그램, 트위치, 네이버V 앱 등
특성	- 영상에 대한 전문적 지식을 가지고 있는 개인들이 많이 활동	- 소통의 능력을 가지고 있는 개인들이 많이 활동 - 제작 비용이 높지 않음
요구 사항	- 기획력, 편집, 트렌드에 대한 이해 등	- 순발력
진입장벽	- 상대적으로 높음	- 상대적으로 낮음 - 예비·신입 크리에이터의 활동이 편리
커머스 연계	- 영상에 대한 자부심이 큰 크리에이터들이 중심이 되기 때문에 커머스와의 연계에 대한 부담감이 존재	- 상대적으로 커머스에 대한 거부감이 적고, 블로거들이 많이 유입된 편 - 예: 인스타그램
콘텐츠 특성	- 누적성	- 휘발성

로 편집형의 비실시간 영상을 올리는 플랫폼이지만, 국내에서는 2017년 초 라이브 서비스를 선보이며 라이브 시장의 경쟁이 가속화되었다. 현재 주요 소셜 미디어 서비스들이 모바일 라이브 서비스를 추가해 기능을 확대시키며 인기를 끌고 있다. 이러한 실시간 유형의 플랫폼은 편집 과정이 수반되는 VOD 콘텐츠에 비해 생생한 현장감이 강조된다. 주로 영향력 있는 크리에이터, 즉 소통 능력이 있는 인플루언서들이 이용자와의 상호작용을 통해 콘텐츠를 만들어가기 때문에 고품질 영상에 대한 기획보다는 실시간으로 대응하는 순발력이 요구된다. 기획, 편집 등에서 상대적으로 적은 노력이 들기 때문에 VOD 플랫폼에 비해 제작에 투입되는 비용이 크지 않다. 콘텐츠가 실시간으로 만들어지기 때문에 콘텐츠가 휘발성이 큰 편이다. 영상을 편집해 공개하는 것이 아니기 때문에 플랫폼의 실시간 기능을 적절히 활용하기만 하면 방송을 제작할 수 있다. 상대적으로 진입장벽이 낮고, 예비 혹은 신입

크리에이터들이 활동하기 편리하다. 이용자들이 VOD 플랫폼에 비해 상대적으로 커머스에 거부감이 적고 과거 블로거들이 인스타그램의 라이브 방송 등에 많이 유입되면서 커머스와의 연계가 쉬운 편이다. 비실시간 VOD형 플랫폼과 실시간 라이브형 플랫폼의 특성은 〈표 8-3〉과 같다.

4) 1인 미디어 수익 창출 방법

방송산업의 주 수입원이 광고인 것처럼 1인 미디어 역시 광고 수익에 기반한다. 그러나 1인 미디어는 상대적으로 다양한 수익 모델을 활용해 오고 있는데, 이는 아직까지 안정적인 수익모델을 갖지 못한 측면도 크지만 1인 미디어가 다양한 실험 정신과 창의력에 기반해 기존 미디어가 활용하지 못했던 수익 창출 방법을 시도할 수 있기 때문이다.

시청자들이 보내주는 사이버머니는 기존 미디어와 차별화되는 수익원이 된다. 아프리카TV의 별풍선이 대표적인데, 유튜브의 슈퍼챗, 카카오TV의 쿠키 등 시청료 기부 시스템을 만들어 영상을 보는 시청자들이 직접 후원할 수 있게 하고 있으며, 스티커, 퀵뷰, 미리 보기, 멀티뷰 등의 부가 서비스를 이용할 수 있는 유료 아이템도 수익원이 된다. 일부 시사 및 정치 크리에이터들 중 계좌를 노출해 후원을 받는 경우도 있다(하주용·홍원식·유수정, 2019). 온라인 동영상 플랫폼은 사이버머니의 일부를 수수료 형식으로 가져가기 때문에 플랫폼에도 주요한 수익원이 된다. 이러한 수수료는 크리에이터의 영향력에 따라 달라지는데 아프리카TV의 경우 인기 있는 BJ일수록 수수료가 낮게 책정되는 것으로 알려져 있다. 사이비머니는 콘텐츠에 대한 금전적 대가이기도 하지만 크리에이터와 시청자 간, 시청자와 시청자 간 관계 맺기가 된다(박성렬·송수진, 2018).

온라인 동영상 플랫폼은 그 자체로 광고 플랫폼이 되기 때문에 1인 미디어는 온라인 동영상 플랫폼에서의 광고 수익에 크게 의존한다. 유튜브는 크리에이터들이 콘텐츠를 성실히 업로드하여 많은 이용자에게 이용될 때 돈을 벌 수 있는 생태계를 구축해 왔다. 유튜브의 경우 2007년 광고 시스템인 애드센스(AdSense) 기반의 '유튜브 파트너스 프로그램(Youtube Partners Program)'을 만들며, 광고 수익을 크리에이터와 공유하기 시작했다. 크리에이터는 광고로 수익을 창출하는 경우 디스플레이 광고, 오버레이 광고, 건너뛸 수 있는 동영상 광고, 건너뛸 수 없는 동영상 광고, 범퍼 광고 등의 다양한 유형의 광고를 동영상에 게재할 수 있다. 유튜브 파트너스 프로그램은 크리에이터에게 콘텐츠 성과 데이터를 제공하며 일종의 동기부여 시스템으로 작동한다(최세정, 2017). 이때 채널 시청자, 동영상 수, 영상 길이, '좋아요' 숫자 등이 광고 수익에 영향을 미친다. 유튜브는 광고 수익의 55%를 크리에이터에게 배분하고, 그 55%를 크리에이터와 MCN 사업자가 7:3, 8:2, 9:1 등의 비율로 나눠 갖는다(박진선, 2020). 아프리카TV는 라이브·VOD 영상광고와 배너광고의 노출과 유효 클릭에 따라 광고 노출 수익 중 제반 비용을 제외하고 수익을 배분한다. 아프리카TV의 'AD타임'은 베스트 BJ 이상이 신청할 수 있으며, 유저 수, 콘텐츠 내용, 참여 데이터 등을 고려해 광고 수익을 배분한다.

광고의 또 다른 형태로, 브랜드가 직접 투자하여 제작한 콘텐츠를 만드는 브랜디드 콘텐츠가 있다. 브랜드와 소비자 사이의 교감을 목적으로 인플루언서가 된 크리에이터들이 제작한 콘텐츠라고 할 수 있다. 수천에서 수만 명의 팔로워를 보유한 크리에이터들이 광고주의 지원을 받아 콘텐츠를 제작하는 것인데, 크리에이터에 대한 신뢰와 충성심, 콘텐츠가 가진 재미 등을 통해 소비자들이 기꺼이 시간을 내어 소비할 만한 가치가 있는 콘텐츠가 될 때 브랜디드 콘텐츠는 효과를 거두게 된다. 이때 크리에이터와 이용자 사이의 신뢰가 중요하다. 또한 크리에이터는 자신의 개성을 바탕으로 한 IP를 창조해 굿즈 상품을 판매한다거나 브랜드와 협업하여 광고 수익을 얻거나 자신만의 브랜드를 만들어 상품을 런칭하는 등의 방식으로 비즈니스 모델을 다각화할 수 있다.

1인 미디어는 온라인 플랫폼에 기반하기 때문에 방송과 쇼핑을 결합할 수 있다. 미디어 커머스란 미디어(Media)와 상업을 뜻하는 커머스(Commerce)의 합성어로, 미디어 콘텐츠를 활용해 마케팅 효과를 극대화하는 방식의 전자 상거래를 말한다. 비디오 커머스, V커머스라고도 불리는 것으로 상품과 콘텐츠, 플랫폼이 접목되어 인플루언서가 함께 제품을 개발하고 유통, 홍보하는 협업을 하는 것이다. 예를 들어 다이아TV의 경우 다이아(DIA) 마켓을 운영하는데 소속 크리에이터들이 제품 개발에 참여하거나 크리에이터가 추천하는 방식으로 제품을 판매한다. 크리에이터의 콘텐츠가 판매 채널이 되는 것으로 소비자의 몰입도와 재미를 극대화한 콘텐츠뿐 아니라 소비자의 궁극적인 니즈를 충족하기 위해 상품을 직접 기획하고 제작하는 것으로 발전해가고 있다. 이러한 미디어 커머스를 통해 제품 제작사와 인플루언서가 매출을 나눔으로써 수익을 얻는다.

4. 1인 미디어 성장과 고민

1) 사회적 영향력과 부적절한 콘텐츠

1인 미디어의 급성장에 따라 크리에이터의 사회적 영향력이 확대되고 있다. 누구나 크리에이터가 될 수 있는 환경은 콘텐츠를 자유롭게 제작하고,

유통할 수 있는 조건을 제공한다. 그러나 정제되지 않은, 확인되지 않은 콘텐츠들이 무차별적으로 생산되면서 부작용 또한 커지고 개인들이 만드는 콘텐츠에 대한 우려 또한 커지게 된다. 특히 유튜브의 콘텐츠 소비가 추천 알고리즘에 의해 증폭되면서 추천 동영상을 계속 소비하다 보면 점점 자극적인 콘텐츠와 만나게 된다. 유튜브의 알고리즘이 체류 시간을 늘리는 방향으로 짜여 있기 때문에 검증되지 않은 자극적인 콘텐츠의 노출은 균형 잡힌 시각이 아닌 한쪽의 주장만 습득하게 되는 결과를 야기한다(김경달·씨로켓리서치랩, 2019).

자극적이고 부적절한 콘텐츠는 높은 조회 수와 많은 별풍선을 가져다주기 때문에 수익에 도움이 된다. 실제로 유튜브나 아프리카TV의 토크/캠방에 등장하는 여성혐오 발언이 후원 수익과 광고 수익을 올리는 것으로 확인되는데(김지수·윤석민, 2019), 혐오가 일종의 비즈니스가 되면서 혐오 콘텐츠가 근절되지 않고 지속되도록 만든다. 유튜브가 2019년 6월 업데이트한 '증오심 표현 정책(hate speech policy)'은 연령, 계급, 장애, 민족, 성 정체성 및 성 표현 등을 문제 삼아 개인이나 집단에 대한 폭력 또는 증오심을 조장하는 콘텐츠를 삭제한다고 밝히고 있다. 하지만 유튜브에는 우리 사회의 약자와 소수자를 조롱하고 혐오하는 콘텐츠가 여전히 인기를 끌고 있다. 이러한 콘텐츠는 청소년들도 접근하기 쉬워 이들의 가치관 형성에도 악영향을 미치기 때문에 이에 대한 규제 목소리도 커지고 있는 것이 사실이다.

유튜브는 광고주 친화적인 정책에 근거한다는 입장으로, 유튜브가 가이드라인에서 보여주는 "광고주가 좋아하지 않기 때문에" 유튜브도 좋아하지 않는 콘텐츠의 예시는 이렇다(〈표 8-4〉). 이들 콘텐츠는 소위 '노란딱지' 콘텐츠라고도 하는데 이는 수익이 창출되는 '녹색 아이콘'이 노란색이 되면서 광고가 제한거나 배제되는 것을 의미한다. 중요한 것은 이러한 콘텐츠는 사실 광

〈표 8-4〉 유튜브의 광고주 친화적인 콘텐츠 가이드라인의 예시 일부(2019년 6월 업데이트)

주제	카테고리	광고 제한 또는 배제 예시
증오성 콘텐츠	증오, 차별, 비하, 모욕을 조장하는 콘텐츠	- 타인에 대한 폭력을 조장·미화·용인하는 콘텐츠 - 개인 또는 단체를 비인간적이거나 열등하거나 증오의 대상으로 생각하도록 조장하는 콘텐츠 - 증오 단체나 증오 단체의 용품을 홍보하는 콘텐츠
도발, 비하	도발적이고 비하하는 콘텐츠	- 개인 또는 단체에게 수치심을 주거나 모욕하는 것이 주목적인 콘텐츠
	특정 개인이나 집단을 희롱하거나, 위협하거나, 괴롭히는 콘텐츠	- 특정인을 지목하여 학대 또는 괴롭힘을 조장하는 콘텐츠 - 특정한 비극적 사건의 발생 자체를 부정하거나, 사건의 피해자 또는 그 가족이 연기를 하고 있다거나 사건의 은폐에 연루되어 있다고 시사하는 콘텐츠 - 악의적인 개인 공격, 욕설, 명예 훼손

자료: https://support.google.com/youtube/answer/6162278

고주뿐만 아니라 대부분의 이용자도 좋아하지 않는 콘텐츠이며, 사회적으로도 바람직하지 않다는 것이다. 즉, 광고주 친화적이지 않은 콘텐츠가 수익을 내지 못하는 상황을 만들어 자율 정화되는 것을 기대하는 것이다. 하지만 문제는 수익만 발생하지 않는다는 것이지 영상이 삭제되는 것이 아니라는 점이다. 표현의 자유가 보장되는 범위 내에서 어떻게 규제해야 할 것인지에 대해 깊은 고민이 필요한 시점이다.

크리에이터들에게 영상 촬영, 편집 기술 교육도 필요하지만, 기본 소양 교육은 필수이다. 인터넷에서의 콘텐츠 창작은 전 세계 이용자가 참여하는 미디어 활동이다. 따라서 배타적 민족주의, 혐오, 차별 등 비윤리적 내용에 대한 각별한 주의가 필요하며, 타인과 공동체에 대한 이해 능력, 공감 능력, 관점 수용 능력을 습득하고 향상시키는 것이 필요하다(유홍식, 2019). 디지털 성범죄에 대한 경각심뿐만 아니라 성인지 교육이 요구되며, 어린이 콘텐츠 유해성 및 허위 정보 위험 등을 인식해야 한다. 특히 자신의 콘텐츠가 사회적 영향력을 미칠 수 있음을 늘 인지하고 양질의 콘텐츠를 만들도록 노력해야 할 것이다. 이용자 역시, 알고리즘의 추천 콘텐츠로 편향성이 가중될 수 있다는 사실을 인식하고, 1인 미디어 콘텐츠를 좀 더 비판적으로 수용해야 한다.

2) 어린이에 대한 보호

지상파 및 유료방송의 어린이 콘텐츠의 빈곤은 텔레비전에서 어린이들이 점점 멀어지게 했다. 다른 놀이 활동을 하기 어려운 사회·교육 시스템은 어린이들을 좀 더 쉽게 유튜브에 빠져들게 한다. 어린이들의 특성상 키즈 콘텐츠는 낮은 광고 회피, 높은 광고 시청률, 다양한 협찬 수익 등으로 다른 장르에 비해 안정적인 수익 모델을 구축해 왔고, 많은 키즈 채널을 만들어냈다. 키즈 콘텐츠는 언어의 장벽이 낮고, 장난감 하나로 전 세계 어린이들과 공감할 수 있다는 장점 등으로 인해 폭발적으로 성장했다(이영주 외, 2018).

아이와 함께 영상을 만들며 즐거운 추억을 만드는 취미 차원을 넘어서 수익이 목표가 되면 구독자 수 및 조회 수를 늘리기 위해 어린이들에게 무리한 혹은 위험하고 기이한 행동을 시키는 문제가 발생하며, 부모가 '아동학대'로 고발당하기도 한다(BBC, 2019.7.25). 또 조회 수가 이미 검증된 해외 동영상을 베끼는 경우 어린이들이 정해진 연기를 해야 하는 상황에 놓이면서 장시간 노동에 방치되는 상황이 만들어진다(SBS 〈그것이 알고 싶다〉, 2019.8.31). 키즈 콘텐츠에 대한 좋지 않은 시선은 어린이 크리에이터를 향하며 악플로 이어진다.

유튜브는 2019년 9월 광고 수익을 위해 어린이 개인정보를 불법으로 수집해 타깃 광고를 어린이들에게 제공해 온 사실이 밝혀지면서 미국 연방거래위원회(FTC)로부터 1억 7000만 달러(약 2050억 원)의 벌금을 부과받았다(연합

뉴스, 2019.9.5). 이에 유튜브는 미국의 '아동 온라인 개인정보 보호법(COPPA)' 준수에 따라 키즈 콘텐츠에 대한 자정 노력에 들어갔다. 어린이들과 부모에게 유튜브 키즈앱 사용을 권장하고 있으며, 어린이를 위해 제작된 콘텐츠는 개인 맞춤 광고(Targeted ads) 게재를 중단하고, 실시간 채팅 및 스트리밍 등의 기능을 사용할 수 없게 하는 등 방안을 내놓았다.

현재 키즈 콘텐츠는 이러한 정책에 따라 변화를 겪고 있다. 개인 맞춤형 광고를 내보내지 않으면서 콘텐츠 수익이 감소하고 있는 것으로 알려졌다. 단순히 아이들의 시선만을 사로잡는 영상에 머무는 것이 아니라 교육 분야와의 상담이나 협업 등을 통해 교육적인 콘텐츠를 개발하는 방향으로 전환해야 할 것이다. 키즈 채널들이 기존의 비디오 콘텐츠에서 한 발 더 나아가 교육 등 다양한 영역으로 사업을 확장하는 실험 또한 필요하다(우은정, 2020.3.25). 결국 키즈 콘텐츠의 제작자 및 플랫폼은 어린이 크리에이터 및 시청자를 보호해야 하는 책임 의식을 가져야 하며, 자신들이 갖는 영향력에 대한 성찰이 필요하다.

참고문헌

고한나. (2020.4.8). "[언론분석] 한국이 시작한 온라인 학습 트렌드 '공방'에 주목한 캐나다 언론". 통신원 리포트. 한국국제문화교류진흥원. http://kofice.or.kr/c30correspondent/c30_correspondent_02_view.asp?seq=18323

금준경. (2017). 『MCN 비즈니스와 콘텐츠 에볼루션』. 서울: 북카라반.

김경달·씨로캣리서치랩. (2019). 『유튜브 트렌드 2020』. 서울: 이은북.

김지수·윤석민. (2019). 「인터넷 개인방송에서 혐오발언은 어떻게 비즈니스가 되는가?: 유튜브 및 아프리카TV 토크/캠방 방송에서의 여성혐오발언을 중심으로」. ≪한국방송학보≫, 33(3), 45~79쪽.

≪동아일보≫. (2019.9.10). "韓유튜브, 사용시간 1년새 38%↑…"1인당 월 평균 23시간 시청"". http://www.donga.com/news/article/all/20190910/97362421/1

박성렬·송수진. (2018). 「별풍선을 왜 쏠까」 인터랙티브미디어 '아프리카TV' 사례로 본 사이버 머니 소비 동기에 관한 연구」. ≪소비문화연구≫, 21(1), 1~20쪽.

박진선·지혜민·이헌율. (2016). 「새로운 콘텐츠 수용 과정에 나타난 참여와 노동에 대한 관찰」. ≪한국방송학보≫, 30(5), 117~156쪽.

≪연합뉴스≫. (2019.9.5). "유튜브, 아동 개인정보 불법수집으로 2천억원 벌금… 역대 최대". https://www.yna.co.kr/view/AKR20190905001051071

우은정. (2020.3.25). "성장 쑥쑥, 미국 온라인 키즈 콘텐츠 시장". http://news.kotra.or.kr/user/globalBbs/kotranews/782/globalBbsDataView.do?setIdx=243&dataIdx=180809

유수정·이영주·유홍식. (2018). 「1인 미디어 크리에이터의 MCN 선택 동기와 창작자로서 불만족 요인에 대한 연구」. ≪한국콘텐츠학회논문지≫, 18(8), 62~72쪽.

유홍식. (2019). 「1인 미디어 교육의 방향과 핵심 내용」. ≪MEdiary≫, 5호, 4~9쪽.

이동후·이설희. (2017). 「인터넷 개인방송 BJ의 노동 과정에 대한 탐색」. ≪한국언론학보≫, 61(2), 127~156쪽.

이소은. (2019). 「5G 시대 콘텐츠의 변화와 과제」. ≪사이버커뮤니케이션학보≫, 36(4), 5~40쪽.

이승윤·안정기. (2018). 『평범한 사람들의 비범한 영향력 인플루언서』. 서울: 넥서스비즈.

이영주·송진. (2016). 「개인방송 콘텐츠 수용에 대한 탐색적 연구: 이용 특성과 광고 태도를 중심으로」. ≪방송통신연구≫, 가을호(2016), 68~103쪽.

이영주·유홍식·유수정. (2018). 『개인미디어콘텐츠 육성방안 연구』. 세종: 문화체육관광부.

최세정. (2017). 『MCN 브랜디드 콘텐츠의 광고효과 분석』. 서울: 한국방송광고진흥공사.

하주용·홍원식·유수정. (2019). 『소셜플랫폼의 부상과 동영상 뉴스 생산 전략』. 서울: 한국언론진흥재단.

홍남희. (2018). 「스마트 미디어 시대 침투성(pervasiveness) 개념의 확장 가능성에 대한 검토. ≪한국방송학보≫, 32(5), 99~131쪽.

BBC. (2019. 7. 25). "보람튜브: 키즈 유튜버는 노동법 보호를 받을 수 있나, 아동학대 어떻게 예방할까?". https://www.bbc.com/korean/news-49067676

KCA. (2014). 「트렌드 포커스: 1인 미디어, 방송의 롱테일화 이끌며 영향력도 커져」. ≪동향과 전망 : 방송·통신·전파≫, 74호, 42~53쪽.

〈SBS 그것이 알고 싶다〉. (2019.8.31). "누구를 위한 트루먼 쇼인가?: 키즈 유튜브의 명과 암", 1181회.

제 9 장

유튜브 시대의 저널리즘과 방송 뉴스

유용민

인제대학교 신문방송학과 교수

요약

유튜브는 뉴스 생산, 유통 그리고 소비를 위한 새로운 플랫폼으로 부상했다. 기존 포털 환경에서 디지털 플랫폼은 뉴스 유통 양식에 영향을 끼친 반면 유튜브는 뉴스 생산 과정의 분화에 영향을 미치고 있다. 그 결과 누구나 유튜브를 활용해 전문직주의 저널리즘에 도전할 수 있게 되었다. 유튜브 시사·정치 채널들은 주류 언론이 제공하지 못하는 기능과 역할을 수행한다는 점에서 저널리즘 외연을 확장하고 대안 미디어로서의 가능성을 보이기도 하지만 주관적이고 해석적인 시사 정보 생산에 치중하는 과정에서 확인되지 않은 사실에 기초하거나 자극적이고 선정적으로 여론을 선동하거나 당파적 이익을 위해 여론을 조작하는 문제 또한 노출하고 있다. 유튜브 저널리즘이라는 용어는 디지털 환경에서 저널리즘의 경계가 불명확해지는 현상을 잘 설명하지만 여전히 논쟁적이다. 유튜브상의 유사 저널리즘 현상을 저널리즘으로 정의하기 어려운 측면이 있기 때문이다. 그럼에도 유튜브 플랫폼은 뉴스 산업, 특히 방송 저널리즘에서 중요한 도전 과제다. 보편적 수용자가 없어진 디지털 환경에서 유튜브는 여전히 더 많은 수용자를 만날 수 있는 공간으로 각광받고 있기 때문이다. 유튜브 저널리즘 현상의 문제점에 대한 이해와 더불어 유튜브를 활용한 참신한 저널리즘을 위한 실험이 모색되어야 한다.

학습 목표

- 유튜브 플랫폼이 저널리즘을 위한 새로운 공간으로 자리 잡게 된 맥락과 배경을 이해한다.
- '유튜브 저널리즘'이 형성되고 작동되는 정치적·경제적·사회문화적 그리고 기술적 메커니즘을 이해한다.
- '유튜브 저널리즘'과 기존 '방송 저널리즘'의 유사성과 차별성을 이해하고, 유튜브 저널리즘 현상이 방송 저널리즘에 미치는 영향력과 그 의미를 파악한다.
- 저널리즘 성장과 혁신을 위한 유튜브 플랫폼의 활용 방안과 실태를 파악하고 방송 저널리즘을 위한 새로운 실험 및 도전 과제를 검토한다.
- '유튜브 저널리즘'의 사회적 기능과 역할 그리고 그 함의를 파악하고, 문제점과 대안을 진단한다.

❖

1. 뉴스 플랫폼으로서 유튜브의 등장

디지털 미디어 환경의 등장 초기, 언론 또는 저널리즘 분야에 나타
난 가장 중요한 변화 중 하나는 바로 포털을 통해 뉴스가 유통·소비되는 뉴
스 환경의 등장이었다. 독자들은 이제 신문이나 방송 등 뉴스를 직접 생산하
는 언론사를 직접적으로 통하지 않고도 언론사로부터 제공받은 뉴스를 재매
개(re-mediation)하는 포털을 통해 뉴스를 편리하게 소비할 수 있게 되었다. 이
러한 디지털 뉴스 환경은 소셜 미디어 등장으로 또 한 번 변화를 맞이했다.
일반 시민들이 소셜 미디어 플랫폼을 통해 언론사가 만든 뉴스나 뉴스와 유
사한 정보를 주고받게 되면서 소셜 미디어 플랫폼 기반의 뉴스 생태계가 부
상한 것이다.

기존의 플랫폼 중심의 뉴스 생태계는 유튜브로부터 도전을 받게 되었다.
2000년대 중반 등장한 유튜브는 초기에는 개인 영상, 텔레비전 포맷의 영상
콘텐츠, 뮤직 비디오 그리고 영화와 같은 대중문화 콘텐츠가 유통되던 소셜
플랫폼이었지만 2010년 중·후반부터 전통 언론사 이외의 정보 생산 주체들
이 사회적이고 정치적인 이슈에 관한 정보를 만들어 유통시키는 채널로 적
극적으로 활용되기 시작한 것이다.

유튜브상에서 저널리즘과 유사한 행위들이 늘어나고, 전통 언론사들마저
앞다투어 유튜브 진출 경쟁에 나서게 되면서, 유튜브가 저널리즘에 미치는
영향에 대한 사회적 관심도 커졌다. 이러한 변화를 설명하기 위해 '유튜브 저
널리즘'이라는 용어도 등장하면서 유튜브가 저널리즘인지 아닌지 혹은 유튜
브가 저널리즘 환경에 미치는 영향은 바람직한지 아닌지를 둘러싼 학술적·

대중적 논쟁도 커졌다. 방송 저널리즘 분야에도 유튜브가 미친 영향은 적지 않다. 동영상을 기반으로 한다는 점에서 유튜브의 저널리즘 혹은 유사 저널리즘 행위는 지상파와 종편 등을 기반으로 하는 전통적인 방송 저널리즘에도 다각도의 영향을 미치고 있다. 이 장에서는 유튜브가 저널리즘 그리고 방송 뉴스에 몰고 온 변화의 양상과 함의를 살펴봄으로써 유튜브 시대의 저널리즘에 대한 이해를 돕고자 한다.

2. 유튜브 시사·정치 채널의 부상

뉴스와 저널리즘 영역에서 유튜브가 관심을 모으기 시작한 본격적인 시기는 2010년대 중반이다. 구체적으로는 2015~2016년 즈음으로 전·현직 정치인, 언론인, 정치 평론가 그리고 팟캐스트 저널리즘처럼 이전부터 유사-저널리즘적인 활동을 해오던 이들이 1인 미디어 형태로 유튜브에 채널을 개설하여 시사·정치 평론을 하거나 시위 현장을 중계하고 주류 언론이 보도한 내용에 대해 문제를 제기하는 등 정치적·해석적·주관적인 담론 생산의 장으로 활용하기 시작했다. 그 결과 유튜브는 수용자들에게 중요한 정치적 소통 채널이자 뉴스와 유사한 시사적인 정보를 습득하는 채널로 큰 주목을 끌기 시작했다.

그 뒤를 이어 현직 정치인들이 유권자와의 소통과 자신의 정책 및 의정 활동 홍보를 목적으로 유튜브 채널을 활용하는 관행이 유행하기 시작했다. 급기야 유튜브가 가진 담론적인 파급력이 확대되는 상황에 주목하여 내부 고발 행동 등 사실의 공표나 의견 표출을 넘어선 자신의 특정한 목적 혹은 이해관계를 달성하기 위한 채널로 제도 언론의 힘을 빌리는 대신 유튜브를 직접 활용하는 사례들도 나타나면서, 유튜브는 일시적으로 주류 언론보다 더 큰 주목을 끌 수 있는 채널로 재인식되기 시작했다.

이처럼 유튜브가 뉴스나 저널리즘적인 시사 정보와 콘텐츠를 생산·유통·소비하는 채널로 급성장하면서 언론 분야에서는 이른바 '유튜브 저널리즘'이란 신조어도 생겼다. 물론 아직까지 '유튜브 저널리즘'이라는 용어는 학자들과 정책 당국자 그리고 미디어 전문가들 사이에 합의된 용어는 아니다. 유튜브에서 언론사와 유사한 시사 정치 정보를 생산·유통하는 채널들이 만드는 콘텐츠가 뉴스인지, 그들의 활동 방식이 전통 언론사들의 전문직주의 저널리즘(professional journalism) 활동과 똑같다고 볼 수 있는지는 여전히 논쟁거리다.

그럼에도 유튜브 저널리즘이란 용어가 주목받고, 많은 사람이 '유튜브'를 저널리즘적 공간으로 인식하게 된 배경에는 사람들이 유튜브 매체를 언론처럼 인식하고 수용하게 된 변화 때문이다. 한국언론진흥재단이 조사한 결과에 따르면, 한국인 열 명 중 네 명이 유튜브를 통해 뉴스와 시사 정보를 접하고 있으며(한국언론진흥재단, 2019), 유튜브를 가장 신뢰할 수 있는 매체로 꼽는 이용자 집단도 등장하고 있다.

유튜브에서 시사나 정치 정보를 생산·유통하는 채널들이 언론사인지 아닌지와 무관하게 이를 뉴스 소비의 공간으로 받아들이고 있는 이용자층이 존재한다는 사실이다. 미디어 생산자 관점에서 볼 때 수용자 관점에서 유튜브가 저널리즘을 위한 플랫폼으로 소비되고 있다는 점만큼은 부인하기 어려운 변화다. 따라서 유튜브 공간을 저널리즘 생태계의 일부에 포함시키지 않는다면 지금의 저널리즘 환경을 이해하기 어렵다는 논리가 최근에는 좀 더 힘을 얻고 있다.

이러한 변화는 과거 포털 미디어가 언론인지 아닌지를 둘러싼 과거의 논

〈그림 9-1〉소셜 미디어 플랫폼 이용

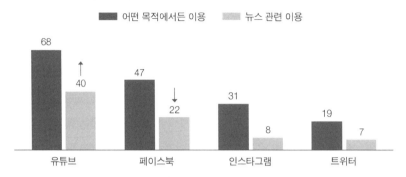

어떤 목적에서든 이용　　뉴스 관련 이용

유튜브 68 → 40
페이스북 47 ↓ 22
인스타그램 31 / 8
트위터 19 / 7

주: "지난 일주일 동안 어떤 목적에서든/뉴스를 보기 위해 이용했다"는 응답이다.
자료: 한국언론진흥재단(2019).

쟁과 유사하다. 과거 포털은 언론사로부터 송고 받은 뉴스를 수용자들에게 전달하는 역할에 불과하며 뉴스를 직접 생산하지 않기 때문에 언론이라고 보기 어렵다는 입장과 언론이 뉴스 배열(curation)에 관여함으로써 여론 형성에 영향을 미칠 수 있다는 점에서 포털 역시 언론으로 봐야 한다는 논란이 컸다. 유튜브 저널리즘 논쟁 또한 유튜브가 저널리즘이냐 아니냐라는 논쟁을 불러일으켰다는 점에서 포털 미디어 논쟁과 유사하다. 그러나 유튜브 저널리즘 논쟁은 언론사가 아닌 개인이나 특정 집단이 언론과 유사한 채널을 만들어 활동한다는 점에서 포털의 언론 역할을 둘러싼 논란과는 다른 측면을 갖고 있다.

결론적으로 포털 미디어의 등장은 뉴스 유통 구조를 획기적으로 변화시킨 반면 유튜브의 등장은 뉴스 유통은 물론 뉴스 생산까지 구조적으로 바뀌는 계기가 되었다는 점에서 포털 미디어가 저널리즘 영역에 몰고 온 변화는 유튜브로 인한 변화와는 다르다고 보는 게 맞다. 다음 절에서는 유튜브와 전통적인 저널리즘과의 관계를 살펴보고자 한다.

3. 유튜브와 저널리즘의 관계

과거 포털은 뉴스를 직접 생산하지 않으면서도 뉴스 생산·유통·소비에 영향을 미쳤던 반면, 유튜브의 경우 유튜브 내 시사·정치 채널이 자체적으로 정보를 수집하거나 온라인상의 정보나 여론 동향을 기초로 자신들만의 해석이나 의견을 가미하여 뉴스와 유사한 콘텐츠를 생산한다. 흔히 말하는 유튜브 시사·정치 채널은 전통적인 언론사와 마찬가지로 발행인(publisher)의 기능을 수행하고 있는 것이다. 그런 점에서 유튜브 시사·정치 채널은 언론사와 비슷한 기능을 수행한다고 볼 수 있다. 즉, 그날그날 사회에서 벌어진 일들에 대한 정보를 독자에게 전달한다는 점에서 유튜브 채널은 언론과 상당히 유사한 역할을 공유한다.

하지만 그렇다고 해서 유튜브 시사·정치 채널을 저널리즘 기능을 수행하는 '언론'과 같은 정보 생산 주체로 간주하기는 어렵다. 언론사들은 출입처(news beat) 제도를 기반으로 그날그날 수집한 정보로 뉴스를 만든다. 그 과정에서 언론사들은 사실 정보를 중심으로 한 뉴스 스토리와 사설이나 칼럼 같은 의견 기사 혹은 전문가 패널의 평론 같은 해석적인 뉴스 정보를 비교적 명확히 구분하여 독자에게 전달한다. 사실 정보의 경우 정보원을 특별히 보호해야 할 예외적인 상황이 아닌 경우에는 보통 누구로부터 그 정보를 입수했는지 취재원 출처를 밝힘으로써 언론사가 독자에게 제공한 정보의 투명성과 진실성을 담보한다. 또한 언론 윤리나 기자 윤리 혹은 각종 취재보도 준칙 등을 통해 자신들의 직업 윤리와 원칙에 대한 전문직주의(professionalism) 기준을 두고 있다.

그러나 유튜브에서 활동하는 많은 시사·정치 채널은 전통 언론이 수행하는 저널리즘에 부합한다고 보기 어렵다. 우선 유튜브상의 시사·정치 채널들은 자체적으로 수집한 사실 정보에 근간하여 뉴스를 만드는 체계적이고 일상적으로 조직된 관행이나 문화에 기반하지 않는다.[1] 그래서 실제 유튜브 시사·정치 채널들이 제공하는 정보는 자체적으로 수집한 정보에 기반하기보다 언론에 의해 일차적으로 유통된 정보 혹은 인터넷상에 떠도는 각종 의혹이나 문제 제기 혹은 루머 같은 '제도적으로 확인되지 않고 검증되지 않은' 정보에 기초할 때도 많고, 아예 자신들의 주관적인 의견이나 해석을 주로 전달하는 경우도 많다. 뉴스는 제도적으로 훈련받은 전문 기자가 만들어야 한다고 생각하는 많은 언론사가 주로 표방하는 객관 저널리즘(objective journalism) 원칙과는 맞지 않다는 것이다. 유튜브 채널들이 수집한 정보를 스스로 어떻게 검증하는지도 모호하다. 유튜브 채널들이 '뉴스'라는 이름으로 내보내는 정보들은 사실상 기존 언론사 뉴스나 인터넷 이슈에 자신들의 주장이나 견해를 덧붙여 내보내는 경우가 많은 것이 사실이다. 이 점이 바로 유튜브를 저널리즘으로 간주하기 어려운 가장 핵심적인 이유라 할 수 있다.

이런 맥락에서 유튜브 저널리즘을 저널리즘으로 보면 안 된다는 시각도 있지만, 유튜브와 언론이 무슨 차이가 있느냐는 반론도 존재한다. 이러한 반론은 크게 세 가지 측면에서 검토해 볼 수 있다. 첫째, 언론사 또한 사실과 의견을 엄격하게 분리함으로써 객관 저널리즘을 수행하는 저널리즘 역할에 늘 충실한 것은 아니라는 점이다. 특히 사실 기사를 가장하여 자사의 입장이나 논조를 교묘히 부각시킨다거나, 사실 자체를 왜곡한 기사를 내보내는 언론의 정파성 문제가 대표적이다. 둘째, 사실을 넘어선 목소리를 내기 위한 주창 저널리즘(advocacy journalism)이나 현실에 대한 심층적인 이해를 돕기 위해 사실의 나열을 넘어서 현실이 갖는 의미를 진단하고 평가하는 해석적 저

---

1   물론 일부 유튜브 시사 채널은 언론사와 유사한 취재보도 활동을 하고 있기도 하다.

널리즘(interpretive journalism)처럼 저널리즘은 이론적으로나 역사적으로 검증된 사실을 객관적으로 다루는 역할로 한정되지 않았다는 것이다. 셋째, 많은 언론이 유튜브가 뉴스를 가장하여 왜곡된 사실이나 가짜 뉴스, 허위조작정보 혹은 선정적이고 자극적인 의견을 독자들에게 제공함으로써 합리적인 사회 여론 형성을 저해하고 있다고 비판하지만, 실제로 언론사 또한 국민의 알 권리나 진실 추구 혹은 표현의 자유를 명분으로 왜곡 편파 보도를 일삼는다든지, 자사와 연관된 정치경제적 이해관계에 따라 사안을 편파적으로 다룬다거나 혹은 사회 갈등의 해소에 기여하기보다 오히려 사회 갈등을 부추기는 여론 선동에 앞장선 사례들 또한 엄연히 존재한다는 것이다.

이런 문제의식에서 보면 유튜브에서 유통·소비되는 뉴스 혹은 유사 뉴스 콘텐츠들이 저널리즘이냐 아니냐라는 논쟁에 집착하는 일은 오늘날 저널리즘이 어떻게 작동하는지를 이해하는 데 꼭 절대적이고 충분하지는 않다. 유튜브 플랫폼을 포함하여 최근의 미디어 환경에서는 뉴스를 포함하여 시사적인 정보를 얻는 미디어 채널을 활용할 때 더 이상 언론사에만 의존하지 않게 되었으며, 따라서 "언론은 곧 저널리즘" 혹은 "저널리즘은 곧 언론"이란 등식이 이제는 유효하지 않게 되었다. 한편에서는 유튜브가 저널리즘이 확대되고 다변화되는 계기를 가져왔다고 긍정할 수 있는 반면, 다른 한편에서 보면 저널리즘의 변질이나 왜곡을 불러일으키고 있다는 부정론이 존재한다. 또한 한편에서는 유튜브 매체가 전통 언론 혹은 주류 미디어가 수행하는 저널리즘이 제공하지 못하는 기능과 역할을 수행할 수 있다는 점에서 유튜브 매체를 통한 대안 저널리즘의 가능성을 전망하고, 다른 한편에서는 가짜 뉴스나 허위조작정보 유통 창구 혹은 자극적이고 선정적인 정치 선전과 선동에 유튜브가 악용될 가능성을 우려하기도 한다.

4. 유튜브 저널리즘 현상의 성격과 효과

유튜브 플랫폼이 뉴스와 저널리즘을 위한 공간으로 각광받게 된 배경에는 주류 언론에 대한 독자들의 불신이 꼽힌다. '유튜브 저널리즘' 현상이 주목받기 시작한 초기부터 유튜브 매체로 불릴 수 있는 채널들은 주로 진보나 보수 등 분명한 정치적 성향을 가진 채널들이 주를 이루었다. 유시민의 〈알릴레오〉, 홍준표의 〈홍카콜라〉 같은 채널들이 대표적이다. 거슬러 올라가면, 김어준이 주도한 〈나는 꼼수다〉 같은 팟캐스트 저널리즘도 연관된다. 이들 채널은 주로 기성 언론사 뉴스에서는 찾아보기 어려운 정보들을 다룸으로써 독자들의 정보 욕구를 효과적으로 충족시켜 준다. 그에 따라 '저널리즘 패싱'이라는 용어도 등장했다. 이 용어는 사람들이 굳이 제도 언론에 의존하지 않더라도 뉴스와 시사 정보에 접근할 수 있게 된 현상을 설명하는 개념적 표현이다.

'저널리즘 패싱' 또한 학술적으로 합의된 용어는 아니다. 그러나 유튜브 플랫폼이 뉴스와 저널리즘 영역에 가져온 변화를 잘 설명해 준다는 점에서 주목할 필요가 있다. 특히 사람들이 언론 대신 유튜브를 보게 되면서, 지금까지 취재원으로 분류되던 공적 인물들은 언론에 의존하지 않더라도 많은 사람에게 자신이 알리고 싶은 정보를 퍼뜨릴 수 있게 되었다. 취재원들이 언론에 제공한 정보는 언론의 게이트키핑(gatekeeping), 사실 검증(fact-checking) 등의 과정을 거쳐 정제된 형태로 독자에게 전달될 수 있었다. 그러나 과거 취재원으로 불리던 이들은 유튜브 환경에서 자신들이 하고 싶은 말이나 독자들에게 알려주고 싶은 정보를 거의 아무런 제약이 없이 자유롭게 유통시킬 수 있게 되었다. 독자 입장에서 보면, 기존 언론에서는 찾기 힘든 정보를 유튜브 매체를 통해 제공받을 수 있는 상황이 도래한 것이다.

그러나 누구나 유튜브 매체를 운영하고 시사 정보를 마음껏 다룰 수 있다 보니 유튜브 매체의 부정적인 폐해에 대한 우려도 커졌다. 그러한 우려는 주로 유튜브 매체들이 신뢰할 수 있는 정확한 정보를 제공하거나, 충분한 근거에 기반하는 합리적인 의견을 제공하는 역할을 수행하기보다 근거 없는 추론, 선정적이고 자극적인 용어를 동반하는 의견, 생각이 다른 개인이나 집단에 대한 혐오나 차별을 부추기는 표현들을 남발하고 있다는 데 초점이 모아진다.

이런 문제의 또 다른 원인으로는 유튜브 매체의 경제적 메커니즘이 꼽힌다. 유튜브 매체는 더 많은 시청자를 모을수록 더 많은 돈을 벌 수 있는 구독 경제(subscription economy) 기반 구조다.[2] 그래서 유튜브 매체의 운영자입장에서는 고품격 저널리즘(quality journalism)을 지향하기보다 시청자들을자극하는 선정적인 저널리즘에 의존하기 쉽다. 디지털 환경에서 작동하는주목의 경제(attention economy)를 실현하기 위해서는 황색 저널리즘(yellow journalism) 전략이 유리하기 때문이다. 이런 문제를 시정하기 위해서는 유튜브상에서 뉴스나 저널리즘 매체를 빙자한 활동을 규제해야 하지만 쉽지 않다. 유튜브가 아직 법 규제의 사각지대에 놓여 있어 정부는 자율규제를 권장하고 있지만 실효성에 한계가 있다. 유튜브에서 활동하는 매체들의 수익은유튜브 플랫폼의 수익 구조와 긴밀히 연결되어 있기 때문에, 유튜브의 자율규제는 자신들의 수익 논리에 의해 제대로 작동하지 않을 개연성이 크다. 더근본적으로는 유튜브 매체들이 표현의 자유나 국민 알 권리를 내세울 경우

---

2   물론 최근에는 유튜브 미디어에 대한 전통적인 광고주의 영향력을 둘러싼 논란이 커지면서,
      유튜브 수익 메커니즘이 구독 경제, 즉 독자 규모의 영향력에 기반한다는 기존 주장은 재검토
      되고 있다.

이를 법제도적으로 처벌하기 까다롭다.

그뿐 아니라 유튜브 매체의 부정적 폐해의 책임이 유튜브 매체를 운영하는 생산자에게만 있는 것은 아니다. 수용자 차원의 요인도 존재한다. 유튜브는 기존 포털 미디어상의 뉴스 소비 환경과는 다르게 검색어를 활용한 개인의 선택성이 더 높고, 알고리즘에 기반한 추천 메커니즘을 통해 소비자에게 뉴스를 보여준다는 점에서, 반향실(echo chamber)과 확증편향(confirmation bias)을 키운다는 우려를 낳고 있다. 유튜브 플랫폼은 이용자 중심의 더욱 고도화된 뉴스 소비 환경을 제공하기 때문에 이용자가 주의와 경각심을 갖고 있지 않으면 자신의 성향과 신념에 부합하는 채널과 정보에 의식적·무의식적으로 더 쉽게 노출될 수 있다. 공정한 뉴스보다 보고 싶은 뉴스만 시청하는 정보 편식이 발생하는 것이다.

이로 인해 유튜브 플랫폼은 의견이 다른 사람들끼리 정보를 주고받고 의견을 나누는 진정한 의미의 공론장(public sphere)의 기능을 수행한다기보다 정치적 양극화(political polarization)를 더욱 조장함으로써 사회 구성원 간의 진정한 소통을 저해한다는 비판에 노출되어 있다. 최근에는 양극화를 넘어선 극단화(radicalization)의 문제에 대한 우려도 커지고 있다. 유튜브 추천 알고리즘을 활용하여 정보를 습득하는 이용자들에게서 더 극단적인 콘텐츠를 선호하는 경향이 나타난다는 것이다. 그러나 이러한 우려는 최근 연구 결과에 따르면 일관되게 나타나는 것은 아니라는 점(Ledwich and Zaitsev, 2019)에서 과학적인 조사 연구를 통해 조금 더 명확히 밝혀질 필요가 있다.

유튜브 매체의 또 다른 문제적인 효과로는 가짜 뉴스와 허위조작정보 유통의 문제가 있다. 2020년 로이터 저널리즘 연구소(Reuters Journalism Institute)가 조사한 결과에 따르면, 한국 뉴스 이용자 중 약 31%는 가짜 뉴스와 허위조작정보의 유통이 우려되는 온라인 플랫폼으로 유튜브를 가장 많이 꼽았다. 그러나 이런 주장은 수용자들의 인식이나 정책 당국자들의 우려에 기반하고 있다는 점에서 가짜 뉴스와 허위조작정보 현상의 책임이 전적으로 유튜브에 있는 것인지는 객관적이고 정확한 조사 연구를 통해 신중히 살펴보아야 한다.

5. 유튜브 플랫폼과 방송 저널리즘

'유튜브 저널리즘' 현상이 가열되면서, 언론사들은 앞다투어 유튜브 채널을 개설하거나 유튜브 채널 운영 전략을 개선하는 등 유튜브 플랫폼 내 뉴스 경쟁에 적극적으로 대응할 필요가 커졌다. 유튜브 채널들이 기성 언론은 시도하지 못하는 것들을 보여주다 보니 지상파와 종편 등 기존 방송사들은 특화된 브랜드를 통해 독자들의 요구를 충족시킬 필요가 커졌다. 더구나 전통 신문사들마저 유튜브 채널을 운영하고 특색 있는 콘텐츠 생산에 나서다 보니, 유튜브 플랫폼에서의 생존은 방송사들 입장에서도 중요한 과제가 되었다. 지상파와 종편 등 방송사들의 입장에서 유튜브 플랫폼에는 다양한 경쟁자가 존재한다. 그러한 경쟁자의 주된 유형에는 전통 신문사들의 유튜브 채널과 디지털 언론사들이 운영하는 유튜브 채널, 인플루언서들의 유튜브 채널, 그리고 일반인이 운영하는 유튜브 채널 등이 존재한다.

매체 간 경쟁이 치열한 유튜브가 기존 방송사들의 저널리즘 영역에 반드시 위협 요인이 되는 것만은 아니다. 오히려 방송 저널리즘에 새로운 기회를 제공하는 측면이 있다. 실제 언론사들의 유튜브 채널 현황을 보면 방송사가 신문사를 압도하고 있다(〈표 9-1〉 참조). 그 이유는 무엇일까? 영상 플랫폼이라는 유튜브 특성상 영상 자료를 풍부하게 보유한 방송사가 신문사에 비해

<표 9-1> 언론사 유튜브 채널 구독자 수 현황(2020년 3월 3월 기준)　　　　　(단위: 명)

언론사 운영 유튜브 채널	구독자 수	언론사 운영 유튜브 채널	구독자 수
YTN NEWS	157만	팩트TV NEWS	50만 6000
JTBC News	128만	newstapa	47만 2000
비디오머그	79만 5000	MBN News	45만 7000
SBS 뉴스	75만 5000	엠빅뉴스	44만 4000
채널A 뉴스	75만 5000	연합뉴스TV	42만 1000
tbs 시민의방송	74만 6000	조선일보	39만 4000
KBS News	67만 8000	MediaVOP	37만 4000
MBCNEWS	57만 9000	OhmynewsTV	36만 2000
뉴스TVCHOSUN	56만 4000	14F일사에프	34만 1000
스브스뉴스 SUBUSU NEWS	50만 6000	HankyorehTV	31만 7000

자료: ≪미디어오늘≫(2020.3.8)을 참고해 필자 작성.

유리한 경쟁력을 갖기 때문이다.

　방송사들은 이미 방대한 영상 자료를 확보하고 있을 뿐만 아니라 그간 방송으로 뉴스를 제작해 왔기 때문에 다른 매체에 비해 유튜브를 새로운 뉴스 출구(outlet)로 활용하는 데 큰 어려움이 없다. 기존 영상이나 취재한 영상을 가공·편집하여 2차 뉴스 콘텐츠를 만들어 내보낼 수도 있고, 예능이나 드라마 같은 비(非)뉴스 영상과 뉴스나 시사 영상을 결합한 스낵 컬처(snack culture)[3] 중심의 뉴스 콘텐츠를 만들 수도 있다. 이들 콘텐츠는 특히 젊은 세대를 주로 겨냥하고 있다. 젊은 뉴스 소비자들은 스마트폰을 활용한 모바일 뉴스를 주로 소비하고, 텍스트 중심의 긴 뉴스 스토리보다는 짧은 동영

3　　스낵 컬처란 시간과 장소에 별다른 구애를 받지 않고 즐길 수 있는 과자나 간식 같은 문화를 지칭하는 용어다.

상 콘텐츠를 선호하기 때문이다.

방송사 유튜브 뉴스의 또 다른 특징은 바로 속보성과 현장성에 있다. 유튜브 플랫폼은 유튜브 실시간 스트리밍을 통해 실시간으로 좀 더 생생하게 현장을 전달하는 데 유리하다. 이미 주요 방송사들은 정규 뉴스나 속보, 특보 등을 유튜브 채널로 송출하고 있다. 방송사들의 이러한 유튜브 활용 전략은 방송 저널리즘의 현장성을 강화한다는 긍정적 측면도 있지만, 한편으로는 방송사가 질 높은 뉴스 생산보다는 '속보 경쟁'에 치중하게 만드는 요인이기도 하다. 정규 방송 채널을 통해 송출되는 뉴스 프로그램과 달리 재미를 극대화하기 위한 편집을 가미하거나 기자의 주관이나 감정을 뉴스에 반영하기도 용이하다. 그러다 보니 자칫 방송 뉴스가 지나치게 가볍거나 선정적으로 흐르거나 정파적인 색깔이 강화될 수도 있다.

유튜브 채널을 통한 방송 저널리즘의 장점도 존재한다. 시청자와 상호작용할 수 있다는 점은 유튜브 플랫폼이 방송 저널리즘에 제공하는 큰 이점이다. 유튜브 라이브를 통해 정규 방송에서 담지 못한 정보를 제공함으로써 좀 더 깊이 있는 정보를 제공할 수 있다. 시청자 반응을 실시간 라이브로 확인하고 직접 소통할 수도 있다. 기존 방송 저널리즘이 뉴스를 시청자들에게 일방적으로 전달하는 역할을 수행했다면, 유튜브 플랫폼 기반 방송 저널리즘은 시청자들과 상호작용하는 대화적이고 소통적인 저널리즘 모델을 반영할 수 있는 것이다. 대표적인 사례 중 하나는 바로 KBS가 라디오와 유튜브를 통해 방송한 〈댓글 읽어주는 기자들〉이다. 이 프로그램은 KBS 자사 뉴스에 대한 시청자 댓글에 답하고 시청자들의 궁금증을 풀어주는 시사 프로그램으로, 시청자들과 소통하는 저널리즘이라는 가치를 표방한다. 이는 만들어진 뉴스를 일방적으로 전달하는 지상파와 종편이 수행하는 기존 방송 저널리즘에서는 보기 어려운 혁신적인 뉴스 콘텐츠다.

이런 시도들이 기존의 방송 저널리즘과 차별화되는 부분은 크게 세 가지로 구분된다. 첫째, '젊은 층 시청자' 같이 특정한 타깃 시청자를 겨냥한 특화된 방송 저널리즘 콘텐츠를 지향한다는 점이다. 유튜브에는 보편적인 시청자층이 존재하지 않는다. 세대, 지역, 이념, 성 등 세분화된 시청자 집단이 유튜브 플랫폼이라는 방대한 공간 안에서 그 집단들 사이의 경계를 쉽게 확인하기 어려운 무정형적으로 존재하기 때문에 시청자 모두를 만족시키기보다 특정한 성향과 특성을 공유하는 시청자 집단을 공략할 수 있다. 이를 위해서는 유튜브 플랫폼에서 작동하는 알고리즘에 의한 콘텐츠 필터링과 추천 메커니즘을 이해할 필요가 있다.

둘째, 기존의 방송 저널리즘은 단편적인 사실 정보 위주의 뉴스를 백화점식으로 나열해 전달하는 콘텐츠 위주였지만, 최근 방송사들이 유튜브에서 선보이는 콘텐츠들은 긴 호흡을 가지고 깊이 있는 해석을 선보이거나 기자들이 뉴스 전달을 넘어서 뉴스에 대한 평가에도 참여하고 있다. 더 나아가 시청자들과 소통하는 대화형 저널리즘도 적극 모색되고 있다. 이는 디지털 저널리즘 환경이 등장한 이후 저널리즘 분야에 나타난 큰 흐름과도 일치한다. 즉, 뉴스의 '전달' 패러다임에서 '대화' 패러다임으로의 전환 말이다. 물론 이러한 변화가 사회적으로 바람직한 일인지는 저널리즘 생산자, 미디어 전문가 그리고 정책 당국과 시민 모두가 함께 관심을 가지고 감시하고 진단할 부분이다.

그럼에도 이러한 대응은 유튜브 매체들의 특성을 고려할 때 기존 방송사들의 자연스러운 행보다. 유튜브 매체의 특징 중 하나는 충성도 높은 시청자들이 자신의 입맛과 기호에 맞는 콘텐츠를 집중해서 끝까지 시청하는 경향을 보이기 때문이다(닐슨 코리아, 2019). 그러나 이는 자칫 뉴스의 연성화를 조장하고 정파적 색깔을 앞세우게 됨으로써 방송 저널리즘의 사회적 신뢰를 저해하는 방향으로 흐를 수도 있다.

6. 결론: 유튜브 시대 방송 저널리즘의 과제와 역할

모바일을 통해 디지털 플랫폼에서 뉴스를 소비하는 문화는 점점 더 일상적이 되고 있다. 사람들은 굳이 TV 브라운관을 찾지 않더라도 스마트폰을 활용해 뉴스를 시청할 수 있다. 유튜브 플랫폼은 특히 영상에 기반한다는 점에서 영상 저널리즘의 문호를 누구에게나 개방하는 시대를 열었다. 그 결과 유튜브 매체들이 우후죽순 등장하면서 '유튜브 저널리즘' 시대가 찾아왔다. 물론 유튜브 매체가 모두 '저널리즘'이라고 단정하기는 어렵다. 유튜브 매체들이 모두 권력을 감시하고 비판하고, 시민의 공적인 논쟁을 촉진하는 저널리즘의 역할을 수행하는 것은 아니기 때문이다. 그런데 더 큰 문제는 그런 유튜브 매체들로부터 사람들이 뉴스와 유사한 정보를 습득하는 일이 일상화되고, 더불어 유튜브 매체 이용을 뉴스 시청 행위로 인식하는 문화가 찾아왔다는 것이다.

다른 한편으로 유튜브와 같은 플랫폼 시대에 방송 저널리즘은 뉴스 유통만이 아니라 뉴스 생산에도 참여하는 다양한 저널리즘 혹은 유사 저널리즘 매체들과 경쟁을 피할 수 없게 되었다. 지상파와 종편을 축으로 하는 기존의 방송 저널리즘에서 유튜브는 선택이 아닌 필수가 될 수밖에 없다. 한편으로는 '유튜브 저널리즘'이 수행하지 못하는 저널리즘 본연의 기능과 역할을 수행해야 할 의무가 방송 저널리즘에는 여전히 요구되며, 다른 한편으로는 플랫폼상에서 수용자 층을 확보하고 다른 유형의 유튜브 매체들과 경쟁하지 않으면 안 되는 딜레마적 상황에 처해 있다. 이를 위해 최근 기존 방송사들이 유튜브에서 선보이는 저널리즘적 시도들은 한편으로는 방송 저널리즘에 새로운 기회로, 다른 한편으로는 새로운 위험으로 다가온다. 젊은 시청자들의 취향을 반영하거나 유튜브에서 좀 더 많은 사람의 주목을 끌 수 있게 뉴스를 편집하고 배열하는 시도들은 디지털 시대의 수용자층을 재확보하는 데 기여할 수 있지만, 유튜브 시사·정치 채널 대부분에서 관찰되는 것처럼 방송 저널리즘이 뉴스의 연성화나 상업적 선정주의 혹은 당파 논리로 치우칠 수 있다.

유튜브를 통한 방송 저널리즘의 활력을 모색하는 데 유튜브 플랫폼에서 작동하는 '이용자 중심성'은 양날의 칼이 될 수 있다. 유튜브 플랫폼에서는 '가치 있는 방송 뉴스'보다 '시청자자들의 주목'을 끄는 일이 중요하기 때문이다. 물론 방송 저널리즘의 가치와 원칙 그리고 유튜브 플랫폼 전략의 성공 사이에서 접점을 찾기는 쉽지는 않다. 그러한 접점의 모색을 위한 중요한 원칙은 바로 기존 방송사들이 수행하는 방송 저널리즘이 갖고 있는 가장 큰 자산이 '신뢰'라는 점이다. 아직까지 유튜브 시사·정치 채널을 중심으로 하는 '유튜브 저널리즘'이 저널리즘으로 인정받지 못하는 이유는 뉴스의 신뢰성, 투명성, 정확성, 공정성 같은 저널리즘의 전통적 기준, 즉 저널리즘의 원칙을 충족시키지 못해서다. 한편으로 기존 방송사들이 유튜브를 통해 얼마나 참신하고 새로운 그러면서도 사회적으로 신뢰 받을 수 있는 양질의 저널리즘의 가능성을 실험해 갈지 또한 앞으로 지켜볼 문제다.

참고문헌

닐슨. (2019). 『2019 뉴스미디어 리포트: 유튜브 저널리즘』. 서울: 닐슨.

≪미디어오늘≫. 2020.3.8. "저널리즘의 미래 유튜브에 있을까".

유용민. (2018). 「유튜브 저널리즘 논쟁하기: 행동주의의 부상과 저널리즘의 탈 경계화」. ≪한국
방송학보≫, 33(6), 5~38쪽.

이소은 외. (2020). 『2020 해외미디어 동향: 유튜브의 콘텐츠 극단화』. 서울: 한국언론진흥재단.

한국언론진흥재단. (2019). 『디지털 뉴스 리포트: 한국』. 서울, 런던: 한국언론진흥재단-로이터저
널리즘연구소.

Ledwich, M., and Zaitsev, A. (2019). "Algorithmic extremism: Examining YouTube's rabbit
hole of radicalization." arXiv preprintarXiv:1912.11211.

지은이 (수록순)

전범수
한양대학교 정보사회미디어학과 교수

정현주
가톨릭관동대학교 광고홍보학과 교수

홍성철
경기대학교 미디어영상학과 교수

조재희
서강대학교 지식융합미디어학부 교수

박성순
배재대학교 미디어콘텐츠학과 교수

최믿음
동덕여자대학교 미래융합학부 교수

이소은
한국언론진흥재단 선임연구위원

김정환
부경대학교 신문방송학과 교수

유수정
이화여자대학교 커뮤니케이션·미디어연구소 연구위원

유용민
인제대학교 신문방송학과 교수

한울아카데미 2261

새로운 방송학 개론

ⓒ 한국방송학회, 2020

기   획 | 한국방송학회
지은이 | 전범수·정현주·홍성철·조재희·박성순·최믿음·이소은·김정환·유수정·유용민
펴낸이 | 김종수
펴낸곳 | 한울엠플러스(주)
편   집 | 조인순

초판 1쇄 인쇄 | 2020년 11월 5일
초판 1쇄 발행 | 2020년 11월 10일

주소 | 10881 경기도 파주시 광인사길 153 한울시소빌딩 3층
전화 | 031-955-0655
팩스 | 031-955-0656
홈페이지 | www.hanulmplus.kr
등록번호 | 제406-2015-000143호

Printed in Korea.
ISBN 978-89-460-7261-9 93070 (양장)
        978-89-460-6967-1 93070 (무선)

※ 책값은 겉표지에 표시되어 있습니다.
※ 이 책은 강의를 위한 학생판 교재를 따로 준비했습니다.
    강의 교재로 사용하실 때에는 본사로 연락해 주시기 바랍니다.